"中国粮油书系"编辑委员会

主　任｜邱清龙
副主任｜陶玉德
委　员｜邱清龙　陶玉德　刘新寰　姚大英
　　　　徐劲松　李　平　裴会永　郭清保

主　编｜陶玉德
副主编｜刘新寰　裴会永

《百家说粮》
编　纂　任　敏　白　俐

《赢在五谷》
编　纂　王　娜

《农经观察》
编　纂　石金功

《水煮粮史》
编　纂　王丽芳

《粮战演义》
编　纂　王丽芳

赢在五谷

主　编　陶玉德
副主编　刘新寰　裴会永
编　纂　王　娜

河南大学出版社
HENAN UNIVERSITY PRESS

图书在版编目（CIP）数据

赢在五谷 / 陶玉德主编. — 郑州：河南大学出版社，2017.12
ISBN 978-7-5649-3159-9

Ⅰ. ①赢… Ⅱ. ①陶… Ⅲ. ①粮食行业－企业家－生平事迹－中国
Ⅳ. ①K825.38

中国版本图书馆CIP数据核字（2017）第326087号

责任编辑	陈　巧
责任校对	林方丽
封面设计	王　勃

出版发行	河南大学出版社
	地址：郑州市郑东新区商务外环中华大厦2401号　　邮　编：450046
	电话：0371-86059712（高等教育与职业教育出版分社）
	0371-86059701（营销部）
	网址：www.hupress.com
印　刷	开封智圣印务有限公司
版　次	2018年3月第1版　　　　　　　　　印　次　2018年3月第1次印刷
开　本	710mm×1010mm　1/16　　　　　　印　张　19
字　数	315千字　　　　　　　　　　　　 定　价　46.00元

（本书如有印装质量问题，请与河南大学出版社联系调换）

总　　序

广阔天地大有文章

　　一晃就是六个春秋。历经六年多时间的沉积,"中国粮油书系"第二卷与大家见面了。

　　从种植、流通到加工、消费,围绕这一主题,单学科、单作物品类的图书并不少见,但对粮食经济全面的关注却曾是"被遗忘的角落"。2011年由《粮油市场报》策划出品的"中国粮油书系"第一卷面市,填补了这片空白。书系的亮相在业内外引起热烈反响,并于次年再版。

　　六年风雨跌宕,六年硕果累累。这六年间,中国粮食持续丰产丰收,粮食科研成果捷报频传,粮食产业经济新风扑面,种植结构调整全面铺开,粮食市场化改革破冰前行,水土污染治理突破瓶颈……一项项发轫于田间的"经验"强势绽放,一批批期待已久的"深改"渐次落地,之前被视为"硬骨头"的诸多难题得以有效解决。中国粮食人将责任扛在肩上,撸起袖子加油干,深耕细作不放松,在时代接力中不断实现自我超越,不仅为新常态下稳增长、调结构、促改革、惠民生奠定了重要基础,而且让世界多国分享了中国五谷的芳香,为世界粮食安全提供了中国智慧和中国路径。

　　成就来之不易、可喜可赞,但我们也清醒地看到国内粮食"三高"叠加,多重矛盾交织,农业供给侧结构性矛盾仍然突出,谁来种、怎样种之困仍未化解,各种不确定性、不平衡性问题依然存在。特别是随着人口的增长、生活水平的提高、城镇化的推进,人们对粮食生产和"舌尖上的安全"提出了新的更高要求。守住、管好"天下粮仓"任重道远,需要时刻绷紧这根弦。

　　作为中国粮油行业唯一的报纸,《粮油市场报》自1985年创刊以来,始终肩负"为耕者谋利、为食者造福"的使命,以笔为犁深耕南北热土,以纸为简承载五谷波澜。无论是传递"三农"领域睿见卓识的大家声音，还是解码粮农企业家非同一般的匠心力量，无论是梳理粮食产业转型发展的探索与创新，还是探秘中华农耕文化的底蕴与传承，我们都始终围绕五谷做文章，与行业同呼吸共奋进。在记录与见证中国粮食经济发展变革的过程中，我们看到许许多多的收获和欢欣，也遇见许许多多的困难与挫折。我们深知，只有沉下去深度感知中国粮食经济的优势与劣势、历史与现实，才能更真切地读懂中国农业，才能更深刻地理解"饭碗论""底线论""红线论"的科学内涵，才能有力助推中国粮食更深层次、更高质量"满足人民日益增长的美好生活需要"，阔步迈进新时代。因此，对于这块土地开出的思想之花、结出的实践之果，我们倍加珍惜，再次精心梳理、结集出版，希望以此为更多涉农、涉粮工作者提供与时俱进、更接地气的系统启迪与思考。

"中国粮油书系"第二卷由《百家说粮》《赢在五谷》《农经观察》《水煮粮史》《粮战演义》组成，其中《水煮粮史》为上下两册，《粮战演义》分上中下三册，全书共5套8册，涵盖专家观点、创业故事、三农观察、粮史解读、粮食文化等内容。书系第二卷聚焦近几年中国粮食发展脉络、探讨未来发展趋势，以新闻视角呈现新常态下中国粮食经济的一个侧面和缩影；同时也从一些独特视角重新认识华夏粮食文化的源远流长、博大精深，以粮史故事鉴古知今。

本书系的出版凝聚着所有《粮油市场报》人的智慧和付出，更饱含着诸多领导、专家、学者特别是报社主管单位领导的心血和汗水。在采访、报道和编撰过程中，业内许多权威机构和来自一线的粮农工作者热情献策、悉心答疑，给予无私帮助，这份深情与厚爱我们铭记于心。在行文过程中，我们参考了一些专家学者的专著或论点，摘录了相关媒体记者的报道资料，他们深邃的思想、精彩的论述为文章增彩颇多，在此一并表示诚挚的谢意！

虽致力尽善尽美，但受能力和学识所限，且鉴于部分文章为报道选编，书系中难免存在片面性、资料老化或其他瑕疵，恳望读者朋友谅解和指正。

谁知岁丰歉，实系国安危。新时代的扉页已经打开，让我们携手，在新发展理念的指引下砥砺奋进，在勤勉的耕耘中把握未来。

前　言

舞出农业的别样精彩

农业是个风口，有人舞出精彩；农业又是个竞技场，让无数涉足的创业者折戟。深耕农业领域的企业家，在丰富百姓餐桌、提高生活质量之路上不断前行，当之无愧地成为行业脊梁。他们不仅为社会创造了物质财富，还具有科学家的创新精神，不断探索，永不停歇。他们挥洒自如，做事激情四射；他们勇于挑战，却又脚踏实地。

每个成功者都是相似的，但又有着各自的特质。不是每一个创业者都一定能成为大企业家，但每一个大企业家都是从普通创业者而来的。同样植根粮农行业，为什么有些人一无所获而有的人能赢得成功？为什么有的人屡战屡败而有的人却能独占鳌头？

本书以独特的财经视角，通过深入挖掘50位粮农创业风云人物的故事，解读财智积累的来龙去脉，解析创业创新的跌宕起伏。尽管他们来自不同地方，所涉足的行业也不尽相同，尽管他们的创业条件有优有劣，财富积累有快有慢，但他们的成功除了非凡的智慧外，还源于他们对"五谷"行业锲而不舍的追求与初心。通过对这些由汗水、泪水乃至血水铺就的梦想、奋斗、曲折和成功历程的叙述，本书客观呈现了中国粮农这一微利行业创业非同一般的难与惑，展现了每个创业风云人物非同寻常的谋与韧；同时，从人物角度切入粮食产业热点，梳理了中国粮食经济发展大势，从一个侧面反映了中国涉农、涉粮产业创新创业的趋向。

当前，农业成为投资热区，资本纷至沓来，各种"农"字头创意创新风生水起，新业态不断涌现，但又存在诸多风险。粮农这一传统行业，需要资本、人才、创新的不断加入，但更需要发自内心的真爱与坚守。新时代下，粮农弄潮儿应该如何应对新的机遇与挑战？希望通过品味这些"赢"家的心路历程，人们能多一份冷静的思考，增一份必赢的信心。

编　　者

目　　录

宝蒙权：品牌为尚　跳出粮食做粮食 …………………………… 001
蔡桂荣：绿色水稻蕴深情 …………………………………………… 008
陈明雄：做有良心的粮食产品 ……………………………………… 013
陈书勤：为深化国企改革闯滩探路 ………………………………… 018
陈水平：立志优质大米"厦门造" …………………………………… 024
陈同铸：为茶油插上科技翅膀 ……………………………………… 030
陈志蔚：十年积淀油香流淌 ………………………………………… 036
党长英：从骑车卖粮到身价过亿 …………………………………… 042
段贤伍：执着深耕粮食干燥机业 …………………………………… 048
傅廷栋：一生只为菜花香 …………………………………………… 054
甘启斌：演绎一粒米的供给侧故事 ………………………………… 060
关玉秀：五常女儿稻米梦 …………………………………………… 067
郭天财：把论文写在大地上 ………………………………………… 072
何益荣：好企业家就是个导演 ……………………………………… 078
贾合义：打造跨国主食产业集团 …………………………………… 084
李光灿：让糙米主食化福泽于民 …………………………………… 090
李学斌：难断粮食情的"技能大师" ………………………………… 096
刘习东："三大战役"开启苏粮新时代 ……………………………… 102
刘延峰：大荒地中育好米　"三产"融合唱新声 …………………… 108
刘跃进："豫花"绽放全谷物时代 …………………………………… 115
龙辉：浩瀚油茶海里的"淘金女" …………………………………… 120
吕荣伟：演绎冰城粮贸之道 ………………………………………… 126

梅心乐：以良心攀登精深加工之峰 …… 133
苗三福：做一个合格的中国农民 …… 138
倪学猛：书写"深圳速度"的粮油传奇 …… 143
潘庆国：小灶台点燃锅巴大市场 …… 149
沈金山：扛起西北面业的红太阳 …… 155
田志和：粮食行业"爱迪生"的秋天 …… 162
王保善：皖南木榨油文化传承者 …… 168
王刚：信守天然承诺　打造"0添加"面粉 …… 174
王根：朴实做人　诚实做面 …… 180
王晓曦：专注小麦加工30载 …… 186
王秀萍：不忘初心方得"盛发" …… 192
魏建功：打造面粉界的百年老字号 …… 197
吴玉芝：擎起京粮市场"半边天" …… 202
徐凯：打造菜籽油"第一品牌" …… 207
闫子鹏：中国粮油机械行业的"领跑者" …… 214
杨扬：直面困难　闯出粮机的未来 …… 220
姚行权：粮油世界的行者 …… 226
张立新：中流击水铸强企 …… 232
张锁根：稻米加工要坚持"都得利" …… 237
张文才：从"园丁"到"金茶王" …… 243
张新友：执着于花生的院士 …… 249
张学昆：跨界操刀油菜机械化 …… 255
张长发：挥之不去的"老知青"情结 …… 261
赵欣培：我做"农管家"并非演员跨界 …… 267
周建华：演绎贡米新传奇 …… 273
周亚刚：投身打造"周大黑"黑米品牌 …… 279
祝洪刚：众人拾柴让茶油更加浓香 …… 284
宗兆勤：深耕在苏垦的沃土上 …… 291

宝蒙权：

品牌为尚　跳出粮食做粮食

□ 赵瑞华

宝蒙权，蒙古族，1970年生，原前郭尔罗斯蒙古族自治县副县长，现任松原粮食集团有限公司董事长兼总经理。

人物语录

◎ 品种决定品质，品质决定品牌。

◎ 做粮食，有容乃大；做企业，立大志成中志。

◎ 农产品的高颜值不是长得好看，而是品牌、美誉度。

◎ 品牌是拉动力，资本是推动力，科技是支撑力。

◎ 品牌塑造是个系统工程，不投入时间打磨不出来，不投入心力和财力，打造不出来。

用品牌做粮食、用资本做粮食、用科技做粮食，跳出粮食做粮食的宝蒙权带领松粮集团走出一条属于自己的路："做吉林大米西部产区的老大，即使没有人当你是老大，你自己也要以老大的心态带领企业走下去。"

* * *

4月的吉林省松原市，黑土地渐渐伸开了腰身儿，迎接着新一年春耕的到来。

这个时节，宝蒙权忙碌的节奏开始加码，除了日常工作之外，新一年优质订单水稻的种植，也开始提上日程。

周日的办公楼内显得安静了许多，坐在对面的宝蒙权平静而又耐心地过滤着松粮集团走过的第一个五年。

/ 投身粮食行业的副县长 /

1970年出生的宝蒙权，是地道的前郭尔罗斯蒙古族自治县（简称"前郭县"）人，2012年从前郭县副县长转任松原市政府新组建的松原粮食集团有限公司总经理。

"做副县长时负责农业，粮食局在我主管下，现在是国有粮食企业的负责人，朋友们都说我是在粮食这条路上'一条道儿跑到了黑'，并且'越陷越深'。"宝蒙权略带玩笑地说。

1994年，从内蒙古大学毕业的宝蒙权，面临赴京、留校、回乡三种选择，但抱着学业有成、回报家乡的一腔热血，宝蒙权最终回到了老家松原市前郭尔罗斯蒙古族自治县。

20世纪90年代的大学生，是那个时代真正的"天之骄子"。1994年也正是改革的大潮在东北涌动之时，学历、能力加上当时政府领导的认可，宝蒙权回到前郭县之后直接到县政府做工业秘书，协助县长抓国有企业改革。

宝蒙权表示，国有企业改成股份制，二轻企业推向市场，4年的工业秘书经历可以说为今天做企业奠定了基础。从与企业的接触过程中，宝蒙权认识到做企业面临很多的困难，但企业作为市场经济的一线主体，同样有更广大的市场机会。

1998年，文笔深得领导青睐的宝蒙权调任前郭县县委宣传部，2002年担任宣传部办公室主任兼副部长。

令宝蒙权颇感自豪的是，有关查干湖旅游的前三篇外宣文章，都是他经过细致考证和挖掘亲手撰写的，开了查干湖旅游宣传工作的先河。

十多年后，松粮集团的"查干湖"大米、杂粮、杂豆品牌，无疑在很大程度上借了"查干湖"这张名片的光。

"2000年前后那时候，刚开始提出查干湖旅游这个宣传项目，没有前例可做参考，网络也不像现在这么发达，都是通过书籍、文献去考证和挖掘，形成系列的宣传报道。"宝蒙权说。

2002年，宝蒙权担任前郭县县委办公室副主任兼常委秘书。2004~2008年，之前一直在县委、县政府工作的宝蒙权先后担任东三家子乡、乌兰图嘎镇党委书记，更接近一线的工作也让他更贴近农业、农村、农民。

2008年，宝蒙权由乌兰图嘎镇调任县政府，任秘书长，2011年任前郭县副县长，协助县长主抓农村经济和"三农"工作。

前郭县是农业大县，以出产水稻为主。日本侵华期间，就开发了前郭灌区，大面积种植水稻，作为其粮食供给基地。

"前郭这么一个水稻主产县，如何实现农业现代化的发展，拿什么做引擎？出于这种思考，我们当时提出做品牌农业，在前郭县组建稻米集团，通过龙头拉动、品牌引领，打造一个前郭水稻产业现代化的引擎。"谈起松原粮食集团得以组建的由来，宝蒙权介绍说。

2011年松原市人民代表大会座谈期间，宝蒙权作为前郭县副县长发言，谈到这种想法，参与座谈的市长很感兴趣。

"最终打造粮食集团这个想法被拿到市里，这才有了松原粮食集团。2012年，我也从前郭县副县长的任上，调到松粮集团做正处级总经理，兼任松原市特色农产品产业化创新研发中心主任。"宝蒙权介绍说。

宝蒙权同时表示，由松原市组建粮食集团带来覆盖面、辐射面的提升，会对企业未来的发展起到更大的推动力，松粮集团也就不仅仅局限于稻米，还可以把松原的杂粮和花生等农产品资源吸收进来，可以说是广阔天地，大有作为。

力排众议树"品牌+"战略

2011年，中央组织部、中央统战部、国家民委曾在吉林省选择10个年轻干部到南方挂职，宝蒙权被分至福建龙岩，这对于地方的年轻干部来说，是一个非常难得的机会，也是一个机遇。

仅仅一年之后，他却从县政府副县长的身份转型到新组建的国有粮食企业任总经理，对于从政18年且政治生命年轻的宝蒙权个人来说，这种变化让其感受到失落和不适应。

"不适应主要有两个方面，一方面从管部门到求部门，这种落差很难受，好在市委市政府对松粮比较重视，具体办事儿倒还可以。更大的困难是另一方面的不适应，即对市场的不适应。"宝蒙权回忆道。

2012年松粮集团组建之初的那段日子对于宝蒙权来说非常不好过。集团亏损，产品不接地气，员工也都是体制内来的，跟民营企业接触的也比较少，各方面都存在对市场不适应的问题。

当时的松粮是一个不完全市场化的企业、不按市场规则做事的企业，行政思维、计划色彩更浓厚一些，不敢冒市场风险，不敢投入项目。

"2012~2014年的那两年非常难熬，自己不能完全主导企业，加上自己也不能完全应对市场，企业没有发展方向，处于亏损状态，士气也比较低落。"宝蒙权表示。

2014年，按照有关文件要求，宝蒙权任松粮集团董事长兼总经理，并且松原市给出的目标就是发展壮大，盈利亏损也没做明确要求，这让松粮有了更充足的信心去筹谋自己的发展之路。

讨论企业的发展战略时，松粮集团内部有两种声音，一种是做品牌粮，通过投入、宣传打造品牌，以品牌为引领；另外一种声音是建工厂，上马稻米加工设备。

"我是反对建工厂的，松粮要做品牌，将生产环节下放，着力做品牌、做标准，通过品牌和标准去盘活中小大米加工企业。当时松原全市稻米、杂粮、杂豆加工能力过剩已经非常明显了，开工率不足30%，完全没有必要再建设一个大型的加工项目。"宝蒙权依然坚定如初地说。

宝蒙权认为，好米不是加工出来的，而是生产出来的。这个生产的过程包括种子选育、种植管理、分品种收购等环节，只有掌握了好的粮源，才能加工出好米。

"如果我们用有限的资金建工厂、养工人，松粮就根本转动不起来，等于跟市场上中小大米加工企业一样。但他们有完善的人才队伍、熟悉的市场渠道，松粮则一切都要从零开始，相当于上路之初就要背上一个大包袱。"谈到为什么要做品牌引领，宝蒙权介绍说。

"查干湖大米""查干湖杂粮""查干湖印象""查干湖味道""查干湖年货"等一系列农产品品牌，现在都已经是松粮集团的注册商标。

"在考虑注册松粮的品牌时，我们觉得还是要突出地域性，松原市最亮的牌子就是查干湖，当时吉林省拿其做旅游品牌，东有长白山，西有查干湖。把跟渔猎文化相关的查干湖拿来做大米、粮食品牌，也是相得益彰的。"宝蒙权说。

松粮集团去工商部门注册时才发现，"查干湖大米"品牌早已经让一家民营大米加工企业注册了。跟民营企业去谈品牌转让，对方漫天要价，最后还是由松原市政府和工商局一起出面，付出不少的代价，才把"查干湖大米"这一品牌抓在手里。

宝蒙权表示，千辛万苦地把"查干湖大米"品牌拿过来，标志着松粮集团正式迈出"品牌+"战略的第一步，真正地将我们的产品从商标向品牌塑造上经营。2016年，"查干湖大米""查干湖杂粮""查干湖杂豆"已经成为吉林省著名商标。

/ "三驾马车"拉动下一个五年 /

做企业就像育人成才一样，需要一步步培养、投入。新组建的企业在发展过程中，如果没有投入，没有经历过失败、挫折的考验，就不会有沉淀，不会有积累，这也是基本规律。

如果说2012~2014年是松粮集团找寻方向、"品牌+"战略确定期，那么，2015年和2016年就是企业发展的一个快速提升期。

2015年，"查干湖大米"成为"吉林大米"西部代表品牌，松粮集团成为吉林大米产业联盟核心发起企业，组建了拥有20家联盟企业的"查干湖大米"联盟，荣膺"中国百佳粮企"。2016年松粮集团"查干湖"农产品品牌价值达到4.03亿元。

"做吉林大米西部产区的老大，即使没有人当你是老大，你自己也要以老大的心态带领企业走下去。"这是宝蒙权在松粮集团确立"品牌+"战略之后对自己说的话。

松原地区年产200多万吨的水稻，大大小小的企业有200多家，没有一个区域品牌的统领，这些大大小小的品牌在市场上能有什么竞争力，可想而知。

为此，松粮集团牵头成立了"查干湖大米"产业联盟，如今联盟成员企业已达22家。联盟企业同举一杆旗，打造一个品牌——查干湖大米。

近几年，在"吉林大米"品牌建设开展过程中，吉林省鼓励核心企业组建区域品牌的小联盟，而在这方面做得最好、最有成效的无疑是松粮集团组建的"查干湖大米"联盟。

"现在'查干湖'这个品牌，最普通的大米在销区每斤溢价0.05~0.1元。我们的联盟企业只有订单内的优质稻米，才可以使用'查干湖'品牌，而我们要向联盟企业收取0.03元／斤的品牌使用费。"宝蒙权表示。

"以品牌为引领，先做上游的标准、品牌，下游的市场和渠道。现在回头看，这条路走对了。如果当时走建厂之路，我们就垫底了。"宝蒙权不无感慨地说道。

2016年7月7日，以出产"稻花香"品种而知名的东北优质大米产地——五常市，一行17人在五常市委书记带领下，来到"吉林大米"西部代表产区——松原市，问道大米品牌建设。这无疑是对松粮"品牌+"战略的认可。

当前，在农业供给侧结构性改革和粮食收储制度改革并行推进的大环境下，国内粮企面临新的挑战，那么松粮的下一个五年又该怎么走呢？宝蒙权认为要靠松粮的"三驾马车"。

"今年是松粮集团成立的第五年，这五年我们充分发挥国企价值，依靠品牌粮、政策粮、贸易粮这'三袋粮'迎来了快速发展期，下一个五年松粮要依靠品牌拉动、金融推动、科技支撑这'三驾马车'打造发展的新动能。"宝蒙权说。

宝蒙权认为，品牌引领解决的是拉动力问题，靠品牌、靠影响力拉动区域产品的升值。粮食行业是资金密集型产业，没有资金的推动，品牌是做不起来的。

科技则是一种支撑力，科技为稻米品质提供保障，品质决定品牌，这是松粮打造中国北方粳稻种子"硅谷"的初衷。

2016年，松粮集团组建了松原松前农业高新科技有限公司，负责研发推广农业高新技术和优质粳稻品种，先后从吉林农科院水稻研究所、吉林农大水稻研究所、绥化水稻研究所、新疆水稻研究所、陕西水稻研究所、山东水稻研究所、五常水稻研究所、中国种业、平安种业、桥府种业等全国9省区17家水稻研究所和种业企业引进150个优质粳稻试验品种，精心选育适合吉林西部稻米产区、专属查干湖品牌的优质品种。

2017年，宝蒙权将优质粳稻地区适应性试验从松原扩展到了同纬度的吉林白城、内蒙古通辽。

松粮"品牌+"战略主导下的第一个五年，造就了企业的跨越式发展，这也为业内企业发展提供了一种新的模式。

"做粮食有容乃大，这个容是仓容，而决定仓容大小的是金融。扩大仓容、引进金融，才能共同繁荣。"宝蒙权总结说。

如果要给下一个五年设定几个目标的话，宝蒙权希望五年之后松粮集团的品牌粮在全国市场的占有率能够达到1%，引领吉林省西部产区粮食品牌化、绿色化达到70%以上；种子研发方面，松粮的专属品种达到10个以上；资本方面要努力跟合作方打造一个解决农户和中小加工企业融资问题的金融机构。

用品牌做粮食、用资本做粮食、用科技做粮食，跳出粮食做粮食的宝蒙权带领松粮走出一条属于自己的路。下一个五年，宝蒙权着力打造的"三驾马车"能否引领新航向，且拭目以待。

蔡桂荣：

绿色水稻蕴深情

□ 从申　陈亮

蔡桂荣，1965年出生，辽宁盘锦市大洼区人，现任盘锦千鹤米业有限公司董事长，中共大洼区工商联副主席，曾先后荣获"盘锦市城乡妇女创业建功先进个人""盘锦市十大创业女性""辽宁省优秀企业家"等荣誉称号。

人物语录

◎ 一户富裕不是富，全村富裕才是富。
◎ 市场需要什么，我们就生产什么。
◎ 我们生产什么，农民就种植什么。
◎ 做企业要为人们着想，兼顾社会效益。
◎ 宁可增加成本，也要让群众吃上放心粮。

在蔡桂荣看来，千鹤米业20年来发展至今实属不易。盘锦种植水稻有着得天独厚的优势，自己有责任带领千鹤米业逐步提升水稻品质，生产出更加优质的产品，让消费者吃上健康米、放心米，同时带动更多的农民富裕起来。

* * *

她，曾是下岗职工中的一员，凭借东北女性的坚韧不拔艰苦创业。经过20年的拼搏，公司现在已经成为省级农业产业化龙头企业，产品享誉辽东半岛，品牌叫响全国。

她，热心社会公益，严把产品质量关，致力助农增收，致力生产更高水准的产品，为东北振兴添砖加瓦，被授予"辽宁省优秀企业家"称号。

她，就是盘锦千鹤米业有限公司董事长蔡桂荣。

/ 连遭打击不服输 /

1997年，已过而立之年的蔡桂荣成了下岗职工。自强自立的她没有怨天尤人，当年便带领其他下岗人员成立了盘锦千鹤米业有限公司。

依托盘锦得天独厚的优质稻米资源，蔡桂荣坚定信心，一定要做好盘锦品牌大米。初涉粮食行业的她，在经历一次次的坎坷与磨难后，企业逐渐发展起来，客户不断增多，公司生产经营开始步入正轨。

但是，2002年，在企业品牌渐渐有了知名度，新设备也刚投入生产的关键时候，政府将在厂房附近进行路面改造，这也就意味着厂房必须要拆迁，企业将暂时停产。这对蔡桂荣和千鹤米业来说是一个重大打击。果不其然，客户流失、资金短缺等问题接踵而来。

"花费巨资购买的设备不能生产就成了废铜烂铁，我老公当时建议我，让我好好想几天再来决定是不是继续干这一行。"蔡桂荣说。

蔡桂荣回忆说："在5天里，我反复问自己，做粮食行业还能不能行？可当我想到一直都有农户追随着我，生产的大米也有人销售，已经有了一定的市场的时候，我决定不能这样放弃，我还要继续干下去。"就这样，倔强的蔡桂荣在2003年押上自己的全部资金并贷了款，投入巨资开始了二次创业。她清晰地记得，2003年8月16日建立了新厂房。就此，掀开了千鹤米业发展历程中崭新的一页。

到了2013年，千鹤米业新厂投产，并逐渐发展成为一家集水稻绿色生态种植、收储，大米加工、研发，贸易及物流为一体的省级农业产业化龙头企业，固定资产达到4000万元，年收购量和加工量均达到10万吨，拥有多台现代化先进色选设备和多条精碾技术大米生产线。

/ 绿色水稻助农增收 /

千鹤的发展壮大离不开老百姓，"一户富裕不是富，全村富裕才是富"是蔡桂荣坚持的宗旨。

目前，千鹤米业通过与合作社签订订单，拥有5万亩优质粮源基地，并在水稻生产过程中全程监控，严格按照绿色水稻的农业操作规程进行农事作业，保证了产品绿色、健康、安全。同时，千鹤米业通过提高稻谷收购价等方式保证农民种植收益，增加农民收入，提高农民种植积极性。

蔡桂荣说："我们通过签订合同，保证合作社的老百姓每亩地的收入比自己种植收益要高一些，目前老百姓每亩地最低收益在220～240元之间，种植高端的香稻收益甚至能达到300元/亩。"蔡桂荣介绍说，以前每家农户大多留有两三亩自留地，不施农药化肥，打出的粮食自己吃，但自从加入千鹤的合作社种植富硒大米后，这样的现象不再出现，因为千鹤米业免费为农民提供有机肥、富硒肥，还为农户体检，使他们放心吃米。

在种植规模不断壮大的同时，千鹤米业始终严把品质关，种植优质品种大米，使用有机肥、富硒肥，确保粮源品质。对于达不到收购品质要求的大米不允许收购，对于品种优、品质高的大米则高于市场价来收购。千鹤米业收购富硒大米的价格在1.9元/斤，有的品种收购价甚至达2.2元/斤。"因为使用有机肥，进行绿色种植，每亩产量虽然会下降，但是我们提高收购价，收入不会降低，农民自然愿意种植。我们宁可增加成本，也要让群众吃上放心粮。"蔡桂荣表示。

据她介绍，以前盘锦大米种植多以中低端品种为主，高端品种比例不高，农民只能获得较少的利润。"2014年开始，千鹤米业根据市场需求做出调整，提高高端米品种所占比例，通过定点收购，做到'市场需要什么，我们做什么；我们想要什么，农民种什么'，真正根据市场需求决定农民种什么，提高种地附加值，增加农民收入。"

/热心社会公益/

任何一个了解蔡桂荣的人都会由衷地称赞她是一个热心人，而这还得从2009年的那5万块钱说起。

当时，蔡桂荣儿子一位家境贫寒的大学好友打来电话说，母亲得了癌症，手术还差5万元钱，否则就没有希望了。蔡桂荣的儿子就把这个情况跟母亲说了说。蔡桂荣听说后内心十分矛盾，因为5万块钱在当时不是小数目，而且还是要给一个素未谋面的陌生人。

"但是，我想到如果不做手术，孩子失去了妈妈，整个家都会倒了的时候，我还是把钱汇给了那个孩子，后来手术也很成功。"蔡桂荣说。

平常，蔡桂荣看到农民的糯米没有销路，就想办法帮助他们；员工的孩子上学没有钱，就提前发工资……这样的事数不胜数，蔡桂荣一直用一颗真诚善良的心去对待父老乡亲。

如今，蔡桂荣已年过半百，同龄人大多退休在家颐养天年，而她还奋战在工作一线，奔波于全国各地，四岁的小孙女都鲜有时间照顾。那么，为什么不考虑退居二线、安享晚年生活呢？她坦言："我还不能休息，企业如果不做了，员工会下岗，关联人员会失业，农民也会减少收入，这会造成很多问题。"蔡桂荣表示，做企业首先要有责任感，兼顾经济效益和社会公益的统一。千鹤米业一直注重培养员工的其他技能，比如，让会计人员兼任旅游讲解工作，这样一来，即便他们以后不在千鹤工作也足以养活自己。同时，千鹤米业计划在政府的引导下，有步骤地对农民进行技术培训，培养新型农民，提升农民素质。"发展绿色水稻种植，农民需要掌握必不可少的技能，脑子必须要灵活。什么是绿色种植，应该怎么做，都应该知道。定期对农民进行种植技能和操作规范培训，符合企业发展需要，也提升了农户的素质。"蔡桂荣表示。

在蔡桂荣看来,千鹤米业20年来发展至今实属不易。盘锦种植水稻有着得天独厚的优势,自己有责任带领千鹤米业逐步提升水稻品质,生产出更加优质的产品,让消费者吃上健康米、放心米,同时带动更多的农民富裕起来。

陈明雄：

做有良心的粮食产品

□ 唐恒

陈明雄，四川雄健实业有限公司董事长、法定代表人，2003年至今，先后担任中江县政协常委、委员，德阳市政协委员，四川省粮食行业协会常务理事，四川省第十二届人大代表，中国青年企业家协会常务理事等职务。

人物语录

◎ 粮食企业要做有良心的粮食产品。

◎ 厚德诚信，谦逊务实。

◎ 有责任的人塑造有责任的企业。

◎ 为消费者提供安全、营养、健康的小麦粉、挂面，打造国内一流的食品品牌。

◎ 一个品牌要想立足于市场，仅靠内在的质量保障远远不够，还必须具备独特的品质和特性。

在陈明雄看来，品牌必须具备独特的品质和特性。为此，雄健实业从产品研发入手，把产品配方、内外包装、南北口味差异等因素融入挂面产品当中，以质量塑品牌，以品牌赢市场。

* * *

提起四川省中江县，人们首先想到的是"中江挂面"。四川雄健实业有限公司董事长陈明雄在传承中江挂面传统加工工艺的基础上，结合现代人的口味需求，打造出"雄健"和"雄健丰田"牌系列营养挂面。细若发丝、洁白光韧、柔软适度、味道可口的雄健牌挂面因不含添加剂且耐存的特点畅销大江南北，成为消费者心目中的美味佳肴和礼尚往来的馈赠。

雄健实业是一家以加工、销售面粉、挂面为主，集收购、加工、销售、运输农副产品、畜副产品和生化制品为一体的多元化企业，下设中江面粉厂、面条厂、新都面粉厂等3个加工厂，年加工小麦粉20万吨，生产面条3万吨。此外，雄健实业还拥有德阳镁金公司、雄剑物流公司、丰润雄健公司3个分公司及永辉肉类等6个参股公司，年运输货物30万吨。

/ 编织面业版图 /

谈起"雄健"发展历程，董事长陈明雄睿智的目光里隐含淡淡的沉思。

20世纪80年代，改革开放的热潮席卷全国，处于后开放时代的四川省中江县，少数头脑灵活的人们开始前往南方打工或经商。

陈明雄的父母也不例外。为了改变家庭的生活面貌，陈明雄的父母选择外出创业，他和弟弟成了改革开放后的第一代留守儿童。那年，陈明雄11岁。

20世纪90年代初，19岁的陈明雄在中江县城开了一家烧腊肉店，开始了他人生的第一次创业。21岁时，陈明雄与返乡创业的父亲创办中江顺发畜产品加工厂。4年后，在该公司基础上，陈明雄组建了雄健生化公司。6年的创业经历，为他今后转投粮食行业积累了一定的资金和丰富的管理经验。

21世纪初，我国粮食市场化改革正式起步。陈明雄以商人的灵敏触角和对粮食市场发展前景的长期看好，随父转投粮食加工行业。在资金紧缺的情况下，陈明雄把手中仅有的资金用于征地，征地后抵押贷款建厂房，然后把厂房抵押贷款购买设备，再把设备抵押贷款留作公司运营的流动资金。在经过一系列循环而又复杂的烦琐程序后，2002年12月，饱含着陈明雄心血和希望的年加工小麦6万吨的面粉厂建成投产。

付出就有收获。"雄健"牌面粉一上市，就得到了广大消费者的青睐，在川内供不应求。为了扩大生产规模，提升利润空间，2004年，陈明雄又投资新建了年产1.5万吨面条的生产线。

为了从源头上把控原粮质量，2006年，陈明雄在中江县的10个乡镇建设"川麦39号"小麦种植基地10万亩，2007年在永太镇群益村打造中江手工挂面基地，随后又在成都市新都区新建年加工小麦12万吨的成都雄健粉业公司，2013年又扩建年产1.5万吨的新面条生产线……

经过17年的发展，雄健公司已具有年加工小麦18万吨、生产挂面3万吨的能力。食品加工业销售额从2003年的4600万元增加到2016年的5.8亿元，企业资产由600万元增加到3.3亿元，实现税利由30万元增加到2000余万元，基本形成以小麦种植、面粉加工、挂面生产为主体的农业产业化经营格局。

/ 发力品牌建设 /

中江县是丘陵地区农业大县，面粉加工、挂面企业较多。随着国内粮食市场矛盾的加剧和市场竞争的日趋激烈，面粉加工企业只顾埋头生产而忽视产品质量和品牌建设的弊端进一步显现，大多数企业只能在较低的价格竞争中勉强支撑。

陈明雄意识到，作为一个生产加工型企业，如果没有过硬的质量，产品就缺乏长久的竞争力。而没有市场竞争力的产品，靠"价格战"只能为企业带来暂时繁荣的"假象"，而无法长时间在市场立足，更不能为企业带来效益。好的品牌在获得市场份额、商业利润和顾客忠诚度的同时，也能通过溢价增加企业的无形资产。

瞄准经营短板和市场发力点后，陈明雄把品牌建设作为企业经营业绩稳定并获取竞争优势的有效途径之一，提出了"以质量塑品牌，以品牌赢市场"的公司发展新战略。

在实施品牌战略过程中，他要求各级各部门把产品质量放在首位，做有良心的粮食产品。原料、辅料采购入库必须经检验合格，生产过程必须按工艺要求严格监控，产品出厂必须符合产品标准和食品安全规定。

"雄健是'全国农产品加工业示范企业''全国放心粮油进农村进社区示范工程示范加工企业''省级农业产业化经营重点龙头企业'，把'雄健'和'雄健丰田'品牌打造成四川、西南乃至全国的知名品牌，为消费者提供放心的粮食产品，是我们应尽的社会责任。"陈明雄表示。

精挑南北料，软劲两相宜。精挑细选的食材、独特的制作工艺、爽滑的口感及不含添加剂等，使"雄健"和"雄健丰田"牌系列挂面赢得了四川、西南等市场客户的广泛信任，成为消费者心目中的著名品牌。自2009年起，"雄健丰田"牌系列小麦粉、挂面连续获得四川省第九、十、十一、十二届"四川名牌产品"；"雄健丰田"牌挂面先后获得第九届中国西部国际博览会"最受观众喜爱的展品奖"、中国农产品加工品加工投资贸易洽谈会"优质产品"、四川农业博览会"特色产品奖""中华老字号"等荣誉称号。

但居安思危的陈明雄并没有丝毫松懈。在他看来，一个品牌要想立足于市场，仅靠内在的质量保障远远不够，还必须具备独特的品质和特性，才能增加市场黏度。为此，雄健实业从产品研发入手，把产品配方、内外包装、南北口味差异等因素融入挂面产品当中，使旗下各系列挂面均具有鲜明的特色，满足了不同客户的喜好和需求。

/ 大爱反哺社会 /

随着粮食加工业务的不断扩展和人脉、资金的逐渐积累，陈明雄的生意做得风生水起，为他今后跨界经营提供了充足的经验积累和资金支持。2006年，陈明雄新建年镀锌3万吨钢铁件的镁金公司，2008年又创办了雄剑物流公司。

此后几年，陈明雄在多元化经营上频频发力。2011年投资扩建了年加工肠衣50万把的安达利生物科技公司；2012~2016年，又先后通过合资新建了年屠宰生猪30万头的永辉公司、8万平方米的凯信商业广场、拥有400张床位的惠民中西结合医院等企业。通过商业版图的稳健扩张，雄健实业基本形成"一业为主，多元发展"的经营格局。

有责任心的人才能塑造负责任的企业。多年来，陈明雄坚守积极参加公益、光彩和慈善事业，以企业家的社会责任感和大爱精神践行着自己的人生信条，履行着反哺社会的责任。2006年，雄健实业为中江县富兴中心校阳平中学维修学校捐款10万元；2008年，组织员工为"汶川地震"爱心捐款21.39万元；2010年，向继光故里捐款10万元；2012年，向四川省青年联合基金会捐款11.2万元；2013年，向"芦山"地震捐款6.6085万元；2015年，向中江县清凉小学捐赠课桌、办公座椅等500套，价值22万元；2016年，向中江县通济镇人和村堰塘清淤泥捐款7.45万元；2016年，向丹巴县团委捐赠挂面5000公斤、羽绒服200件，价值15万元；2017年，为万福镇象山村修建村社公路捐款6万元。

据初步统计，雄健公司成立至今已累计向慈善机构、社会团体、中小学校、贫困村社、贫困学生、贫困农户捐款捐物达230余万元，每年为社会提供就业岗位500多个。

从昔日的留守儿童到如今的著名企业家，陈明雄在实现自己人生价值的同时，也赢得了当地党委政府及社会的认可。他先后当选中江县政协委员、常委，县人大代表、常委、委员，省、市人大代表，中国青年企业家协会常务理事，四川省青年企业家协会常务副会长，成都市粮食行业协会副会长等职，并荣获"四川省粮食行业优秀企业家""四川农村改革30年'突出成就30人'"、全国"创业之星""全国扶贫开发先进个人"等荣誉。

陈书勤：

为深化国企改革闯滩探路

□ 周营莉　张晓宇　胡增民

陈书勤，江苏省宝应县人，1957年6月生，党员。2001年8月至2012年12月，任宝应县粮食局局长；2012年12月至今，任江苏宝粮控股集团股份有限公司董事长。

人物语录

◎ 金杯银杯不如老百姓的口碑。

◎ 天地生人，有一人当有一人之业；人生在世，生一日当尽一日之勤。

◎ 勇敢地担负起责任，人生才会充实，生活才有意义。

◎ 只要有不服输的志气，就一定能把"不可能"变成"可能"。

◎ 只要主动作为，就一定能开拓一片新天地。

在陈书勤的谋划下,宝粮集团先后投资新建了现代化粮仓,并对危仓老库进行了大规模的维修改造和信息化建设,粮食园区仓储设施水平走在了同行的前列。集团以粮食购销业务为基础,以粮食加工业务为重点,打造出一条从田头到餐桌的绿色产业链,成为全国县域国有粮企改革的成功典范。

* * *

陈书勤给人的感觉是温文尔雅,是典型的"儒将"风度,如非了解他,很难想象他是一个敢于吃螃蟹的"闯将"。

再次见到陈书勤,是在2016年的12月初,2016年的中国粮油财富论坛暨第六届中国粮油榜颁奖盛典如期在北京举办。在本次论坛上,他参加了"在融合与创新中寻求突破"的嘉宾对话,分享了江苏宝粮集团与原料供给侧和市场渠道融合的创新举措。

在江苏省粮食系统,提起陈书勤,大家言语中总是充满着敬佩,是他带领他的宝粮军团,披荆斩棘,勇往直前,2015年宝粮集团荣获"中国十佳粮油集团",2016年又荣膺"中国粮油最受尊敬企业"。由此,宝粮集团成为江苏省乃至全国县域国有粮食购销企业改革发展的一面旗帜。

/ 艰苦的抉择 /

2001年,国家率先在江苏等8个省市实行粮食购销改革时,宝应县粮食系统因沉溺计划经济太久,除购销企业勉强维持经营、26家工业企业只有两家正常运行外,其余都已停产。全系统严重资不抵债,背负着10 500人的"老人"、亏损4亿多元的"老账"、上亿斤的"老粮"等沉重包袱。粮食购销市场化后,除存有国家和省级储备粮食的储备企业外,其他粮食企业再无任何政策性补贴。如果每月继续发放下岗职工生活费,企业资产要不了几年就荡然无存,宝应县粮食系统将"全军覆没"。

是年,担任宝应县乡镇企业局局长的陈书勤,改任宝应县粮食局局长。

身为国家公务员，陈书勤完全有理由选择当个太平官，享受着各种工资福利。但是如果选择维持现状，整个粮食系统就会似温水煮青蛙逐渐消亡；而如果选择大刀阔斧地改革，逐步突围，打出一片新天地，那就会遇到重重困难，需要付出百倍的努力。陈书勤进行着艰难而痛苦的抉择。"生命的意义在于不断地接受挑战，共产党员的本质应该是使命担当。"陈书勤对自己说。

在一片争议声里，他推动了以职工身份置换为核心的购销企业改革，先行一步的购销企业改革拉开了全系统改革的序幕，分批次先后推行了购销企业、工业企业、其他流通企业的改革，艰难筹集资金1.6亿元，实现了对8900多名职工的身份置换。

8900多名职工全员解除劳动关系谈何容易，一时间人心惶惶，上访不断，改革遇到强大的阻力。陈书勤顶着层层压力，推心置腹地摆事实、讲道理。从2001年底到2004年的3年时间，陈书勤几乎每天都被职工包围着。然而，他硬是把改革一步一步向前推，最终宝应县粮食系统人员分流工作走在了全省的前面，困扰粮食系统多年的老人问题基本得到解决，企业减轻了负担，为下一步搞活经营机制创造了条件。

/ 艰辛的探索 /

前期的改革，只是起了"破"的作用，破了旧的经营体制，砸了大锅饭。但是，如何建立起适应粮食市场化要求的粮食管理体制和企业经营机制，对陈书勤来说则是一个新的挑战。

随着粮食行业的发展，市场竞争的加剧，小而散的企业运营模式受到了大市场的制约，船小难抗风浪。为适应市场变化和国家粮食政策调整，宝应粮食购销体制也逐步调整为以购销总公司统一经营、内部实行绩效考核的新的经营模式。

2006年，陈书勤得到消息，江苏省粮食局正在与省发改委做江苏省粮食物流发展规划，他意识到这是个发展的好机会。于是，陈书勤迅速组织力量，进行项目论证，前后十多次跑省里，要求把宝应纳入江苏省粮食物流园区发展规划的"笼子"。

由于见势早、争取早，江苏省粮食物流发展规划中规划了两纵两横、四大枢纽、八个节点，作为江苏粮食物流的总架构。宝应粮食物流中心有幸成为节点之一。在江苏省起草总体规划时，宝应县粮食部门已在准备粮食物流园区的详规，江苏省规划完成时，宝应的规划也同期递交到了省里，其规划设计的起点之高、速度之快，得到了江苏省专家、同行的高度评价。项目争取下来后，更大的难题摆在了陈书勤面前。粮食物流园区占地500亩，总投资10.8亿元，可实际上宝应除了一张图纸外，别的什么都没有。

但是陈书勤没有被困难吓倒，他积极争取县政府的支持，在该县安宜工业园争取了260亩地，边建边办手续。2007年，粮食物流园区一期工程建成使用，被江苏省领导评价为建设速度最快、质量最好的工程，粮食物流园区当年实现盈利400多万元。

/ 艰巨的博弈 /

2011年，在充分调研论证的基础上，陈书勤与班子成员一道，对宝应县粮食企业进行资源优化配置，改革原有以代购、代储为主的经营模式，实行以目标考核为核心的集团化运作。为打造完整产业链，实现粮食产业转型升级，他们以宝应湖粮食物流中心为母体，吸收县骨干粮食企业，于当年10月成立了江苏宝粮控股集团股份有限公司，陈书勤就任董事长。

粮食物流中心的建成，为宝应粮食企业进一步做大做强奠定了基础。有了粮食物流，陈书勤又有了进行粮食加工的主意，投资6000万元，引进瑞士设备，高起点创建了名佳面粉公司，借此契机来发展精深加工。

根据推进粮食产业化和发展现代高效农业的思路，宝应在推进有机粮食生产基地和特色农产品基地建设方面，同样取得了新突破。2010年，陈书勤组织成立了奕佳农牧有限公司，目前拥有特色农产品和优质稻麦种植基地1300亩，其中果园300亩，种植3个系列、7个品种的有机水果。

发展前进的步伐从未停下。2013年，江苏宝粮控股集团股份有限公司的下属子公司——江苏宝粮酒业有限公司、江苏宝粮油脂公司正式成立，当年两家分公司产品同步上市。

2017年1月，粮食物流园区内的永佳米业，选用国内最先进的生产设备、采用最新生产工艺的10万吨大米生产线投入运营。

新项目一个个投产，新企业一个个落地，无一不是倾注了陈书勤的心血。

/ 艰难的蜕变 /

通过改革与重组、资产权属调整，实现了行政、国有资产所有权、国有资产经营权的三权分立，形成了粮食局负责粮食行政管理及行政执法、粮食资产经营公司负责国有资产管理、宝粮集团负责粮食产业经营发展的整体格局，真正实现了政企分开。

随着经济的发展、企业数量的增加，散而弱的问题也初现端倪，因所有企业均为国有性质，新的"大锅饭"现象有所显现。为彻底摒弃旧体制的影响，使企业既大又强，宝应粮食企业经历了一次艰难的"蜕变"。

与上一轮改革一样，企业重组特别是混合所有制改革遇到了来自多方的阻力，各种议论频现："好端端的国有企业搞什么混合所有制改革啊，纯粹是出风头。""这样的改革会出现国有资产流失吗？"

为顺利推动粮食系统的重组和混合所有制改革，陈书勤多次向宝应县委县政府汇报，阐明重组与混改的意义，得到了县委县政府的重视和支持。县里专门成立了推进国有粮食企业改革与重组领导小组，由县分管领导担任组长，各职能部门主要负责人参加。由于在更高的层面上统一了认识，尽管重组工作复杂、艰辛、费时，但是整个重组与改革还比较顺利。

在此基础上，为建立现代企业制度，实现真正意义上的法人治理，宝粮集团进行了股份制改造，通过审计评估、媒体公示公开征集社会投资者，以增资扩股的形式引进了战略投资7500万元。增资后，宝应县粮食资产经营管理公司占宝粮集团65％的股份。其后，通过非国有战略投资者受让股份，实现了集团高管持股，让更多的员工有了话语权和责任感。现有的股权结构为国有占65％，社会投资者占25％，企业管理层占10％。2011年，宝应县粮食企业战略重组获"江苏省粮食工作十大创新创优奖"。

2012年是宝粮集团组建后的第一年，当年主营业务收入达9.82亿元，利润1226万元，同比增长30％以上，集团主营业务收入及利润总额均实现了历史性突破。2013年主营业务收入9.63亿元，利润1310万元；2014年主营业务收入12亿元，利润1400万元；2015年主营业务收入15.12亿元，利润1500万元；2016年主营业务收入15.3亿元，利润1700万元。

大笔如椽写春秋。宝粮集团成立后，在陈书勤的谋划下，先后投资新建了20多万吨现代化粮仓，并对10万吨危仓老库进行了大规模的维修改造和信息化建设，粮食收储能力大幅度提高，粮食园区仓储设施水平走在了同行的前列。集团以粮食购销业务为基础，以粮食加工业务为重点，打造出一条从田头到餐桌的绿色产业链。

目前，集团下辖江苏宝应湖粮食物流中心有限公司、扬州名佳食品有限公司、宝应县奕佳农牧有限公司、宝应县永佳米业有限公司、江苏宝应湖粮食运输有限公司、江苏宝粮油脂有限公司、江苏宝粮酒业有限公司、上海销售公司、南京销售公司等九家子公司，形成了从种植到收储、加工、运销的全产业链模式，实现了一、二、三产业的融合发展。

敢为天下先，苦甘参半。在开创宝应粮食产业新天地的过程中，谁能体谅陈书勤的个中滋味？苦尽甘来，他的改革创新精神获得了上级部门及同行业的充分认可和肯定，近几年先后获得"中国十佳粮油创业风云人物""江苏省粮食系统先进工作者""江苏省粮食行业领军人才""江苏省粮食行业优秀企业家"、扬州市首届"十佳依法诚信示范企业家"等荣誉称号。

陈水平：

立志优质大米"厦门造"

□ 郝瑞

陈水平，1959年4月出生于福建省厦门市，曾任厦门银青粮食加工有限公司总经理，现任厦门储备粮集团好年东有限公司总经理、厦门好年东米业有限公司董事长兼总经理、厦门市粮食行业协会副会长、厦门市同安区商会副会长，曾荣获第三届"厦门市优秀中国特色社会主义事业建设者"、同安区"慈善大使"等称号。

人物语录

◎ 过硬的质量是产品具备市场竞争力的保证。

◎ 制定标准不是为了垄断，而是为了对消费者负责。

◎ 做粮食贸易，掺不得半点假。

◎ 民营企业引进人才难，留住人才更难，这就需要企业用心培养。

◎ 做好米，创百年品牌，让百姓吃得起好米，让好米走进百姓家。

当年，陈水平这位不修边幅却充满自信的青年人独闯厦大，对着水稻遗传育种研究室的专家们大喊："你们研究所20年的研究，都没有用！你们都是书呆子！"就是这一声吼，给陈水平带来了无限良机：双方合作研制的"佳辐占"优质稻，口感可与泰米媲美，为缓解厦门市优质大米长期依赖进口的局面做出了重要贡献。

＊＊＊

厦门市地处我国东南沿海、九龙江入海处，背靠漳州、泉州平原，濒临台湾海峡，面对金门诸岛，与台湾宝岛和澎湖列岛隔海相望。

远古时，因为是白鹭栖息之地，厦门岛故称"鹭岛"。宋太平兴国年间，因岛上产稻"一茎数穗"，又名"嘉禾屿"。

千年之后的今天，一个叫陈水平的土生土长的厦门人，在美丽的鹭岛上，用汗水浇灌出了一片"嘉禾"。

/ 回乡创业掘金 /

1979年，20岁的陈水平开始在街上做小买卖。不久，厦门开始实行家庭联产承包责任制。由于厦门市开放程度高，城市发展快，全市粮食市场非常活跃。

1981年，趁着这股热潮，陈水平在家乡开了一家田洋村粮油店，主要销售大米和饲料。

"那家店不足20平方米，是租朋友的，每年租金60多元。"陈水平回忆说。

由于厦门是港口城市，受改革开放大潮影响，农村经济蒸蒸日上，陈水平的生意也越做越大，他经常到江西、山东、河南、东北三省采购原粮。1992年，在厦门特区建立10周年之际，陈水平通过数年耕耘，收获了人生的"第一桶金"。

1993年春，陈水平投资70万元，在厦门北站旁边，成立了厦门银青粮食加工有限公司。建厂之初，银青加工厂运营得并不顺利。幸而，1993年年底，全国粮食涨价，借着这股东风，加上银青加工厂生产出来的大米外观品质俱佳，销路才得以打开。

"那个时候，银青只有1条大米生产线，加工能力设计的是50吨／天，每天大约能卖出去30吨。"陈水平回忆说。

随着厦门市经济的发展，消费者对粮油的品质要求也越来越高。在20世纪90年代末，泰国香米乘势而来，以"高定位、高品质"的优势，很快在厦门市占据一席之地。

1997年，陈水平快速调整原粮采购策略，由普通粮转向优质粮。他发现，在开放的厦门，外地人口较多，南方人及北方人各自占不小的比例。于是，他开始北上吉林、辽宁寻找粳稻，南下湖南购买籼稻，这样东奔西走只为找到口感好的优质原粮。

2000年，因银青加工厂原址拆迁，陈水平只得暂时租用厦门市粮食局的粮库。此时，银青上马了第二条大米生产线，两条生产线日加工能力提高到100吨，设备也进行了更新。只是，当时的陈水平还没意识到品牌的重要性，仍旧沿用老名字——银青。

在随后的生产经营中，陈水平越来越意识到品牌的重要性，在厦门市农业局的牵头引线下，银青加工厂与厦门大学生命科学院水稻遗传育种研究室合作，共同研制优质水稻品种。

"说起这个事，里边还有一个小插曲。"陈水平笑着对记者说。

银青是小厂，厦门大学一开始并没有看上眼。于是，陈水平，这位不修边幅却充满自信的青年，独闯厦大，对着厦大研究室的教授、专家们大喊："你们研究所20年的研究，都没有用！你们都是书呆子！"一句话喊得教授们目瞪口呆，相对无言。看大家没有反应，陈水平接着说："你们现在研究的水稻，产量赶不上袁隆平的杂交水稻，质量赶不上泰国的优质香米，有什么用？厦门需要优质粮！"真可谓不打不相识，经过这一次"大闹厦大"，陈水平和研究所的教授、专家们成了好朋友。

一方懂研究，一方懂经营，他们经常在一起研究探讨厦门粮食市场的现状及未来发展趋势，立志要研发出一种属于厦门自己的大米——口感要优于泰国米，价格还要低于泰国米。

2001年，双方在原来水稻品种"佳禾早占"的基础上进行优化升级，更名为"佳辐占"优质稻。

经过反复的实验和更新,研究结果证明,"佳辐占"水稻外观不比泰国米差,且适应福建当地的土壤及气候条件,亩产可达450公斤,口感也非常好。2005年,"佳辐占"通过审定,2006年开始产业化示范应用,并被列为国家星火计划项目,荣获福建省科学技术一等奖、厦门市2010年科技进步二等奖以及2011年中华全国工商联合会科技进步优秀奖。

当年,陈水平的一声吼,带来了无限良机——与厦大合作研制的"佳辐占"优质稻,口感可与泰米媲美,为缓解厦门市优质大米长期依赖进口的局面做出了重要贡献。

/好年东里好风景/

在稻米品种研发这段时间里,银青加工厂也在有条不紊地换档升级。2004年,陈水平在厦门食品工业园征得50亩土地,建设了新厂,银青加工厂由岛内搬至岛外,并重新注册了厦门好年东米业有限公司,产品品牌更换为"好年东"。

"在我们这里,'好年东'有'好年景''好兆头''年年好收成'的寓意。"陈水平解释说。

优质原料是优质产品的源头。没有优质的稻谷就不会有优质的大米,原料生产基地对于大米生产经营的全程发挥着至关重要的作用。为此,好年东米业将原料生产基地作为"第一车间",积极开展"订单农业",并以高出市场价30%的价格收购订单农户的稻谷。如今,好年东米业已在福建长汀、邵武和辽宁盘锦及黑龙江五常等县市建立了8万多亩绿色水稻种植基地,形成了从稻田到餐桌的全程质量安全控制、良种繁育、生产标准、物流配送与市场营销五大体系。据陈水平透露,公司还计划在黑龙江省的齐齐哈尔市和五常市扩建两个种植基地,拓展东南亚地区的进口米基地合作。

此外,好年东米业还建有3万吨标准化的准低温"四合一"仓储设施,配置国际先进的智能化低温升大米加工生产线两条,并采用GPS(全球定位系统)监控全封闭物流配送大米产品。

在管理方面，陈水平对好年东米业实施管理创新，加强与员工的沟通，鼓励员工参与质量、环境等多项管理，并对保障公司安全、帮助公司节省费用的优秀员工进行奖励。除了物质奖励，好年东米业还对优秀员工进行"尾牙宴"的精神鼓励；对连续3年获得"优秀员工"称号的员工，每个月向其家庭供应优质大米。

在软硬件的双重支撑下，好年东米业进入高速发展的黄金阶段。2008年，"好年东"牌大米通过福建省有机产品认定，这标志着好年东米业进入大规模的市场推广阶段。

"好年东定位于中高端，主推10元/斤的大米。同时，我开始从五常市安家乡调粮，主供厦门市场。"陈水平介绍说。

据了解，好年东米业的市场销售主要有三大块：一是超市卖场，二是批发商，三是单位、企业团购。"超市卖场及团购都以中高端产品为主，批发商渠道是高中低端皆有，抓住这三大块，好年东基本无忧。"陈水平信心满满地表示。

2011年，好年东米业进一步扩大生产线，日加工大米能力达到300吨。"好年东"牌佳辐占米、状元米、米宝、波罗糯米获得绿色食品认定。好年东优质大米获厦门特区"30年最具影响力民生品牌"和蝉联"福建省名牌产品""厦门优质品牌"，获第十一届至十三届中国国际粮油产品展览会金奖，荣获"2016年厦门市十大好米"称号，连获省（市）著名商标。

目前，好年东米业储粮3万吨，其中成品粮3000吨，承担了省级储备8000吨以及厦门市应急大米1000吨的任务，同时还承担了军粮供应的任务。"好年东"系列大米，畅销闽南金三角市场，辐射海西经济建设区和省外市场，并逐步将触角延伸到台湾地区，深受广大消费者喜爱，有效地解决了优质大米长期依赖国外进口的局面。

2012年，好年东米业联合兄弟企业，着手铺设属于自己的网络销售，实现厂家直销；发展了便民贴心的社区大米专卖店，开展优质米券及时兑换服务；探索网上企业对消费者（B2C）好年东旗舰店大米直销业务。

2016年12月14日，好年东米业与国有企业厦门市储备粮管理集团有限公司合资，新成立了厦门储备粮集团好年东有限公司。

近年来，厦门市常住人口不断增加，截至2017年年底，已达401万，预计到2020年，人口将达500万。随之而来，这座城市对大米的需求也呈刚性增长趋势。可以预见,好年东优质大米的市场空间将更大。好年东新公司以国企实力、民企活力的混合所有制优势,不断提高核心竞争力,让好年东优质米走进了千家万户。

陈同铸：

为茶油插上科技翅膀

□ 胡增民　郝中存

陈同铸，1963年12月出生，安徽省六安市舒城县桃溪镇白鱼村人，2003年从事油茶产业，现任安徽省华银茶油有限公司总经理、全国粮油标准化技术委员会油料及油脂分技术委员会委员、安徽省粮食行业协会副会长。

人物语录

◎ 坚定不移地进行科技创新。

◎ 研发一批，生产一批，储备一批。

◎ 再穷不能穷科技。

◎ 没有科技，企业是寸步难行。

◎ 打造"绿色、健康、富民"三大品牌。

陈同铸当初"坚定不移地进行科技创新"的动员令，如今在华银茶油变成现实，形成了"研发一批、生产一批、储备一批"的科技开发和推广格局，"野岭"牌油茶籽油享誉全国，畅销海外。

＊＊＊

中国油茶籽油加工企业十强、中国十佳粮油成长性企业、国家级高新技术企业、安徽省守合同重信用单位、安徽省农业产业化龙头企业、省级林业产业化龙头企业……一串串荣誉如珠链一样越串越长。

它就是位于舒城县经济技术开发区的安徽省华银茶油有限公司，目前公司拥有资产1.72亿元，年销售收入1.54亿元，拥有国内科技含量领先、设备先进的成套茶油流水生产线，完整的配套设施和全程质量检测手段，年加工油茶籽、茶叶籽10 000吨。说到这家企业的发展壮大，不能不提该公司总经理陈同铸。

/"不安分"的农民/

1964年出生的陈同铸，显得年轻而干练，浑身上下充满了活力，说起自己的创业史和华银茶油的发展壮大，他更是滔滔不绝。

小时候，陈同铸家里连温饱都很难解决，有时只好以野菜充饥。看家人为生计长年奔波，还是吃不饱穿不暖，陈同铸幼小的心灵中萌生了一定要好好学习，长大后让家人过上富足生活的愿望。他自小成绩优异，可惜高考失利，与大学失之交臂。

"唉，还是那时家里太穷，为读书，家里已是盐罐油罐早就刮得干干净净，如要复读，还要许多钱，我咋忍心让家里背负沉重负担呀！"忆当初，陈同铸颇有感慨。

当时，全国上下正在大办乡镇企业，他就进了当地一个工厂，从最脏最累的基础活儿做起，并迅速成长为厂里的技术骨干。

2003年9月15日，是陈同铸人生的转折点。这一天，他与三个同在厂里打工的小兄弟"异想天开"地要组建茶油公司。当时,陈同铸在打工的那家茶油厂已达到月薪5000多元,是人人羡慕的高薪族了,因此,他的创业遭到了家人的激烈反对。

"没资金、没土地,一切从头开始,前景还很难预料,谁不怕呀!"回忆往事,陈同铸颇有感触。"一没市场,二没技术,要想在比较成熟的茶油市场中撕开一个裂口,谈何容易?"

"我们不能出大力、挣小钱,要提高产品知识附加值,用科技支撑实业发展,尽快走出粗放生产、效益低下的路子。"陈同铸的"科技情结",使华银茶油一开始就瞄准了以科技支撑发展的路子。

如何让企业插上科技的翅膀呢?为了尽快掌握核心技术,陈同铸带领科技攻关一班人,从大别山区开始,先后一个半月实际考察了金寨、霍山、江西上饶、浙江衢州和常山、广西白马、湖南株洲、湖北罗田、河南周口等全国重点油茶生产基地,专访了安徽农业大学生命科学院李广新、文汉教授,合肥工业大学食品科学研究院罗水忠教授,广西亚热带林业科技研究院等专家和科研院所,研究并探讨油茶生长习性及优质油茶林种植技术、茶油生产加工技术革新及相关产业链提升问题。

功夫不负有心人。经过一年多的实际生产实践摸索,陈同铸他们终于全面掌握了茶油传统加工生产技术,产品完全符合国家标准,初步打开了市场。

/ 撬动科技杠杆 /

"我是一个地道的农民,但我今天能站在这个领奖台上,我是特别激动,说明只要企业有需求,干事有动力,专家能做到的,我们农民也能做到。"当陈同铸在北京人民大会堂举着奖牌,发表获奖感言时,台下掌声雷动。原来由陈同铸领衔的华银茶油科技攻关组,经过多年攻关,研发的"茶叶籽低温压榨精制技术"及"茶叶籽深加工关键技术研究"获安徽省科技成果奖,"茶叶籽油低温压榨精制技术研究"获得安徽省科技进步三等奖,与武汉轻工大学食品科学与工程学院等共同研发的"油茶籽油加工关键技术创新及产业化应用"获湖北省科技进步一等奖。

"我们华银茶油的发展，离不开高科技支撑，没有科技，我们是寸步难行，更不要说发展壮大了！"陈同铸说。

华银茶油，一时成为舒城县科技创新中的一名佼佼者。

"视角一新，柳暗花明。"当调整思维，用科技的"眼光"面对周围世界时，华银茶油迎来了缤纷发展的春天。特别是在2008年金融危机的冲击下，大多数茶油企业纷纷停产或倒闭，只有华银茶油逆势上扬。找准道路、尝到甜头的陈同铸决定发起更大的科研攻势。

"科技创新不能一直处于自发状态，要从自发到自觉就要有制度的保障。"陈同铸和公司一班人深刻认识到这一点。随之而来的是公司"科研架子"搭起来，"科技制度"建起来，"科技人才"聚起来，"科研经费"投进来，"科技联合"干起来。一块块适应新项目"生长"的"再生良田沃土"被拓荒者辛勤地开垦。

搭科研架子。公司组建了科技攻关部，进行"市场、调研、课题、攻关、服务"一体化运作。

建科技制度。《科技创新管理办法》《科技经费预算及使用管理办法》等科研政策的出台，使科技项目按产值比例提成，以及项目奖、设计奖和效益奖等各种激励机制有了政策保证，激发全员的创新热情。

聚科技人才。除将一批有经验的技术骨干集中到一起，形成土生土长的科技研发队伍之外，公司注重培养、使用和外聘优秀人才，拥有了一支优良的科技人才队伍。

筹科研经费。再穷不能穷科技，仅2008年以来，公司内部就筹措数百万元投入科研，对20多名有突出贡献的人员进行奖励。

搞联合开发。公司实施"融智"战略，先后与安徽农业大学生命科学院、合肥工业大学食品研究院建立长期的产学研合作关系。

可以说，当初陈同铸提出的"坚定不移地进行科技创新"动员令，如今形成了"研发一批、生产一批、储备一批"的科技开发和推广格局，发展的思路已变成生动的实践……企业通过了ISO9001、ISO14001、ISO22000国际质量、环境和食品安全体系认证，生产的"野岭"牌油茶籽油享誉全国，畅销海外，并先后获得第五届全国食品博览会金奖和"全国放心粮油进农村进社区示范工程示范加工企业""安徽省放心粮油进农村进社区示范工程示范加工企业"称号，通过国家"有机食品"和"绿色食品"

认证以及欧盟 EC834/2007、EC889/2008、美国 NOP、日本 JAS 等国家有机认证。

/"野岭"披上绿衣/

打造"绿色、健康、富民"三大品牌，营造高级健康型绿色食用植物油——"野岭"牌油茶籽油、茶叶籽油，是陈同铸的夙愿。

为保证油茶的质量，华银茶油坚持农业产业化综合深加工之路，依托全县18多万亩油茶林、10万亩茶叶园，在庐镇乡建立了茶油绿色食品原料生产基地3万亩，在舒茶镇"九·一六"茶园建立了有机茶叶籽油示范基地，在棠树乡、干汊河镇分别规划建设了5000亩油茶种植示范基地，首期已在棠树乡新安村和干汊河镇大石村实施1000亩油茶示范基地。

"让群众用上放心油、让群众以油茶致富是我们的宗旨，多年来，我们一以贯之。"陈同铸说。

实行"公司＋合作社＋农户＋基地"模式，形成"龙头企业带动基地联动农户"的经营体系，坚持服务"三农"的办社宗旨，结合地方区域农产品生产的特点，吸收了一批具有较好发展前景的山区油茶大户和土榨油坊为成员，成立了舒城县华银茶油农民专业合作社，带动全县油茶产业的不断发展，并辐射周边及皖西大别山区油茶的种植经济，实施规模化效应，走区域特色的农业产业一体化发展战略。

"野岭"牌油茶籽油、茶叶籽油产品自投放市场以来，深受众多专家和消费者的好评，先后获得第五届全国食品博览会金奖、安徽省"放心油"称号、国家绿色食品发展中心 A 级绿色食品认证、高新技术产品、安徽省著名商标。企业通过 ISO9001：2000国际质量管理体系认证和 ISO14001：2004环境管理体系认证。

华银人自主研发"低温物理冷榨油（绿）茶籽油生产技术"和"绿茶油生产技术开发"成果分别获得科技进步二等奖和三等奖，产品质量完全符合国标 GB11765-2003、绿色食品 NY/T15-2003标准，畅销上海、北京、南京、广州、合肥等大都市和沿海发达地区以及东南亚一带，深受商家和海内外现代人士的青睐。

捷报频传。2016年以来，该公司又创造了一系列科技成果：自行研制的茶叶籽油常温压榨方法、一种化妆品用茶油的精制工艺、一种表面活性剂促茶皂素渗出的提取方法、一种茶油的低温冷榨生产工艺、一种新型高渗透茶叶籽油洗发液等共申请国家专利54项，已获得授权24项，其中发明专利9项，实用新型专利16项；茶叶籽油低温压榨制油技术应用及产业化、低温压榨茶油精加工产业化关键技术研发、一种茶叶籽脱壳冷榨生产茶叶籽油的方法、一种护肤茶籽油的精制工艺、油茶籽油加工关键技术创新及产业化应用等多项专利及科研成果成功转化，并投入产品生产中，形成了冷榨油茶籽油、压榨油茶籽油、茶叶籽油、茶皂素等多种高新产品。这些新技术及成果的实施、运用，将快速提升企业的技术实力。

　　天道酬勤。在陈同铸的办公室，张贴着"大展宏图"四个遒劲有力的大字，在他的帷幄运筹下，华银茶油正在振翅高飞。

陈志蔚：

十年积淀油香流淌

□ 胡增民

陈志蔚，1972年8月生于江苏大丰市方强镇，1990年参加工作，大专文化，高级职业经理人、高级经济师，现任盐城市政协委员、大丰市特产商会会长、江苏佳丰粮油工业有限公司董事长。

人物语录

◎ 做大不如做精，做泛不如做专。

◎ 不把鸡蛋放在一个篮子里。

◎ 三条腿的板凳稳当。

◎ 留些遗憾不一定是坏事。

◎ 只有真诚，才能朋友遍天下。

◎ 认定的目标，就要一条路走到底。

创业十多年来，陈志蔚历经了一次次的市场磨炼和考验，创业的艰辛和收获的喜悦随着浓香的菜籽油一点一滴流淌出来。如今，他正在打造全产业链，从过去的"傍大款"中解脱出来，走出一条真正属于自己的路。

＊＊＊

平头，中等身材，体格健壮，陈志蔚，作为江苏省佳丰粮油工业的当家人，乐观，和善，一向低调，和人交谈时脸上总带着笑容。

陈志蔚一手带起来的佳丰粮油，目前主打产品是"恒喜"牌非转基因菜籽油。别小看这非转基因菜籽油，陈志蔚为此已坚持了十多年。在此期间，陈志蔚历经了一次次的市场磨炼和考验，创业的艰辛和收获的喜悦随着浓香的菜籽油一点一滴流淌出来，香满神州大地。

╱主打"非转基因"牌╱

大丰，地处江苏省东部沿海地区。在这座不大的城市里，原大丰市佳丰油脂有限责任公司（2015年更名为江苏佳丰粮油工业有限公司）可是小有名气，董事长陈志蔚"十年河东，十年河西"的故事，成了当地油脂业界的一段佳话。

阳春三月，笔者来到大丰，见到了"传说中"的陈志蔚，听他讲述与佳丰共同奋斗的历程。

1990年，年仅18岁的陈志蔚在方强镇粮管所工作，他从统计员做起，先后担任供销科长、大丰市粮油供应公司副经理等职务。

2001年，下岗后的陈志蔚筹资1000多万元，创办了佳丰精炼油分公司，主要从事油类、粕类的生产及贸易，第一年就盈利三百多万元。同年，陈志蔚又创办了一家塑料厂，主要生产塑料油壶和油桶，此举标志着佳丰油脂正式迈进食用油领域。

"当时，大丰周边地区的老百姓和部分企业对食用油的需求很大，于是我决定采用不同于其他企业的营销办法——先产后销。"陈志蔚回忆说，当时很多油脂企业为了规避风险，大多是"以销定产"。

艺高人胆大。凭借多年丰富的粮油经营经验，陈志蔚将精炼油这块"蛋糕"越做越大，除江苏外，产品远销湖南、江西、浙江、上海、安徽、山东等十几个省市区。同时，佳丰油脂还与国内大型油脂集团合作，为其提供源源不断的优质产品，深得上海麦德龙、南京苏果等大型超市的青睐。

"佳丰油脂一贯提倡稳中求进，堪称苏中、苏北、苏南中小企业队伍的带头军。"陈志蔚说，佳丰油脂的主打产品是方青卓代言的"恒喜"牌非转基因菜籽油，倡导绿色、健康理念。

科学技术是第一生产力。2016年，该公司先后与江苏大学、江南大学合作，独家拥有发明专利5项、实用型专利8项。公司承担国家科研课题2项，获国家科技三等奖1个，发表科技论文5篇。

佳丰油脂还在对棉籽油深加工进行研究开发。"高油脂含量微藻规模化培养及收集关键技术"被江苏省科技局列为2009年大丰科技开发重点项目之一。2011年，佳丰油脂与江苏大学联合成立了"油菜籽深加工研发中心"，共获得研究开发专利7项，其中，"年产2万吨非转基因低芥酸菜籽油关键技术集成及产业化"被国家科技部列入国家级星火计划。

多年来，佳丰油脂十分注重质量管理，曾获大丰市质量管理奖。"恒喜"牌产品先后被认定为"盐城市知名商标""江苏省著名商标""中国驰名商标"。2008年"恒喜"牌一级食用油被江苏省民委认定为"清真食品"，公司被认定为"清真食品基本供应点"。2009年佳丰油脂生产的3万多吨清真食品油在新疆、甘肃、河南、云南、江西、贵州等地深受消费者的喜爱。

在陈志蔚的主导下，佳丰油脂采取"基地＋农户＋收购加工＋销售经营"的模式，不断探索基地效益和公司发展互相促进的新路。如今，佳丰油脂下辖日加工400吨原料的压榨厂、日生产500吨色拉油的精炼厂、日生产300吨小包装油中心、仓储分公司，以及1000亩试验田实验基地，已成为集菜籽收购、加工、销售，大型油脂贸易，省级、地方油储及国家临时油储于一体化的省级龙头企业。

/"不把鸡蛋放一个篮里"/

天有不测风云。2008年下半年,一场突如其来的国际金融危机,让国内油脂行业陷入了步履维艰的境地,菜籽油市场价一落千丈,以一级菜籽油为例,从16 000元/吨跌到最低谷时的6000元/吨,油脂行业千疮百孔,就连效益一直很好的国有企业也难逃一劫。

在强烈的冲击下,很多油脂企业宣告破产,身处快速发展期的佳丰油脂也难以"独善其身"。

陈志蔚说,2008年金融危机时,佳丰油脂上半年利润很可观,可下半年风暴来得太迅猛,一下子亏损几千万元。"当年,职工工资4个月发不下来,银行贷款要到期,精神压力很大。"2009年,陈志蔚痛定思痛,以"现在做什么?将要做什么?将来做什么"为主题,在企业展开大讨论,统一思想。

机会总是留给有准备的人。当年,国家启动油菜籽托市收购政策,佳丰油脂和中储粮合作,承担了4.5万吨托市油菜籽的收储任务,从此打开了一个新局面。

由于油罐容量有限,陈志蔚心一横,历时3年,扩建了4万吨容量的食用油库,加上原有的1万吨容量,佳丰5万吨的油罐容量大大解除了当时地方托市油储的紧张局势。

尝到甜头的陈志蔚看到了曙光,决心将来要做国家"托市"的前四强,利用国家托市政策和盐城的地理优势以及佳丰油脂的5万吨油库容量,撑起油菜籽"托市"的一片天。

说到做到。2009年,佳丰油脂油菜籽托市量位居江苏第三位、全国第十七位;2010年,位居全国第一位;2011年位居江苏第二位、全国第九位;2012年位居江苏第一位。

吸取了金融风暴冲击的教训,陈志蔚意识到,"不能把鸡蛋放在一个篮子里"。2009年,佳丰油脂与盐城市粮食局合作,参股30%,成立盐城市禾丰粮油储备有限公司,目前已建成库容12万吨的仓库,发展势头良好。陈志蔚说:"再苦再累,也要把保障企业长足发展的资源用到可持续发展上。"

佳丰粮油工业加盟后，禾丰粮油储备有限公司已建成2000吨泊位码头3座，港池220米，再配套以文化长廊、廉政花园、农民服务区，一座现代化、花园式的物流中心拔地而起，成为张庄工业园区、皮岔河畔的一道靓丽风景。

/ 三条腿的板凳稳当 /

陈志蔚认为，佳丰油脂这几年之所以稳立潮头，就在于多轮驱动，抗风险能力强。据介绍，佳丰油脂现有五大板块：一是传统的粮油购销和储存，二是小包装精炼油，三是压榨油厂，四是托市收储，五是家庭农场。

"家庭农场拥有两个基地，共15万亩，近1000户农户在基地里种植高效油菜籽和水稻。基地实行全过程'保姆式'服务，并以高出市场价0.2元/斤的价格收购基地农户的油菜籽。"陈志蔚介绍说。

经历严冬的人更珍惜太阳的温暖，经历过危机的企业，更知管理的重要。当记者问到佳丰油脂在发展中遇到的最大瓶颈是什么时，陈志蔚坦诚地说，主要是人才方面，当企业驶入快车道时，随着业务触角的不断延伸，现有人才力量难以跟上企业发展的步伐。

"我们首先从领导层解决，发扬'南泥湾'精神，自我充电，自我开发，自我提高，同时，有意识地引进相关人才。2008年以来，先后招聘了20位大学生，主要从事科研项目开发和营销业务拓展，并向生产技术方面延伸，这些大学生中有的已成了中层领导，还有一位进入了高层，成为企业的中流砥柱。"陈志蔚说。

谈到当时的困难，陈志蔚笑言："即便有困难，也都是企业可以自行解决的，我坚信，只要有恒心，没有不可逾越的堡垒。"

/ 做"喜"文化传承者 /

有了基地，有了人才，"恒喜"的品牌之路也越走越宽。"做中国'喜'文化的传承者。"陈志蔚为他的"恒喜"品牌赋予了新的文化内涵。

提起著名影视演员方青卓，大家都不陌生，她在荧屏上悉心刻画的中年妇女形象入木三分，深受观众喜爱。2010年，在全国实施企业品牌化战略大会上，佳丰与方青卓签署了佳丰油脂品牌代言协议。

"用恒喜，心欢喜"。两者的合作，不仅让"恒喜"牌食用油深得百姓喜爱，还让佳丰油脂从盐城走向全省，并逐步登上国家"大舞台"。

2012年8月，陈志蔚专程赶到昆山影视基地，代表佳丰油脂与方青卓续约，让她继续担任该公司的形象代言人，身着古代戏装的方青卓还和穿着花格衬衣的陈志蔚照了一张合影。

2009年，佳丰油脂被国家民委、中国人民银行、国家财政部联合审定为"全国少数民族特许商品定点生产企业"；2010年被评为"全国食用植物油加工50强企业"；2011年10月，佳丰油脂获邀参加"中国粮油财富论坛暨中国粮油榜颁奖盛典"，荣膺"中国百家粮食企业"称号，陈志蔚荣获"中国十佳粮食创业风云人物"称号；2012年佳丰油脂荣获"中国十佳粮油成长性企业"称号。

时光转瞬到了2016年，"恒喜"牌食用油已分别荣获"中国驰名商标""江苏省著名商标""省名牌产品"称号，在第六届中国粮油榜推介活动中，又摘得"中国十佳粮油食品品牌"桂冠。

"我们要积极利用品牌优势，扩大营销网络，年各类中小包装油销售额力争占到总销售额的1/5以上，达到2亿多元的销售额。还要打造全产业链，从过去的'傍大款'中解脱出来，走出一条真正属于自己的路。"陈志蔚对佳丰粮油工业的明天充满了信心。

党长英：

从骑车卖粮到身价过亿

□ 闫巍　赵倩

党长英，湖北襄阳人，现任湖北丰庆源粮油集团有限公司董事长，2012年被授予"襄州区创业建功青年先锋"称号，2013年被授予"襄阳百杰·创业明星"称号，2014年被授予"第四届襄阳市优秀企业家金骆驼奖"荣誉称号，2015年被授予"十佳人大代表"称号，2016年被选举为襄阳市人大代表。

人物语录

◎ 拿质量赢得市场。

◎ 做人不能忘记过去，不能忘本。

◎ 实在做人，实诚做事，实心做面。

◎ 做企业，不能靠别人，就要靠自己。

◎ 企业的发展，最具潜能、最关键的要素是人才。

◎ 企业的管理要靠制度，生产的发展要靠规范。

一个朴实的农村女性，靠着要改变生活的执着，开始了粮食贸易买卖，靠着对商机的敏锐捕捉和诚信经营的理念，将一个名不见经传的小面粉厂，发展成为鄂西北地区集面粉科研、加工、储运、贸易于一体的大型面粉加工集团。

* * *

湖北省襄阳市气候宜人，物产丰富，近年来，依托着丰富的农产品资源，这里涌现出了一批粮油企业，丰庆源粮油集团有限公司便是其中的佼佼者。

而党长英便是丰庆源粮油集团的创始人。初秋，记者来到丰庆源粮油集团有限公司，见到了党长英，虽然是一位身价过亿的农民企业家，头顶着"襄阳市人大代表""十佳粮食经纪人"等多项荣誉称号，但站在记者面前的党长英，朴素、爽朗，就像是一位亲切的北方大姐。

然而，就是这个看似平凡的女性却做出了不平凡的业绩。

/ 裁缝到粮食贸易商的蜕变 /

"我是土生土长的襄阳人，创业打拼从1992年做手工服装生意算起，一晃都20多年了。"回忆起创业历程，党长英万般感慨。

1991年，22岁的党长英家中添喜，一对双胞胎的到来给党长英家带来快乐的同时，也给她带来了沉重的经济负担。

"我们夫妻两个都是农民，以种地为生，一下子添了两个娃娃，生活压力挺大。"党长英回忆，"于是在生完孩子的第二年，我就到镇里面租了个门面，做起了裁缝，给人家加工服装补贴家用。"加工服装，虽然苦点累点，但也够全家吃喝，那么，放着好好的服装生意不做，当年的党长英又是怎么想起来要转行做粮食的呢？"后来到了1993年，我在给一个乡亲做服装的时候，他说现在收小麦挺赚钱，他一个夏天收小麦赚了500多元。500元，这在当时那个年代可是笔巨款，我当时就动了心思，想着要不也尝试做做粮食生意。"结果，这一尝试，党长英就与粮结缘，再也没有离开过粮食行业。

襄阳市是我国农业大市，属暖温带季风气候区，四季分明，光照充足，雨量适中，适宜冬小麦的生长，这里的冬小麦也是全国最早开镰收割的。

占据了天时地利，1993年夏天，党长英和丈夫开始干起了粮食生意，这是党长英创业史里回忆起来最艰苦的一段时光。那时每天天不亮他们就要出门，在襄阳市襄州区黄集镇周边收小麦，攒够了就背到粮所卖掉，一天天周而复始。

谈及这段经历，党长英感慨万千："刚开始收小麦时没有任何交通工具，就靠着一辆自行车，一天下来，能跑几十里路，没日没夜地收粮食卖粮食。"为了使两个孩子能够更好成长，党长英和她的丈夫顾不上辛苦，四处奔波。虽然很苦，但是党长英没有轻易放弃，她觉得做什么事情，只要努力总能做好。在做麸皮生意的过程中，党长英也始终坚信这一点，再苦再累都没有放弃。既然已经找到了路，就要把它走下去。就这样，党长英在粮食贸易生意上不断累积着经验。

20世纪90年代，粮食市场实行双轨制，当时生意比较好做。1993年，党长英贷款买了一辆机动三轮车，边收边卖。一季下来，党长英收小麦赚了6000~7000元。

"当时6000多元对于我们来讲，是个天文数字，也更坚定了我们继续做粮食生意的决心。"谈起自己最初的生意经历，党长英感慨万千。

"1997年，由于常年贩卖粮食，我老公腰椎间盘突出住进了医院。这时候我就觉得我们干的都是辛苦活，赚的都是辛苦钱，这样长时间干下去可不行。"党长英回忆。

以此为契机，党长英开始琢磨着进行转型。

"后来，我用前些年攒下来的钱买了两块地皮盖仓库，同时在襄阳市产粮比较多的乡镇租了10多间门面，开始做起粮食贸易。"党长英说，"我负责联系客户，我老公负责在家收粮，就这样我们生意越做越大，部分地方粮食局、粮库进行小麦轮换都来我们这里买。"到2011年，丰庆源公司新建仓库7栋，代国家储粮达5万吨，粮食贸易额突破亿元大关，利税1026万元。

/诚信经营让生意越做越大/

"在我20年的粮食经营过程中,2009年的芽麦生意对我的触动非常大。"党长英回忆道。

2009年夏季,正当襄樊市464.6万亩小麦丰收在望时节,天有不测风云,5月22~28日持续一周138毫米的强降雨使90%的小麦长在地里发芽。

本来国家2009年年初公布继续提高小麦最低收购价,中等白小麦每斤0.87元,比上年提高0.10元。可是,雨灾后襄樊市发芽小麦高达15亿公斤,上市初期每斤芽麦市场价格仅在0.58~0.60元之间。

"当时我们一提到芽麦,头都是疼的,与正常小麦相比,芽麦要便宜0.2元/斤,1亩地就少100~200元,但如果卖不出去,烂在手里更难受。"襄阳市襄州区农民杨元龙回忆道。

面对突如其来的灾害,面对父老乡亲紧锁的眉头,党长英坐不住了。

她跑河南,走河北,奔四川,上门联系、电话联系,经过不懈努力,党长英和她公司的员工与新老客户签订了1000万公斤芽麦的外销合同。

"只要乡亲们的芽麦能销出去,赚钱多少无所谓。"芽麦上市后,党长英的收购现场车水马龙。

黄集镇种粮大户张勤俭2009年夏季收获的137亩小麦不同程度地发了芽,党长英派去几辆卡车上门收购,每斤比其他经营者多0.05元,张勤敏58 225公斤芽麦多收入5800多元,一举解除了张勤敏的后顾之忧。

快进快出,是党长英经营芽麦的重要经验。党长英公司的仓库有限,她就运用快进快出的办法,边收边销。

从2009年6月开始,2个月的时间内,党长英的公司就收购、销售芽麦1100万公斤,除去下雨天,党长英基本上每天装运一个车皮以上的芽麦。

至此之后,由于党长英经营芽麦买卖公平,童叟无欺,言而有信,不但赢得了农民的信赖,也赢得了购买方的信任。

"由最初的小打小闹,到后来做贸易公司,一步步走来,我感觉仅仅收小麦卖小麦,对于产购双方利润率都低,也正是2009年的芽麦买卖,使我下定决心走深加工之路,创办面粉厂,提高小麦的加工利润。"党长英表示。

有了创建企业的念头后,党长英凑足2000万元,开始筹建她的面粉加工厂。

"当时反对的声音很多,我家人都不理解,他们说现在粮食生意做得好好的,为什么非要搞面粉厂,要是厂子办砸了怎么办啊?"党长英笑着说,"我就劝他们说,咱们前些年做粮食生意积攒下这么多客户,而且当地农民都愿意把粮食卖给咱们,怎么能办砸呢。经过解释,家里人也放下了包袱,全力以赴支持我办厂干事业。"就这样,2011年年底,党长英在207国道旁新征土地140亩,引进瑞士具有世界一流技术水平的面粉加工设备(磨粉机),建成了日产400吨小麦专用粉的生产线。

丰庆源面粉公司建成后,可以年加工优质小麦15万吨,生产专用面粉4.5万吨、特精粉4.5万吨、等级粉2.25万吨、次粉1.5万吨、麸皮2.25万吨,产值3.5亿元,利税2800万元。

/ 重管理创现代化面粉企业 /

"我们企业的口号是'实在做人,实诚做事,实心做面',办企业,如果没有优良品质,是不可能赢得市场的。"党长英非常明白,产品的质量对于面粉企业来讲是多么重要。

在党长英的带领下,丰庆源集团公司自觉肩负"服务农业,创新产业,引领面业"的光荣使命,秉承"为社会贡献价值,为家乡创造品牌,为农民增添财富,为员工搭建平台"的经营理念,采取"公司+基地+农户"的经营模式,辐射带动周边30万亩无公害优质专用小麦种植,每年促农增收1000多万元。

为了吸引到粮源,党长英还与农民签订了配套的优惠办法,凡是与丰庆源公司签订订单的农户,公司实行"四包",即包小麦供种、包技术服务、包小麦收购、包保护价(每公斤小麦高于市场价2分钱),大大地调动了农户种植的积极性,这一项可为基地农户增加收入50多万元。

农业产业化的龙头作用就在于如何带动农民走上富裕道路,党长英"发展农业订单,培养小麦基地,实现农民双赢"的战略思路,带动了当地农业经济的发展。

有了优质的原粮供应，只是保障产品质量的一个基础，重要的是看企业的管理和生产水平。

党长英清楚地认识到，企业的发展，最具潜能、最关键的要素是人，厂子建起来，技术装备水平达到国内一流水平，党长英就按照现代化大生产、大市场、大流通的格局组织生产，用最少的人，干最多的事。

"你来的时候，公司的几位中层干部正在四川成都参加经营管理培训，我们现在每年都会将公司的业务骨干送出去培训学习，为公司的下一步发展储备人才力量。"党长英表示。

通过几十年的摸爬滚打，党长英清楚认识到制粉行业的每一个细节问题，知道企业的管理要靠制度，生产的发展要靠规范。

为此，党长英在车间建立质量监控点，购置国内先进的粉质仪、拉伸仪、试验磨等质量检测设备和仪器。做到质量问题"三不放过"：查不出原因不放过，责任人没有查出不放过，处理过后得不到改正不放过。

就这样，丰庆源公司的产品质量得到了保障。全国知名面粉深加工企业康师傅、统一食品、盼盼食品、徐福记食品等公司都和丰庆源公司有着业务往来。

"我是农民的孩子，致富之后也不能忘本。"靠艰苦创业富起来的党长英致富不忘回报社会。

公司创办几年来，共录用下岗职工和当地剩余劳动力120多名，职工收入不断增加，现在职工人月均收入已经超过3000元。

谈及未来的发展，党长英表示，丰庆源公司在继续发展面粉面条加工的同时，将向产业链两端延伸，走多元化发展道路，努力提高企业综合竞争能力。

"我们在产业发展上，要以粮食贸易、面粉面条加工为主，同时向深加工领域延伸。未来一段时间内，我们还会扩大小麦基地、扩大仓储、扩大营销网点分布、扩大产品出口、扩大商业贸易等经营。"党长英说。

段贤伍：

执着深耕粮食干燥机业

□ 胡增民

段贤伍，1974年5月出生于安徽舒城县千人桥镇黄城村，机械设计工程师；2006年4月至2009年2月，成立江苏无锡辰宇机械厂，并任厂长；2009年3月，投资组建安徽辰宇机械科技有限公司，任法定代表人、总经理，安徽省农机协会副会长，安徽省战略创业领军人物，安徽省特支创业领军人物。

人物语录

◎ 人不能停，脑子不能停，停了就会生锈。

◎ 没有质量，就没有品牌；没有服务，就没有品牌。

◎ 对人才的投资，就是对企业未来的投资。

◎ 机器跟人一样，随时可能生病，生病了在最短时间内把病治好，就是最好的服务。

◎ 有能力＋没态度＝零；有进步＋没耐心＝零。

◎ 老板的死穴：扛着旧脑袋，活在新时代。

只因认定了粮食安全与营养关系国人民生问题，段贤伍从零开始，历经数年刻苦攻关，破解了一道道技术难题。从研发出我国大陆首台粮食干燥机，到拥有90多项发明专利技术、走在全国粮食干燥设备专业供应商第一梯队，安徽辰宇机械科技有限公司在段贤伍带领下正稳步前行，朝着"智能化、物联化、'七大目标''五大系统'"迈进。

* * *

有人这样戏称："提起快餐，想起了KFC；提起淘宝，想起了马云；提起万达，想起了王健林……提起粮食干燥设备，想起了段贤伍！"这话可能有点儿夸张，但安徽辰宇机械科技有限公司创始人段贤伍对粮食安全事业的贡献不容小觑。

他是安徽创业领军人才，悬浮式热风炉系列、5H谷物干燥机系列、经典节能热风炉系列等核心产品的创始人，他带领团队研发的"混流式干燥技术"填补了行业空白，国内首创，摘得国家授权的发明专利并被保护。公司生产的产品荣获了多项国家专利，产品不仅在国内市场占有率高，位居前列，还远销至东南亚、非洲等国际市场，打破了国内烘干设备出口的瓶颈。

/剑走偏锋收获契机/

安徽六安经济开发区皋城东路一隅，偌大的整装车间里，几十台粮食干燥机一字排列、整装待发，宛如仪仗队即将接受首长检阅。另一个车间里机声隆隆，槌声叮当，龙门跑车不停地来回穿梭。这是笔者在安徽辰宇机械科技有限公司捕捉到的画面。

近年来，中国农机市场高效发展，竞争也越发激烈，对于一个早期规模不大、实力不强的生产粮食干燥设备的企业来说，自然也不会"独善其身"。

如何在不到10年的时间里，从只有几名员工的小作坊，发展成旗下有安徽辰瑞达农业设备有限公司、吉林久农工贸有限责任公司、六安辰宇干燥设备研发有限公司、粮食干燥设备实验中心、粮食干燥技术研发中心（辰宇＆合工大）、员工500多人、产值破亿的大型企业？笔者带着疑问专程再次来到安徽省六安市采访，零距离接触段贤伍这位粮食干燥行业的"领航者"。

翻开段贤伍的人生履历表可以发现：他1974年5月出生于安徽省舒城县千人桥镇黄城村，早年曾在合肥和江苏无锡打拼；2006年涉足粮食干燥机行业，曾研发"中国大陆第一台干燥机"；2009年返乡创业，在六安市创办安徽辰宇机械科技有限公司。

短短几年时间，他从一名粮食干燥行业的"门外汉"成长为领军人物。

走进辰宇，在4个偌大的车间里，橙红色的烘干机非常惹眼，生产线上工人们娴熟的操作，让记者眼前一亮。而更加惹眼的是辰宇的业绩：2014年，辰宇谷物烘干机的销量达到了800多台，实现销售额1.1亿元；2016年，实现销售额1.6亿元，跻身粮食干燥设备领域前三甲。

"成绩只能代表过去，未来我们还有很艰辛的路要走，坚持把品质做实，把辰宇品牌打响。"段贤伍说，"近年来，随着国家惠农政策的出台和实施，国内一批农业机械的生产企业如雨后春笋一般，尤其是综合性农业机械生产企业数量不断增加，生产水平和质量水平良莠不齐，甚至出现恶性竞争，同质化现象非常严重。"

面对这样的市场环境，段贤伍冷静分析后，剑走偏锋，选择了粮食干燥行业，这也是他年轻时的梦想。正是在梦想的感召下，段贤伍成立了一家专业生产粮食干燥设备的企业，先后引进了大型智能化自动生产线，在国内开创了粮食干燥机设备生产的"先河"。

/ 以质取胜以技抢先 /

"我们不追求全国最大，我们追求全国最精、最专业，专心致力于制造品质一流的粮食干燥设备。"段贤伍说。

凭借这一理念，段贤伍牵头分管品质部，对产品质量提出了更高的要求。为了加强对产品质量的监控,他定期对客户反馈出来的问题开展质量整改活动。针对经常出现的尺寸超差、毛刺超标等问题,他利用自身对机械懂行的优势,通过一些专业质量管控手段,从源头上查找原因,提高产品生产工艺,改进品质管控手段,确保其所供应产品的精密度及稳定性。

与高等院校科研单位攀亲联姻,收获希望的种子。2012年,辰宇与合肥工业大学成立了"粮食干燥设备研发中心",同年公司被评为"中国十佳粮机企业""安徽农民最满意的农机品牌";2013年成为国家高新技术企业;2014年5H系列低温谷物干燥机荣获安徽名牌,段贤伍也被授予"安徽省创业领军人才"称号;同年,又成立了"粮食干燥设备实验中心",打造了拥有20多名专业技术人员的研发团队,每年投入数百万元用于产品研发和技术创新。

伴随着技术创新步伐的加快,公司的销售量也在逐年递增。2013~2016年,公司从综合销售过亿到单一品牌销售近亿元,市场占有率达60%以上。

2014年是辰宇转型升级的一年,用段贤伍的话说:"全国'两会'上提出了四个全面,辰宇2015年也有四个全面——全面提高产品质量、全面严格执行管理制度、全面深化改革、全面进入恶劣环境过'冬'。"2015年,辰宇的新款产品进行了78项技术改进,质量更胜一筹。

2016年是辰宇裂变的一年,在段贤伍的带领下,公司导入了"企业自转智慧系统",明确了"企业是交换结果的商业平台""拿我有的换我要的"。辰宇公司2016年通过机制推动和分配,员工收益集体增加180万元。

"我们可以说是从无到有,从烘干到烘干后的品质保证以及发芽率、营销率的保证,从温度、通风、阶段性干燥等都严格把关,正是因为烘干后能保证种子的发芽率,现在很多种子公司都买我们的设备。我们做的是低温干燥机,不影响种子发芽。像台湾的三久做得比较细,也是我一直以来所追求的目标。"

/ 专注服务叫响品牌 /

在安徽辰宇科技的网站上可以看到,该公司提出了"重品质、树品牌、讲服务、全员参与、客户至上"的发展理念。

对此，段贤伍解释说："重品质，是有一个副总负责对品质严格把关，如果产品由于检测不到位出现问题，由他承担责任。树品牌，一是要保证质量，以质量求生存；二是做好售后服务，让客户放心；三是加强广告宣传，酒好也怕巷子深。没有质量，就没有品牌；没有服务，就没有品牌。讲服务，客户就是上帝。机器跟人一样，随时可能生病，生病了在最短时间内把问题解决掉，把病治好，是最好的服务。只要是我们公司出去的产品，就是我们的责任。"

段贤伍讲了这样一个故事："2010年，江苏连云港一个客户，说他把款全部付清了，我们还会不会服务？我请他放心。后来，对方在使用过程中风机出了问题，接到电话后，我二话没说，驱车600公里，于当日凌晨赶到，对方很是感动。我开玩笑说，你越是不相信我们，就越让你相信我们。其实，按承诺，完全可以第二天发物流过去，但我还是第一时间赶过去。客户逢人就说，辰宇的人靠谱，买他们的烘干机选对了。"

"服务赢天下。"段贤伍这样强调。辰宇一直以来注重售后服务，段贤伍认为，对企业来讲，良好的"售前售后服务＋优质的产品质量"才是对用户最好的回报。公司承诺为所有客户提供终身维修保养服务，在机械出现故障后，安徽省内用户12小时之内到达现场，安徽省外24小时内到达现场。同时，在不同地区派驻服务人员，保证用户及时完成机器设备的安装和粮食烘干。

凭借着"响亮的品牌＋过硬的产品质量＋无忧的售后服务"，辰宇的产品不仅在国内东北、华北、沿海地区热销，还远销东南亚、非洲等国际市场。

考虑到干燥机产品的适应性，辰宇针对不同国家、地区的具体情况，对产品的性能细节做出相应调整。同时，为增强国际市场竞争力，辰宇将会逐渐增加国外销售区域的服务网点。

"如果服务网点不够，一旦产品出现问题，会耽误机器的使用，而良好的售后服务口碑对产品营销会产生长远的影响，我们将通过与当地经销商合作的方式，努力让国外市场的售后服务更加便捷。"段贤伍表示。

品牌一响，黄金万两。段贤伍一直强调"品牌战略"，但不可忽视的是，研发产品需要大量的经验和时间累积，那么，企业如何在产品品牌和时间的生命线之间取得平衡？

在段贤伍看来，"放弃品牌而一味抢占市场，意味着放弃市场占有率，我相信，客户的眼睛是雪亮的，只有品牌响、质量硬，才会选择我们"。

辰宇自成立以来，发展的方向和目标定位在"品牌战略"上，通过不断尝试、探索、改良、技术创新，目前自主研发设计制作的谷物干燥机已有13项技术被列入实用新型专利，有5款谷物干燥机和热风炉被评为高新技术产品，在粮食干燥这个细分领域树立起了自己的竞争优势，成为粮食干燥"专家"。通过产品科技含量的提高，公司产品还荣获"最具影响力的品牌""最具公信力产品"等称号。

在竞争日益激烈的今天，用户手里有了更多的判断和选择，市场不仅需要质量过硬的产品，更需要人性化的操作；不仅需要代替粮食干燥的机器，更需要保证粮食干燥的安全性。

"做粮食安全的服务者，并致力推动农业机械化、现代化发展，利用'互联网+'技术，建立智能化数据平台，实现'七大目标''五大系统''智领先机·物联未来'。"段贤伍又提出了新的目标，并带领着他的团队走在"圆梦"的路上。

傅廷栋：

一生只为菜花香

□ 付嘉鹏　唐恒

傅廷栋，1938年9月生，广东省郁南县人，华中农业大学教授，中国工程院院士，被誉为"中国杂交油菜之父"，1991年获国际油菜科学界最高荣誉奖——"GCIRC（国际油菜研究咨询理事会）杰出科学家"奖章，2003年获国家科技进步二等奖和第三世界科学院农业科学奖，2005年获国家教学成果一等奖，2007年获印度MRPC（多区域处理中心）第一次向国外学者颁发的"油菜研究终身成果奖"，2008年荣获中华农业英才奖，2014年荣获"中国种业十大功勋人物"称号。

人物语录

◎ 搞农业就要多下田，深入田间地头才能发现并解决问题。

◎ 科学没有好坏之分。

◎ 执着坚持，就能克服困难。

◎ 只有科技才能武装现代农业。

◎ 未来我国油菜的育种方向应该是选育符合"两型社会"要求的品种。

他是一位平易近人的老者，也是名震世界的育种专家；他曾是与文学梦擦肩而过的文艺少年，现在却是"中国杂交油菜之父"。他，就是傅廷栋，一位一生只为闻得菜花香的"农家人"。

如今，年届八旬的傅廷栋仍然在继续着他平凡而又伟大的育种事业，虽然他深知"未来的育种工作会更加艰难"。

* * *

他说，油菜花是世界上最美的花。

国际上一直寻找未果的雄性不育型油菜，他在学校的试验田里一次性找到了19株；杂交油菜的实用化是世界级"老大难"问题，他率先在中国育成甘蓝型油菜自交不亲和系及其杂种，比常规品种增产20%；"GCIRC 杰出科学家"是国际油菜科学界最高荣誉奖，他是世界上第二位也是迄今唯一一个亚洲地区获此殊荣的科学家。

他就是华中农业大学教授、中国工程院院士、发展中国家科学院院士、"世界杂交油菜之父"——傅廷栋。作为一名享誉国内外的油菜遗传育种学家，几十年来他凭着对油菜的热爱，一直奔走在田间地头，让金灿灿的油菜花开遍了祖国大地。

/ 下田多了，你就会有发现 /

傅廷栋小时候的梦想是长大以后当作家。为了那个梦想，他徒步走了五六十里山路去参加考试。谁知，由于学校考试改期，他只能原路返回。他也因此改变了志向，重新报考了一个不用交学费的学校——广东省喜泉农业职业学校（现肇庆农校）。

1954年，傅廷栋从喜泉农校农艺科毕业，分配到广东省中山县农业局横栏区农业技术推广站工作。那年，他16岁，被当地农民们亲切地叫作"同志仔"。

1956年，中央动员在职干部报考高等学校。傅廷栋主动打报告申请考大学，经过两个多月的复习，他考上了华中农学院（华中农业大学前身）农学系。

油菜是自花授粉性植物，每株油菜花上有1个雌蕊、6个雄蕊，单株油菜就可以完成授粉和繁殖，因此，要进行杂交，必须找到一种只有雌蕊的油菜，傅廷栋希望在这方面有所突破。为此，他经常一身农民打扮钻进田里。

1972年3月20日，无论对傅廷栋还是对我国油菜种植史，都是值得铭记的日子。

那天早晨，傅廷栋在学校试验田的原始苗圃中，接连找到了19株变异植株。这是在国际上首次发现波里马油菜细胞质雄性不育（Pol CMS），被认为是"第一个有实用价值的油菜雄性不育类型"。从此，油菜种植的历史被改写了。

1975年，傅廷栋在国内率先育成甘蓝型油菜自交不亲和系及其杂种，比常规品种增产20%。

在世界上杂交油菜应用于生产的第一个十年（1985~1994年），国内外育成的油菜"三系"杂种中，有大约80%的杂交种是用傅廷栋首次发现的波里马细胞质雄性不育型育成的。

该项发现最终奠定了傅廷栋在油菜育种方面的世界地位。然而为了这个发现，彼时34岁的他已经在田里试验了3年，排除了几十万株样本。

1999年，傅廷栋又发现了一种新型油菜雄性不育材料Hau CMS。对此，国外同行表示非常惊讶："为什么又是你发现的？""下田。下田多了，你就会有发现了。"他这样回答。

每年油菜花开的季节，傅廷栋每天有八个小时都在田里。几十年来，除了上课、开会，大部分时间傅廷栋都泡在试验田里，他在很多场合都表达过："没有田间的感觉是育不出优良品种的。"

在傅廷栋学生的眼中，穿着沾满泥土、五六斤重胶鞋的傅廷栋，在油菜田里一站就是一天，他的精神头和干劲，很多年轻人都比不上。虽然他记不住东西放在哪儿，有时甚至连自己的衣服都找不到，可一提起油菜，许多数据、编号等他却记得一清二楚。

在华中农业大学的师生中，流传着"傅氏六件套"的说法——草帽、挎包、深筒靴、水壶、工作服、笔记本。就是这位身着大褂、常被误会成普通农民的中国学者，让国际油菜界的专家们着实佩服。

2007年3月，第12届国际油菜大会在武汉召开，这一规格最高的国际油菜学术会议，以往都在欧美国家举行。闭幕式上，担任大会主席的傅廷栋致辞后，来自30多个国家和地区的700多位专家、学者集体起立，将经久不息的掌声送给了这位朴实、低调而又执着的科学家，也送给中国。

/农业科研就得围着农民打转/

刘后利，农学家，油菜遗传育种学家和农业教育家，其学生遍布我国各地油菜领域。傅廷栋就是他的得意门生之一。

傅廷栋提到这位老师时曾打趣道："我只是十字花科（油菜属于十字花科）的'副（傅）科长'，'科长'是刘后利教授。"1956年，在中山县农业局横栏区农业技术推广站工作的傅廷栋考取了华中农学院（现华中农业大学）农学系。

巧合的是，1952年，由于院系调整，刘后利从武汉大学农学院调任华中农学院农学系任教授。1962年，刘后利开始培养研究生，成为新中国第一个农学博士导师。而已经留校任教两年的傅廷栋，顺利成为刘后利教授的研究生，并成为新中国第一位油菜遗传育种方向的研究生。

这两位"第一"，一个治学"勤、恒"，一个求知若渴。在刘后利的精心指导下，傅廷栋开始系统地进行不同生育期甘蓝型油菜品种形态及生理特性的研究。

傅廷栋说，他之所以重视农业科技对农业生产的贡献，是因为他对国内"靠天吃饭"尴尬现状的清晰认知。

而这种认知，又源于他多年农业基层工作的实践。

刚到中山县工作之时，傅廷栋亲眼所见珠江三角洲历史上罕见的螟虫大灾。看着大片大片的稻田因虫灾减产甚至绝产，自己却无能为力，这让他深感自责。这种自责感随后转化为在科研方面的动力。

于是，傅廷栋和农技站的几位年轻人天天下田调查，通过查资料、搞试验，总结出了"预测预报、灯火诱蛾、摘卵块、培养寄生蜂、撒毒土"

的综合防治技术。当预测到螟蛾盛发时，他们就在集镇上办宣传展览。干部、群众十分信任他们，全力推行他们提出的防治措施。有时一个晚上他们就发动1000多位群众点灯下田灭螟蛾。

《南方日报》曾在头版头条以"万家灯火灭螟蛾"的长篇报道，生动真实地记载了当时的情景。

"农民需要技术。"傅廷栋明白，只有科技才能武装现代农业，农民最需要的是技术。

或许是受刘后利教授坚持"理论与实践相结合"教学原则的影响，也或许是基层工作经验让他明白了产学研结合的重要性，又抑或是那一代人的秉性，傅廷栋自科研工作之初，就坚持以田地为家，以田地为实验室。

他曾多次对外公开表示："搞农业就要多下田，没有田间的经历是育不出优良品种的。"因此，傅廷栋笑言，自己不是在农场试验田，就是在去试验田的路上。

/ 攻克抗根肿病品种 /

人们很好奇，年近八旬，傅廷栋为什么还要在全国各地奔波？他笑着说："我一点都不老，我是'70后'！"对油菜的热爱和执着，让这位忌言"老"字的院士停不下科研的脚步。

17年前，傅廷栋带领着全国最强的油菜花科研团队，来到了甘肃省和政县。这里雨水充沛，土壤肥沃，海拔在2000米左右，是他心中双低杂交油菜夏繁的最佳宝地。

在和政科研期间，傅廷栋和团队先后引进了数十个双低（低芥酸、低硫苷）杂交油菜组合，经过观察筛选，选育出了"华协1号"，并经过全国品种审定进行重点推广。常规油菜一亩只能产100斤、出油30斤，而双低杂交油菜能亩产500多斤、出油210斤。一斤市场价只有10元的菜油，品质已经和150元/斤的橄榄油非常接近。和政县油菜种植面积也从当年的50亩增长为15万亩，产值达到2亿元以上。

面对油菜根肿病蔓延风险，傅廷栋团队经过多年育种攻关和试验示范，研发出"华油杂62R"和"华双5R"两个抗病品种。

2017年2月17日,以中国工程院院士、湖南农业大学教授官春云为组长的专家组鉴定认为,华中农业大学育成的我国首批具有应用价值的两个抗根肿病品种,对根肿病4号生理小种具有免疫抗性,对保证我国油菜安全生产具有重要意义,也为油菜抗根肿病育种提供了宝贵资源。

油菜根肿病号称油菜的"癌症",是一种土传性病害,受感染的油菜根系变形膨大乃至腐烂,可从苗期就造成死亡,导致绝收或大量减产。

正是由于傅廷栋以及同行们对油菜培育事业的执着追求,这些年,中国油菜科学研究走在了世界前列,油菜品种杂种化率已达到70%,全国平均单产已经超过世界平均水平。

甘启斌：

演绎一粒米的供给侧故事

□ 汤小波

甘启斌，1976年出生，安徽望江人，研究生学历；现任安徽联河股份有限公司董事长、总经理，安徽省粮食行业协会大米分会理事长，安庆市新生代商会常务副会长，十二届省人大代表；2010年荣获"全省优秀龙头企业家"称号，2011年荣获"安庆年度经济人物"称号，2012年荣获"安徽省劳动模范"称号等。

人物语录

◎ 以人为本，以诚待人，以质取胜，稳步发展。
◎ 产优质绿色大米，健康幸福好生活。
◎ 取之于农，用之于农，一心为农。
◎ 把一粒稻子吃干榨尽，不要吃着碗里瞧着锅里。
◎ 践行供给侧结构调整，市场需要什么，我们就种什么。

好米好生活，香飘千万家。20年的风雨，甘启斌不忘初心，本着绿色健康的宗旨，坚定一心为农的信念，坚持围绕稻子做文章，把一粒稻子吃干榨尽，从作坊式小米厂发展成为今天多元化的国家级农业产业化重点龙头企业。

＊＊＊

20年的历程和商海生涯，历练了甘启斌坚强的意志和非凡的毅力。他的大胆改革、锐意创新，引领安徽联河股份有限公司迅猛发展，极大地促进了家乡的经济建设，走出了一条科学发展、务实创新的创业道路。联河，讲述着稻壳能够发电、稻鸭能够共生、大米能够产奶的故事，讲述着甘启斌爱大米的丰厚内涵和农业现代化的神奇力量。

/ 艰苦创业矢志不渝 /

"三百六十行，行行出状元"。从小出生在农村的甘启斌对稻谷有一种特殊的热爱。1998年，刚出校门的他任村里领导职务，22岁的他在一次基层实践过程中，看着一片生机盎然的绿油油的稻田，似乎看到了绿色的商机，他深深地感受到，要想带领乡亲们致富，不能仅靠传统的耕作模式，必须走农业产业化的道路。少年应当凌云志，理想抱负在心中，年少的甘启斌在经过深思熟虑后，开始四处奔波，筹措资金，日日夜夜奋战在生产一线，每天只能睡三四个小时。

甘启斌意识到，没有先进的设备终究提高不了产量、质量。资金、技术、市场，一个个的难题接踵而来，于是他四处融资，购进了一套国内最先进的大米加工设备，带领他的团队，在挑战面前不退缩，在困难面前不屈服。在他和全体员工的共同打拼下，这个风雨飘摇的小厂如沐春风般复苏成长起来，经济效益日渐好转。

2001年，甘启斌将小米厂更名为安徽省联河米业有限公司，凭着执着的精神和过硬的产品质量，联河牌大米逐步被广大居民认可乃至追捧，甘启斌和他的团队用汗水和勤劳闯出了一片新天地。回顾20年的创业路，甘启斌总结了4字秘诀：专、实、诚、执。

"专"就是做一行、爱一行、为一行，始终坚持围绕稻子做文章，把一粒稻子吃干榨尽，不吃着碗里瞧着锅里。

"实"就是要符合实际，因地因时制宜。曾经有皖北的政府想把"联河"引过去，甘启斌没有同意："皖北那边生产的主要粮食并不是水稻，去那里肯定会影响企业发展。"这些年来，他一直把企业落户在盛产水稻的家乡望江，就是这个道理。

"诚"就是诚信。"不管是做人还是做企业，诚信都是最基本的，不诚信企业肯定走不远。"甘启斌说，"身边很多企业融资难就是因为缺乏诚信，从而导致企业步履维艰。"

"执"就是执着，不放弃。"这十几年来，我对'执'字有过痛的领悟，一路摸爬滚打过来，流过泪，流过血，期间，因为国家政策调整、市场行情不佳等因素，企业也曾濒临倒闭，我没有放弃，而是重新调查市场，用创新驱动，最终咬着牙挺过了难关。"

/ 科学创新惠及百姓 /

为节约能源，保护环境，促进资源综合利用，甘启斌在大力推进稻鸭共生等全生态、无污染生产方式的同时，深入开展环保生态型新项目、新产品、新技术研发，建设资源节约型、环境友好型、绿色环保型企业。经过多方考察和了解，他于2003年引进了生物质（稻壳）气化发电项目，在不产生污染的情况下，将稻壳气化转化为电能，实现了从低品位能源获取高品位能源的目的，既降低了能耗，又节约了企业的生产成本，提高了企业效益。目前，气化发电项目不仅满足了企业自身发展需要，还为周边企业提供了优质廉价的电力资源，同时还变废为宝还田，优化了环境，对延伸产业链、发展生态农业和循环经济、优化农业产业结构、增加农民收入、改善农村环境、提高企业的经济效益和社会效益效果显著。

2005年，甘启斌在家乡经济开发区投资新建安徽省联河米业有限公司望华分公司，成为入驻该开发区最早的企业之一。

素有"鱼米之乡"美称的家乡，自然条件优越，适宜优质水稻的种植，一年后，他又在合成圩农业综合开发和新农村建设示范区建立了万亩"稻鸭共生"水稻原粮种植基地，以南京大学为技术依托单位，由公司免费提供硒肥，大力实施富硒米产业开发。为提高基地基础设施水平，不断改善基地生产条件，他每年投入数十万元，对基地内的道路、沟渠、涵闸进行全面修整，并通过集中培训、现场指导、垫付资金、帮助贷款等多种切合实际、农民易于接受的方式，把更多的农民培养成掌握熟练技术、懂得经营管理的新型农民，使他们有能力生产，有条件生产，有信心不断提高生产效益，真心与公司形成利益共同体，放心抓生产，生产放心粮。这样既扩大了优质水稻的播种面积，保证了原粮品质，又给农民带来了实惠。

甘启斌带领公司充分发挥农业产业化重点龙头企业的示范带头作用，精心打造"昂起龙头—带动基地—扩大产业—辐射农户"这一具有科技扶贫特色的运作链条。近年来，他共捐资助学200多万元，扶贫、赈灾600多万元，支持新农村建设400万元，安置国企下岗职工300多人，帮助孤寡老人100多人，累计带动农民增收达10多亿元。他用真心、用爱心来回报社会，回馈养育他的这片热土。甘启斌一直坚持"取之于农，用之于农，一心为农"的宗旨，带领一支朴实精干的队伍朝着康庄大道昂首前行。

/持续创新寻求突破/

随着产品的增加，效益的不断提高，公司开始呈现快速增长的态势。但年轻有为、头脑灵活的甘启斌并不满足现状，面对未来农业市场新的需求以及制约企业发展的因素，他不断思索、不断求新和不断开拓。他深信在农业产业行业中，只有做精做深农产品加工，延伸产业链，才能让公司在日益激烈的市场竞争中立于不败之地。

一个偶然的机会，他通过报纸了解到中国科技大学钱生球教授有一项发明专利，即以大米（碎米）为原料，充分利用现代高科技的物理分离、高压匀质、分子重组等技术，生产制备液体蛋白奶（米乳）、大米蛋白粉、配方乳粉、改性淀粉等高附加值产品。他了解到目前市场上生产的蛋白质产品由于是通过化学分离，产品已经改变了蛋白质的特性，不能直接食用，他决心投产此项目。于是他立即召开公司董事会，成立技术攻关小组，辗转于上海、江苏、合肥等各大城市，多方咨询，深入考察。

2009年，甘启斌与中国科学技术大学合作，投资成立了联河富尔德食品分公司，新上一条灌米乳生产线，实施科技成果转化，生产制备出液体蛋白奶（米乳）、大米蛋白粉、配方乳粉、改性淀粉等高附加值产品，填补了国内从大米中提取食用蛋白的空白。米乳、微细淀粉被评为安徽省新产品，碎米联产蛋白及淀粉关键技术获得安徽省科技成果奖。产品的投产问世，为我国牛奶及乳粉产量不足、扩产受阻等诸多难题寻找了一条适合我国国情的食用蛋白发展道路。产品在安徽省网上供销商城、上海1号店、上海味优特悠闲食品连锁有限公司都有相当不错的销售业绩。

2015年，为加大技改革新力度，甘启斌决定投资2.184亿元新建联河股份望江分公司，引进SATAKE公司全自动、智能化、全进口生产设备，采用全工段计量、全通道磁选、多机轻碾、自然凉米、光电色选、充氮保鲜灌装等技术，以及低温循环稻谷烘干设备、气化炉供热系统，通过悬浮燃烧稻壳气化获得热能，配套新建高大平房仓等现代粮食物流仓储等工程，从车间进粮、设备操作到副产品的集中收集，均实现了自动化操作。一流的加工设备、严格的质量控制，成就高品质的产品。"公司原来大米年加工能力是20万吨，去年一下增加到30万吨。"甘启斌满意地说道。

在政策和市场支撑作用带动下，2016年，甘启斌又以推进农业供给侧结构性改革为抓手，延伸农业产业链，提升农业价值链，加快转型步伐，推动农业由单一种植向种、加、销全产业链经济发展，走出了一条现代绿色农业发展之路。甘启斌说："我们不仅有国内首屈一指的先进设备，更注重践行供给侧结构调整，按照客户需要的品种种植，市场需要什么产品，消费者喜欢什么口感，我们就种什么品种。多年来，我们联河市场销售人员进行大量的市场回访，定期对不同区域消费者进行产品满意度调查，针对不同区域客户要求的口感进行汇总分析，如广东客户喜欢香型品种、福建客户喜欢偏软口感、上海喜欢粳米等，按照区域客户需要的品种订单式生产，这是公司供给侧改革的具体体现，也是产品销售势头一直保持坚挺的良方。"

目前，企业正在甘启斌的带领下，奉行"以人为本，以诚待人，以质取胜，稳步发展"的经营理念，以一流的产品和优质的服务满足市场的需求,步入持续、健康、稳步发展的良性运营轨道,成为一家国家级农业产业化重点龙头企业,全国首批放心粮油示范企业,全国绿色食品示范企业,国家高新技术企业,安徽省科技创新型试点企业。公司已通过ISO9001质量管理体系、ISO14001环境管理体系认证,被评为安徽省"重合同守信用"单位,安徽省标准化良好行为"AAA"级企业,"联河"商标被认定为"中国驰名商标"。

公司结合产品优势,多平台电商渠道推广,实现了O2O(线上到线下)的同步发展。目前产品已远销北京、上海、广东、福建、云南、贵州等20多座城市,在努力开拓传统的销售模式的同时,构建全方位的"互联网+"销售体系,联河股份淘宝企业店铺、联河股份微商城、联河京东旗舰店、联河天猫商城相继上线,销售业绩快速增长。

/ 精准扶贫添砖加瓦 /

作为企业家,甘启斌全心全意地将企业管理好、经营好。他带领公司在发展的同时,时刻贯彻习总书记的精准扶贫、产业为基的精神思想,不忘为政府解忧,充分履行龙头企业的社会责任。2016年,公司董事会研究出台了《安徽联河股份有限公司产业扶贫实施方案》,专门成立了扶贫办,推出了"联河扶贫"三大模式。

一是"公司+农户+农技"的绿色稻米的产业扶贫模式。按照"公司+农户+农技"的订单模式,以乡镇为单位,同建档立卡贫困户签订正式的稻谷订单合同,引导农民种植优质稻米,采取统一品种、统一农技指导、统一运输、统一收购储存的方式,并且在市场价格的基础上,统一按20元/百公斤(香型稻谷按32元/百公斤)标准加价收购。通过实施绿色稻米产业扶贫,实现了8000户建档立卡贫困户种植优质水稻30 000亩,增产增收1600万元,户均增收2000元。

二是"小额扶贫信贷带资入股分红"的金融扶贫模式。公司积极与金融部门对接,深入每个乡村,与贫困户、县扶贫办、金融部门签订《贫困户以扶贫小额贷款"带资入股"企业业务合作协议》及《贫困户向企业入股协议书》,并一次性办好所有贷款手续。建档立卡贫困户以小额信贷资金

（每户不高于5万元）入股公司三年，公司每年定期按照年息6％分红（利）给贫困户，三年后股本、银行贷款利息全部由公司偿还。2017年，公司计划吸纳入股贫困户不少于4000户，吸收贫困户股本不少于2亿元，每年分红（利）不少于1200万元，每户年均增收3000元。

  三是"扩大就业"的就业扶贫模式。公司除继续吸收贫困户到公司稳定就业外，还聘请贫困户中有劳动能力以及就业愿望者到联河产后服务中心工作，参与农忙及收购季节的原粮收购、烘干活动，公司与务工的贫困户签订季节性用工协议。今年公司计划招收贫困户到联河产后服务中心务工人员不少于600人，确保每人每月务工收入达2500元，在此期间（9～12月）人均收入将达到1万元。

  目前，公司各项扶贫工作正在有序开展。截至目前，已签订绿色稻米产业扶贫订单贫困户3401户，种植面积16 070亩；已登记小额信贷金融扶贫1608户，实际办理小额信贷金融扶贫1287户，银行实际到位资金6383万元；摸底贫困户就业扶贫意愿510人。

  下一步，甘启斌将探索新的富民发展思路，力求在全方位助农增收上下功夫。围绕本地资源优势做文章，构建"一业带多业，产业越带越多，经济总量越带越大"的良性循环发展的可喜局面。大力实施"产业化、规模化、系列化、特色化、品牌化"战略，建设基地—烘干—仓储—加工—精深加工—营销—物流配送全产业链，实现一二三产融合发展，打造百亿联河，进一步增强自身扶贫能力，不断夯实、打牢、提升联河国家级农业产业化龙头企业的品位档次，带动全县及周边县市农业产业化种植结构调整，增加农民群众收入，为美好乡村建设尽一分力，为全县乃至全市贫困人口全面脱贫的目标做出自己应有的贡献。

关玉秀：

五常女儿稻米梦

□ 郝瑞

关玉秀，1979年出生，满族，2011年至今任葵花集团下属子公司葵花阳光米业董事长兼总经理，2008年获"哈尔滨市劳动模范"称号，2011年获"黑龙江省五一劳动奖章"，2012年获"黑龙江省劳动模范"称号。

人物语录

◎ 工作的结果＝思维方式 × 热情 × 能力。

◎ 一个人能否成功，思维模式至关重要，正确的思维模式一定可以获得正确的答案，让你少走弯路。

◎ 时常保持零的心态，时刻反思自我，做重要决定前一定要慎重。

◎ 专业的人做专业的事，做事业一定不能吝啬在人力资源上的投入。

◎ 做生意和做人一样，要坚持诚信经营，尤其是食品企业，不能昧着良心做事。

她是对五常大米有着特殊感情的五常人，她是粮油行业的生力军。人如其名，关玉秀经过在葵花药业十年的打拼磨炼，入主葵花阳光米业，从零开始当起了大米加工企业的掌舵人。一样的品牌，不一样的事业，关玉秀同样做得风生水起。

＊＊＊

　　五常市地处黑龙江省的最南部，山清水秀，是著名的鱼米之乡。

　　"泰国香米出福水，中国香米出五常"。五常大米的品质可谓上乘，米粒均匀，色泽光亮，醇厚绵长，芳香四溢，素有"贡米"之称。

　　有得天独厚的粮源优势，五常市大米加工企业遍地开花。其中代表企业之一的五常葵花阳光米业有限公司的董事长兼总经理关玉秀是个土生土长的五常人。

/ 加入葵花阳光米业 /

　　"玉秀"这个名字，读来斯文婉转，称呼这个名字便给人平添一种温文尔雅的气质。而关玉秀正是人如其名。

　　农历年后的一个大雪天，在五常葵花阳光米业有限公司，笔者见到了关玉秀，她本人要比照片中更年轻和俏皮些，阳光中透露着沉稳。

　　寒暄过后，笔者便抛出了见面后的一个疑问："如今经营粮食企业的人，大都是老粮食，以年长者居多，像你这么年轻的掌舵人不多见，你最初为什么会对这个行业感兴趣呢？"关玉秀笑了笑回答说："我是葵花集团现任董事长的女儿，父亲对葵花集团付出很多心血，感染我同样希望尽力使它发展壮大。但是我不是集团接班人，我只是个职业经理人，集团做出决定指派我来经营葵花阳光米业，我要做的就是把这个公司做好。"关玉秀比较真实，个性直率不做作，这是她给记者的第二个印象。

　　谈话中得知，关玉秀最大的爱好是读书，在参加工作以来的十多年里，虽然工作生活千头万绪，但是她一直保持每个月至少读3本书的习惯。

古语有云："读万卷书，不如行万里路。"关玉秀说自己也很喜欢旅游，像许多东北人一样，在寒冷的冬日里，关玉秀喜欢忙里偷闲陪家人到三亚去，带着女儿在海边嬉戏，尽享天伦之乐。

"我觉得通过旅游可以增长见识、开阔眼界。所以，每年不管再忙，我都要抽出时间出去旅游，看看外边的世界。"关玉秀说。

看关玉秀的QQ标签，朋友们对她的评价分别是文静、理性、完美主义、善良、低调，总的来说，就是比较"宅"。

关玉秀的成长过程，其实比较简单，她的小学到高中都是在家乡五常市完成的学业，高中毕业后考上了大连海事大学管理学院，毕业后进入家族企业进行轮岗锻炼，那时她22岁。

大学毕业的关玉秀进入家族企业——葵花药业工作，从最基层做起，体验了很多不同的岗位：先后担任过采购部和广告部的职员、财务总监助理、葵花药业集团重庆分公司总经理、集团塑料厂厂长、伊春葵花药业总经理、唐山葵花药业总经理。

在过去的十年时间里，她接下了一个又一个具有挑战性的管理任务，每次的岗位变换总能带来自身能力的成长；每一个足迹都印证着不断挑战自我的坚韧，写下超越自我的豪迈，述说着认定目标不动摇、不达目的不罢休的坚强信心。

2011年3月，在集团公司的安排下，这个标准的"职业经理人"关玉秀走马上任葵花阳光米业。

/ 从零开始做大米 /

俗话说：万事开头难。关玉秀说，初接触粮食行业，原来十多年的药业从业经历基本无用武之地，一切从零开始。

但对管理和销售，关玉秀还是充满自信的。她认为，凡事只要遵循着事物本身的自然规律，还是可以找到突破口的。

关玉秀说，葵花阳光米业秉承葵花药业集团"葵花向阳、始终如一"的经营理念，把产品质量作为生存底线、食者健康作为道德底线，依托五常得天独厚的稻米资源，致力于生态农业，发展五常大米产业，弘扬中国稻米文化，为更多的消费者提供健康、营养、美味的精品米食，这是葵花阳光米业的不懈追求和光荣使命。

这段话，她熟记于心，落实于行。

方向明确，工作目标自然就清楚了。

企业的发展理念是：致力于生态农业，倡导健康饮食文化，做国内一流的高端大米供应商。

/ 集中优势做精做专 /

综观中国粮油企业，无不在努力向"粮油集团""全产业链""产业集群"方向迈进。面对这个大趋势，关玉秀做好了自己的选择：心无旁骛做大米。对于为什么会有这样的选择，关玉秀微笑着说："我们初入粮油行业，经验本就不足，你觉得是全神贯注做一件事好呢，还是同时做十件事好？"有好的产品是发展下去的基础。

因公司坐落于五常市，企业从成立之初，为了确保产品质量，即成立了水稻研究所，专注于水稻种植过程的管理，多年来始终坚持自有基地与签约基地的生产过程全程管理，专注于有机、绿色水稻的种植，从种子开始就确保五常大米的高端品质与纯正口感。

基地农户用的种子，大都来源于肖青玉教授的研究所，也就是说，葵花阳光用自己的种子种稻米，稻花香纯度一直保持在95%以上，且种子一直持续提纯，保持其稳定性。另外，在农户种稻过程中，随时可以向肖青玉教授请教，"一问就灵，堪比活菩萨"，这是基地人员对肖教授的评价。

关玉秀说："葵花阳光要像国外的很多知名企业一样，专心致志做大米，打造百年企业。"

/ 突出优势的销售模式 /

葵花阳光的销售模式到底如何选择，这一直都是困扰关玉秀的问题。

如果按大型国企的方式去操作，葵花阳光暂时还不具备那么强的综合实力；如果按照中、小型私企的方式去操作，从管理成本到生产成本葵花阳光也不具备优势，更无法突出葵花阳光米的产品质量优势及产地优势。

因此，关玉秀及她的团队重点对适合葵花阳光产品的几种销售渠道做了深入的分析。关玉秀发现，因为五常稻花香的稀缺及品质的优良，稻花香米适合定位于高端和中端两条路。中端产品可以依靠各地经销商，那么，高端产品怎么做？经过多次调研及尝试，关玉秀最终确定了"五常大米专卖店"这种销售推广模式。

即使选定了销售模式，也需要经过实践来对这种模式进行验证。经过一年的市场推广，专卖店的礼品大米与基地有机、绿色大米受到了很多消费者的好评，专卖店持续递增的月营业额也充分证明了这种模式的可行性。

现在，葵花阳光在哈尔滨、山东、浙江、江苏、海口、深圳、广州、桂林等地均设有葵花阳光体验馆主营葵花阳光五常大米高端产品。

目前，葵花阳光的体验馆，主要采取自营与加盟同步发展的形式。

葵花阳光体验馆这条自建销售渠道的模式已经较为成熟，并成为公司一条主打的销售渠道。

关玉秀说，卖大米，没有捷径，最直接的就是让消费者试吃，吃得好，定然会购买，买后吃得好，便会持续购买。

另外，关玉秀非常具有远见卓识，早就看好电子商务渠道的销售契机，在大米行业中尽早地投入电子商务渠道的开发及销售。热爱研究与学习的她，研究与学习了电子商务渠道的营销模式，并引进专业人才，自建了电子商务团队，主营的主流电子商务平台天猫旗舰店，连续两年获得非常好的成绩，在双"十一"这个电子商务平台的销售大促中，获得五常大米销售第一的良好业绩，让业内企业赞叹！

2015年，公司在国内首家引进日本佐竹公司的GABA功能米设备，现在葵花阳光十倍丁五常大米产品已经上市，该产品将水稻通过温湿度的富化作用，促使胚芽中的谷氨酸在酶的作用下脱羟生成新的物质γ-氨基丁酸，生成后通过水的浸润作用促使γ-氨基丁酸游离至胚乳（白米）中，从而使白米中含有较高含量的γ-氨基丁酸。富化后，γ含量增加了约10倍以上。该产品将五常大米的价值进行了提升，可以在一定程度上起到活化脑细胞、增强脑活力的作用。

郭天财：

把论文写在大地上

□ 魏俊浩　裴会永

郭天财，1953年6月生于河南省济源市，河南农业大学国家小麦工程技术研究中心教授、博士生导师，国家一级重点学科小麦栽培方向学术带头人，享受国务院政府特殊津贴专家，河南省省管优秀专家，国家小麦产业技术体系岗位科学家，兼任农业部小麦专家指导组副组长、河南省小麦专家组组长。

人物语录

◎ 作为农业专家，要把论文写在大地上，把成果融入增产中。

◎ 农业专家就要把深奥的东西变成简单易懂的话，让农民一听就明白。

◎ 看到粮食丰收时，就是我人生幸福指数最高的时候。

◎ 不能让种粮人吃亏。

◎ 我希望小麦产量更高，品质、效益更好，希望中国人的饭碗里，有更多的河南优质小麦。

粮食关系到人民的生存和国家的稳定，中国人的饭碗必须端在中国人的手中。年少时，郭天财就立下了这样的志向。从少年到花甲，时间带走了青春，却让他的志向更加坚定。如今，他依然常年奔波在种粮第一线，为我国小麦的优质丰产孜孜不倦地做着贡献。

* * *

40年，一"麦"情深。人送外号"郭小麦"的郭天财，1977年从河南农业大学毕业后，便一头扎进田地里，研究起小麦。40年时间，这位忠诚的麦田守望者，取得了一系列重大科研成果，成为国内研究小麦的顶尖专家。他引领了我国小麦的高产方向，为河南小麦产量连创新高提供了重要的技术支撑。当下，他正在为我国优质小麦的发展殚精竭虑。

/麦田里走出的新"愚公"/

如果神话传说中的愚公真有其人的话，那郭天财是愚公的地道老乡。

1953年6月，郭天财出生在济源王屋山一个普通的农民家庭。

"在我记忆里，小时候饿肚子是常事。"郭天财说，上小学的时候，书包里总要带上妈妈蒸的菜团子，菜团子不扛饥，饿肚子的滋味让他至今印象深刻。

贫困的农村生活，使郭天财养成了勤奋刻苦、坚忍奋进的性格。从小学到高中，他成绩一直名列前茅。1974年，高中毕业的郭天财被保送到河南农业大学。

"我是农民的儿子，我知道饿肚子的滋味，粮食关系到人民的生存和国家的稳定，中国人的饭碗必须端在中国人手里。"郭天财为自己立下了这样的志向。

1977年，郭天财留校从事教学和小麦科研工作。从此，他便与小麦结下了不解之缘。

遇到播种、收割的关键时候，郭天财十天半月不回家都是常有的事。

2006年，他的老伴儿因为脑中风在医院住了将近2个月，2007年又因做乳腺手术住院近3个月，但郭天财几乎没有陪过她一个整天。家人并没有因此抱怨他，因为他们知道，在郭天财的心里，他早已"嫁给了小麦"。

　　2011年大旱的时候，郭天财陪农业部督导组在全国各地视察旱情，指导农民抗旱，20多天都没有回过家。郭天财给母亲打电话，称跟着领导在外指导农民，帮着抗旱、夺丰收。郭天财母亲听后说："天财，天遇大旱是国家有难了，你在外面不要大吃大喝，你省点儿钱，让老百姓多浇地，多打点儿粮食。""我想，我妈的话代表了最最普通农民的真正心声，这么多年来，这也是我搞好小麦科研、搞好小麦生产的一个不竭的动力。"付出总有回报，郭天财得到的回报不是物质和金钱，而是农民的信服和敬仰。

　　有一年冬天，河南遇到强降温，小麦的越冬期比往年提前了一个多月。第二年春天，郭天财去一个小麦生产大县考察时看到，有一个农民在用化肥浇麦子。郭天财感觉不对，便上前询问原因，得知是嫌苗太小时，郭天财制止了该举动，并告诉他，想要让麦苗长得快，就要解决主要矛盾，而现在的主要矛盾是温度，而不是肥料和水。

　　其实，河南的农村曾流传这样一句话，"庄稼活，没啥学，人家咋做咱咋做"。郭天财明白，很多农民都是种庄稼的老把式，如果你给予指导，必须有真本事，一定要讲到点子上，如果是随便讲一讲，不拿出真招，老百姓是不相信你的。

　　郭天财遂和该农民约定，剩下的两亩多麦田就不要浇了，只用锄一锄，让温度升上来即可。以后，可以将这两亩地的收成和已经浇过的两亩做个对比，如果每亩地不比浇过的多收50多斤的话，他就可以到河南农业大学门口，说："河南农业大学的郭天财教授是个草包教授，他指导我，指导减产了。"如果丰收了，他就请郭天财吃个捞面条再加两个鸡蛋。说着，郭天财还掏出了自己的名片。

　　当然，结果是郭天财赢了。如今，那句在河南农村流传的顺口溜也逐渐变为："庄稼活，学问多，专家咋说咱咋做。"

/ 将深入种粮一线作为责任 /

由于常年奔波在田间地头，对小麦的生长情况了如指掌，郭天财先后数次受邀陪同党和国家领导人深入麦田调研，汇报小麦生产特点，预测分析当年的小麦产量。

当然，这与郭天财对工作的努力和辛勤付出是分不开的。

每当小麦进入春管期，郭天财也就进入一年中最为忙碌的时期，几乎每天都马不停蹄地奔波在乡间麦田。他常年随身就揣着两件"宝"：一把小扁铲、一个钢卷尺。小扁铲用来挖苗、察看苗情，钢卷尺用来测量土层和麦苗。

时常，他头发白了也不染，皮鞋脏了也不擦，衣服经常穿得和农民没两样……在很多学生看来，郭老师太不"讲究"，不像在大学教书的教授，更像种地的农民。

其实，郭天财的衣柜里也有上千元一套的西服，但他很少穿，只有去北京人民大会堂开会的时候穿过、作为河南省劳模上台领奖时穿过。

"咋讲究？皮鞋擦了到地里也是两脚泥，干脆不擦。"郭天财说，可能上午他还在上课，下午夹个包就到地里看庄稼去了。"种地的人，要恁讲究干啥！"一年365天，郭天财有260天都在野外。麦播前的20天，他要研究土壤和墒情，从麦种下地到收割共8个月，平原、山地、水稻茬、玉米茬，小麦啥时候渴、啥时候饿、啥时候要睡觉，他都要了如指掌。眼见为实，他就全省到处跑着看。

河南省政府奖给郭天财一辆轿车，哪里的小麦有情况，他立马就到了。看他总是心急如焚的样子，同事打趣说："我们建议政府再奖给郭教授一架飞机，这样再去看麦就能更快了。"

在郭天财看来，这一切都是正常的事情，"作为专家，我们不能整天坐在办公室里写论文。要把论文写在大地上，把成果融入粮食增产中。"郭天财说，这是农业科技工作者义不容辞的责任。

作为一名大学教授、博士生导师，郭天财对学生的要求也是如此。他引导学生学农爱农，到生产实践中去，到农民中间去，长知识、增才干、开眼界、练技能，并注重在科研实践活动中提高学生的创新精神、科研素质、实践动手能力和发现、解决生产实际问题的能力与水平。

郭天财经常把田间当课堂，把麦苗当教材，从筛选利用品种入手，带领年轻教师和学生深入小麦生产和科研第一线，查苗情、查灾情、查病虫草情，实地观察高产小麦生长发育规律，现场讲解小麦生长发育特点，研究制定了一系列配套高产栽培技术措施，并采用"边研究、边示范、边推广"的有效形式，取得了一系列在理论上有重大创新、技术上有重大突破、生产上有重大应用价值的重大科研成果。近年来，郭天财领导的课题组在浚县创造百亩连片亩产751.9公斤、万亩连片亩产690.1公斤的国内相同生态类型区同期同面积高产纪录，2014年在修武县创造小麦平均亩产821.7公斤的全国冬麦区最高产量纪录。

正是由于河南在小麦栽培创新研究方面取得的突出成绩，全国唯一的国家小麦工程技术研究中心才落户郑州。

/ 情系优质麦引领稳产提质 /

2017年中央一号文件提出，深入推进农业供给侧结构性改革，优化产品产业结构，着力推进农业提质增效，重点发展优质稻米和强筋弱筋小麦。

作为著名的小麦专家，郭天财说："以前是为吃饱，研究如何增产。如今是要吃好，研究如何稳产提质。河南要'抓两头，带中间'，即抓好强筋、弱筋小麦，带动中筋小麦发展。"

河南省是我国优质强筋小麦的优势产区，也是优质弱筋小麦的优势产区，且加工能力强，发展优质小麦的市场前景好，可优质小麦的种植面积并不多，原因何在？

一直以来，小麦育种最大的难题是如何实现高产与优质兼得，现在很多所谓的强筋、弱筋小麦品种，年际间、地域间表现不稳定，给生产企业带来很大困扰。许多品种产量高但品质不好，还有许多品种品质好但产量不够，有些强筋优质小麦品种比普通小麦品种每亩产量低100～200斤，优质麦价格增加的收入还抵不上产量低带来的损失。

如何打破"高产不优质，优质不高产"这个瓶颈呢？郭天财说，首先培育出产量与中筋、中强筋小麦相当，品质能够稳定达标的强筋、弱筋小麦品种。品种要得到加工企业的认可，而不是自说自话、自娱自乐；同时，要研究优质小麦配套的栽培技术，以简化、易推广为主；再就是要搞好订单种植，做到专种、专管、专收、专储、专运，把优质小麦和普通小麦区分开来，真正实现"优质优价"。

郭天财与他的团队顺应时势，研发出优质高效的小麦品种，如强筋的郑麦366、新麦26等。他说优质小麦好处有三：替代进口产品；优质小麦比市场上普通小麦每斤贵0.15元左右，可实现农民增收；满足国内市场对优质主食产品不断增长的需求。

粮食生产是河南的王牌，如何保住这个王牌？郭天财提出了四个建议。一要加快培育新型农业经营主体，加快土地流转，推广统种统管统收，规模化种植。租地种粮的话，最好是以家庭为单位，控制土地规模，以200～300亩较为适宜，以节省人工费用，同时保证管理质量。二要加快构建新型经营服务体系。当前一些很好的栽培技术难推广，原因就是会增加种地成本，建议政府以购买服务的形式来推广。三要围绕新型农业经营主体的技术需求，强化农机、农艺、信息技术三融合，提高小麦全程机械化和智能化装备作业水平，实现小麦的高效生产，提高农民种麦收益。四要打通小麦产业链，让优质小麦从种植到收获、从储运到加工的各个环节都能高效运转，从根本上提升我国小麦产业的竞争力。

"优质小麦的需求不断增加，需要对小麦提质增效。"郭天财说，"我希望小麦产量更高，品质、效益更好，希望中国人的饭碗里，有更多的河南优质小麦。"

何益荣：

好企业家就是个导演

□ 王盟　周静

何益荣，1962年生，汉族，湖南郴州人，曾在湖南省郴州市矿务局任职，后进入湖南郴州粮机工作，现任郴州粮机董事长、总经理。

人物语录

◎ 管理没有固定模式，需要寻找到适合企业自身的管理方法。

◎ 企业领导者是为员工构建发挥平台的人。

◎ 管理是人性化和制度化的统一。

◎ 在一个企业之中，员工们可以有不同的想法、不同的诉求，但是必须有一个共同的价值观。

◎ 不打无准备之仗，对竞争对手、市场环境要进行全面分析。

◎ 企业管理上要具体问题具体分析，不能一刀切。

> 进入粮机行业近30年,从一个普通的员工到如今的全国知名粮机企业的负责人,对于企业管理,何益荣始终坚持要做好两项工作:一是加强技术创新,推出新产品;二是搞好市场营销,实现生产力转化。

* * *

这是一个粮机人的故事,故事的主人公叫何益荣。进入粮机行业近30年,凭着踏实努力,他一步步从一个普通的员工成长为如今的全国知名粮机企业的负责人。

这,是一个生动的励志故事。

/ 扎根粮机 30 载 /

何益荣虽然是个南方人,却爱喝东北的小烧酒,这正如他的个性,直爽又冲劲十足。到了知天命之年,他直爽的性格没变,依然敢说敢做。

湖南郴州粮油机械有限公司1967年创立,何益荣与郴州粮机的缘分似乎是冥冥中注定的。

20世纪80年代初,何益荣被调到郴州粮机工作,他从基层做起:在车间工作过,当过业务员,做过3年多的营销工作,还做过一段时间的技术工作。随后,他担任过厂长助理、副厂长、副总经理、总经理,一直到如今的董事长兼总经理。

在郴州粮机的近30年里,何益荣几乎干遍了企业里的每一个工种。

如今在郴州粮机也形成了一种传统,无论到单位从事什么工作的员工,都必须到生产车间当一段时间的工人,了解公司的生产流程,熟悉公司的产品体系,这是为员工尽快融入公司提供一个"梯子"。

由于担任过不同的职位,何益荣也经历了从"副职"到"正职"的转变,对此,他感慨良多。

"从'副职'到'正职',转变其实很强烈。"何益荣说道。他告诉记者,做副手的时候压力并没有那么大,天塌下来有人顶着,自己只要做好定位,配合一把手的工作即可。担任一把手之后，没有人可以依靠，员工都依靠着自己。

用何益荣自己的话来说，做郴州粮机董事长以来，取得过一点成绩，赢得过一点鲜花和掌声，不过这些都是与肩膀上的责任息息相关的。"工作上遇到问题，我始终保持积极的心态，同时也注意不断地学习充实自己，这是为了满足企业发展的需要，也是为了可以及时地了解行业的发展趋势。"

/ 为员工搭建平台 /

"领导就是为员工搭建平台的人，定目标，定战略，就像一个导演，提供剧本、道具，员工就是演员。为他们提供一个表演平台之后，剩下的就靠员工大显神通了。"这是何益荣对自己作为企业负责人的定位。

"粮机企业要发展，专业人才是必不可少的。一方面是技术人才，一方面是营销人才。技术人才可以推进企业产品创新，完善企业的产品体系；营销人才则将这种生产力较好地变成实实在在的效益。"何益荣说道。

据了解，郴州粮机已经建立了较为完善的人才体系，尤其是研发技术实力在行业居于前列。一些国内粮机企业技术上大都以模仿为主，这样可以缩短技术研发周期，不过容易在技术上受制于人，阻碍企业自主研发进程，同时难以培养企业自身的技术人才，郴州粮机则反其道而行之，从基础做起，扎扎实实地搞好技术研发工作。

"相对而言，这是一个弯路，但是可以培养一批自己的人才。初级技术可以仿造，但是高级技术必须通过企业自身的研发，这样才能掌握行业的竞争优势。"这是何益荣的技术人才观。

他告诉记者，企业是通过模块化、项目化将技术研发工作进行细化的。"我们会对技术人才采取专门的激励措施，根据时间、费用、技术水平等指标对员工进行考核。同时我们也将总目标进行分割，分成每年的目标、每个月的目标等，综合考虑目标完成的质量、效益等。"郴州粮机为员工提供了一个较为完善的上升空间，增强了员工对企业的向心力。

何益荣向记者介绍，郴州粮机目前已经形成了三个不同的员工构成层次。"第一层是核心层,主要由企业的董事、管理人员组成;第二层是由技术骨干、业务骨干组成;第三层则是企业的基层生产工人、业务员等。三个层次的员工构成不同,员工的诉求和素质也不同,在管理上必须采取不同的管理模式。"在何益荣看来,这三个层次之间可以进行相互转化,为员工提供一个奋斗和上升的空间。"干得好的员工要提拔,我们这里很多管理人员都是由车间出来的,作为粮机企业,员工不了解自己的产品怎么能行。"

除了扩大员工的发展空间,何益荣还致力于为员工提供一个良好的工作和发展环境。"这也是管理追求的一个目标,为员工提供三个完善的环境:生产环境、工作环境、文化环境。"何益荣说道。

建立良好的工作环境是何益荣一直主推的目标。由于企业是由旧有的国有企业改制而来,不可避免地经过了很多波折,在国有企业成长起来的何益荣对此有深深的体会,因此他十分注重"和谐"的工作环境的建设。

何益荣明白,帮助员工解决工作和生活中的问题,员工工作过程中没有了思想负担,工作效率自然会提高。"另外,我必须为企业和员工树立一个共同的价值观,创造一个共同的愿景,或者说是一种发展目标,让员工有动力、有兴趣去努力工作。""这里就是团队的作用了。"何益荣说这句话时,顿了一下。他认为,在一个企业之中,可以有不同的想法,不同的心理诉求,但是必须有一个共同的价值观。"这可能就是'君子和而不同',公司给你提供展示自己的平台,但是你的作为必须和公司的整体目标相结合。一个人力量再大,个人想法不能得到别人的认可,互相掣肘,事情也不能搞到一起去。"建立刚性的"目标"之余,何益荣也没有忘记推出"柔性"举措。无论是员工生日时的鲜花和红包,还是对离退休员工生活的悉心照顾,何益荣都在为员工创造一个健全的生产、生活、工作环境,解决员工的后顾之忧,充分调动员工的生产积极性。

何益荣说现在企业的管理方式、制度上虽然还有一些问题,但是企业已经形成了较为良好的发展氛围,员工大多数都能努力工作。

/ 竞争中取胜 /

"采取不同的工艺方法、组合设计，提升客户的核心竞争力，精确把控，以求最大地为客户创造价值。在世界各地粮食生产领域，为客户提供最优质和科学的产品和服务。"这是郴州粮机对外宣传片中陈述的企业发展定位。

目前郴州粮机产品销售覆盖全国，并涉及东南亚、非洲、南美等国家和地区。"目前公司的国内业务销售收入占到70%~80%，海外业务为20%~30%，我们对海外的经销商进行技术培训，做好产品的售后服务工作。"何益荣表示。

如今郴州粮机资产达3亿元，每年的销售额在2亿~3亿元，已经成为全国粮机行业知名的企业之一，也是湖南省规模最大的粮机生产企业。这些除了是郴州粮机几十年的积淀外，也与何益荣数十年的管理分不开。

2001年起，何益荣开始担任郴州粮机总经理，6年后，他升任郴州粮机董事长，兼任总经理。从公司总经理到董事长，变化的是职位，不变的是何益荣对于企业发展战略的坚持。

"我们是粮机企业，必须做好两项工作，一是要加强技术创新，推出新产品；二是搞好市场营销，实现生产力的转化。"何益荣对企业具体发展方向了然于胸。

在他看来，企业坚持什么样的发展战略，需要与企业的行业定位相结合。"我们在行业内处于'挑战者'地位，正在积极发展，我们上边还有行业的'领导者'，下边还有追随者。我们要做好自己的定位，既要赶超领导者，又不能让追随者超过。"何益荣说道。

行业地位清晰了，何益荣下一步就是对自己的竞争对手和客户进行有效的市场分析。

"要系统分析企业发展的竞争对手，不仅分析企业在全国范围内的竞争对手，也要分析区域性竞争对手，甚至单一产品具有优势的竞争对手也要进行分析了解。由于这些企业规模不同，产品体系不同，具备不同的销售策略，这些信息都必须让我们的业务人员掌握，做到有的放矢。"何益荣说。

客户方面，何益荣按照"二八原则"，做好大客户的维护、区域客户的覆盖、小客户的精细化。何益荣强调客户的细分应与企业的产品体系相结合，做好公司的主打产品，抓住公司利润率高、销售率高的"双高"产品，在为客户服务的同时，不断更新完善公司的产品体系。

"细分的好处在于为营销人员提供了一个开展业务的准备。他们可以在自身时间和精力有限的条件下，采取最为有利的营销策略。"何益荣如是说。

贾合义：

打造跨国主食产业集团

□ 郝瑞

贾合义，汉族，河南省扶沟县人，中共党员，现任西安爱菊粮油工业集团党委书记、董事长、总经理，西安市人大代表，曾荣获陕西省劳动模范、"2011年全国粮食行业优秀企业家"称号，第四届、第五届全国"道德模范"提名奖。

人物语录

◎ 一个人的价值有多大，在于他对社会的贡献有多少。
◎ 一个企业能走多远，关键在于其所承担的社会责任有多大。
◎ 认认真真做好每一件小事。
◎ 质量就是生命，产品就是人品。
◎ 要敢于在困难挫折面前挑战自我、超越自我，多为社会、为大家做好事、实事。

> 从一名普普通通的小木匠到爱菊集团董事长，从待业青年到陕西省人大代表，贾合义的身份一直在变，始终不变的，是他对工作的那份热忱，对企业、社会的那份责任。

***

初识贾合义，是在2010年的全国杂粮会上，这个"人在西安的豫商"，给记者留下了亲切的印象。

认识贾合义的人都知道，他是一个工作狂，每周工作7天，从不过休息日，不爱打牌，不爱美食，不爱唱歌，甚至很少喝酒。"贾合义最爱的是工作和单位，其次才是我们这个小家。"谈起这些，贾合义的妻子很是无奈。

从小木匠到爱菊集团董事长，从待业青年到陕西省人大代表，贾合义的身份一直在变，始终不变的，是他对工作的那份热忱。

/质量大过天/

1936年成立的西安市群众面粉厂，是西北地区最早的面粉加工企业。贾合义的父亲是厂里的一名普通职工。童年时期的耳濡目染，在他年幼的心里悄悄地埋下了一颗种子。

1975年，贾合义高中毕业，对木工颇有兴趣的他，成了一个有一技之长的小木匠。这一干，就是4年。

1979年9月，恰逢西安市群众面粉厂向社会招工，贾合义通过考试，顺利成为群众面粉厂的一名普通工人。入职后，他工作非常努力，善于开动脑筋，5年之后，贾合义便被提拔为企业代理干部。工作的同时，1984年，贾合义又考入大学深造，取得大专文凭。

大学毕业之后，知识、能力样样出色的贾合义，先后担任了西安市群众面粉厂基建科科长、全质办主任、经营科科长等职务。1993年5月，贾合义被推举为西安市群众面粉厂厂长。1993年粮食经营放开以来，在贾合义的领导下，面粉厂不断地跃上新台阶。1994年，面粉厂兼并西安市粮油食品包装厂，并投资成立西安华峰彩印分厂；1997年，兼并西安外贸中心，在全市粮食行业首家实行跨行业兼并；1998年4月，在市区开办第一家爱菊连锁店，迈出了销售网络建设的第一步；1998年10月，经西安市政府批准，企业改组为股份合作制企业，贾合义任党委书记兼董事长；2009年12月，在原有基础上组建西安爱菊粮油工业集团，实现了企业的集团化发展。

在贾合义心里，"产品质量大过天"，向来如此。比如2010年3月的"添加剂风波"，因上级相关人员疏忽，数据录入时小数点错往后移了一位数，逐级上报后，这一小差错，导致中央电视台《午间新闻》负面报道——爱菊集团食用添加剂超标近10倍。这一噩耗传来，把一向沉稳的贾合义惊了个目瞪口呆。他的第一个念头是："不可能！"接着，立即带人回厂调查此事。

误会被澄清后，贾合义这位已近知天命之年的男子汉，这位中国500家最大食品业制造企业之一的集团董事长，这位带领弟兄们艰苦创业"流血不流泪"的铮铮铁骨男子汉，好似一下子卸掉了千斤重担，整个人虚脱一般，放声痛哭。

此后，贾合义把企业的声誉看得比自己性命还重要，对产品的质量要求更加严格，并给爱菊产品定下"出厂合格率100%"的铁律。在他的带领下，爱菊集团除了进一步健全质量管理体系，严格落实质量管理制度，确保产品质量安全外，还严把"三关"：一是从源头抓起，通过订单加农户的方式，在优质原料产区建立种植基地，抓好原粮"入口关"；二是引进了多条世界一流的生产线，完善粮油加工设备，提升产品生产工艺，控制产品"生产关"；三是成立现代化的检测中心，实施标准化质量体系，严把产品"出口关"。

在这样精益求精工作精神的鼓舞和带动下，集团创造了一个又一个的"奇迹"：2000年以来，在全市首家通过ISO9001国际质量体系认证，爱菊产品相继荣获全国绿色食品、全国粮食行业"放心面""放心米""放心油"、陕西省和西安市名牌产品等多项荣誉称号。爱菊面粉在全市居民消费份额中占到70%以上，成了古城粮食行业安全健康的代名词。

三大"放心"工程

贾合义带领爱菊集团主导三大"放心"工程——放心粮油、放心馒头、放心豆制品。

在放心粮油方面,贾合义在西安国际港务区建设粮食应急物流基地,拥有国内外先进的面粉、大米、油脂、小杂粮加工生产线,年产面粉20万吨、大米10万吨、食用油25万吨、小杂粮1万吨。2000年,贾合义在陕西省率先承诺:爱菊面粉不加增白剂、增筋剂。接着,贾合义又在全国率先取缔散装油,研发推出10kg和15kg的一次性中包装油品。据悉,2015年2月春节前期,国家主席习近平自己掏钱购买爱菊"四合一"自制营养油、特粳米、饺子粉,送给延安梁家河老乡。

为了推进放心馒头等主食产业化建设,贾合义建设12 000平方米的三层现代化主食品加工基地,拥有一条国内外先进的面条生产线、两条大型食品专用烘烤生产线和两条大型馒头生产线。其中,馒头生产线系爱菊集团自制研发的多功能、智能化的大型馒头生产线,采用传统"老酵发酵、二次饧发"的生产工艺。该基地可日生产馒头100万个、面条15 500袋,各类烘烤食品4万吨。同时购置了包子机、馄饨机,建设了速冻车间,主要产品包括馒头、烤饼、糕点、面条、包子、馄饨等近50个小类。其中爱菊Biáng biang 面糅合豆浆营养,口感纯正,方便食用,受到西安市民的普遍欢迎。

在放心豆制品工程方面,贾合义带领爱菊集团建设占地面积180亩的豆制品加工基地,该基地位于西安浐灞生态区广运潭大道东侧,拥有全国先进的豆制品生产线和豆芽生产设备,可日加工豆芽200吨、豆制品200吨。爱菊集团还自行研发出被老百姓称为"可以生吃的"放心豆芽,系规模化生产、无任何添加剂豆芽生产技术。豆制品目前主要有豆腐、豆芽、豆腐干、豆腐皮、豆腐脑、素鸡、豆浆等。

为了完善的连锁网络体系,爱菊集团现拥有爱菊各类网点和各地县代理商计700余个,配备专业化物流配送车150多辆。2014年集团召开"政府放心工程暨爱菊产品进社区电商全面启动"新闻发布会,正式涉足电商。

集团采取"预约订货、就近取货、验货付款、买退自由"的全新营销模式，消除后顾之忧，让市民在家中就能够于网上挑选放心食品，在家门口就能提取放心食品。集团下一步计划为，西安市500～1000米内都设有爱菊社区服务站（订货取货点），真正方便于民，从根本上解决百姓反映的买不到放心食品的问题。自此，爱菊"店商＋电商"销售模式基本形成。

　　2015年，贾合义在西安市发起"爱菊放心产品体验游"活动，企业投资近500万元，将爱菊展厅、粮食文化馆建在港务区基地和豆业基地的参观走廊里、车间里，邀请区县、各局老干部、爱菊网点1000米内居民等10万多人分批次走进爱菊，参观粮油食品和豆制品加工全过程，体验爱菊放心食品，提高爱粮节粮意识。

/ 响应"一带一路"号召 /

　　2015年5月以来，爱菊集团主动作为，积极贯彻落实中央"一带一路"倡议，经深入接洽，达成了在哈萨克斯坦投资粮油种植和油脂加工意向，12月13日正式签署了合作文件，作为我国唯一农业产能合作项目，被国家发改委列入"中哈52个产能合作项目清单"。通过该项目建设，实现粮油原料国外种植、国外初加工、国内精深加工销售的"种植—加工—销售"全产业链运作模式。

　　2016年3月，2000吨来自哈萨克斯坦的油脂和3200吨面粉搭乘"长安号（西安至欧洲）"国际货运班列运抵西安。2016年6月1日，爱菊集团在哈萨克斯坦投资建设的占地200亩、年产食用油16万吨、年产面粉20万吨的加工厂破土动工，油厂于当年12月建成投产。目前，集团已在哈萨克斯坦实际投资1.5亿元。

　　贾合义说，爱菊集团远赴哈萨克斯坦投资，并不是一时头脑发热，也不是赶时髦追潮流，而是企业在着手实施供给侧改革时遇到了重重困难。一是原粮品质不稳定给企业生产经营带来挑战，二是产品"量"的安全无法满足，三是消费者对食用油"转基因"问题始终存疑。

　　因此，贾合义将目光投向国外，以满足人民群众绿色健康消费和落实供给侧改革为目的，着力探寻适宜的粮油种植加工基地。现在，爱菊集团已在哈萨克斯坦建立一个日处理1000吨（年加工量16万吨）的油脂加工厂，逐步建立种植基地（短期200万亩，长期500万亩），同时，将在哈萨克斯坦与我国铁路运输的关键节点——阿拉山口地区建立粮油、肉制品等加工物流园区，计划用3～5年实现国外规模种植，产地初加工后运回国内精深加工和销售，形成粮油产品从种植到销售的跨国产业链。

贾合义说："下一步，我们会积极打造农业产业园区。在哈萨克斯坦以油脂厂、面粉厂为依托，吸收牛羊肉、乳制品、蜂蜜等当地特色优质农副产品及各类小食品加工企业入驻，构建一个农产品加工园区。同时，我们会将国内产品输出。依托逐渐摸索成熟的进出口方式，出口陕西省和我国知名特色产品，并逐步在当地建立豆芽厂、豆制品厂和主食品厂，将中国特色美食和国内成熟生产工艺推向哈萨克斯坦。"

在贾合义的领导下，爱菊集团从1993年的总资产5100万元增加到现在的近20亿元，经营面积从原来的49亩扩大到现在的600余亩，经营范围从单一的面粉加工扩展为系列面粉、大米、食用油、小杂粮、挂面、熟食、糕点、副食品、连锁网点、粮油储备、粮油配送、铁路专线、房地产项目等，创建了著名的"爱菊"品牌和西北地区规模最大的粮油产销基地，产销量综合指标连续10年居西安市同行业首位，相继荣获国家、省、市农业产业化重点龙头企业、全国质量效益型先进企业、全国抗震救灾先进集体、全国放心粮油进农村进社区示范加工企业、全国食用植物油加工50强企业、全国粮食行业AA级信用等级企业、国家绿色食品、中国粮食行业"放心面""放心米""放心油"、陕西省名牌、西安市名牌等称号。

李光灿：

让糙米主食化福泽于民

□ 付嘉鹏　陈亮

李光灿，1957年生于四川省资阳市，毕业于西南农业大学（现西南大学）植物保护系，国家粮食储备局中心专家组粮情测控及自动化专业责任专家、四川大学兼职教授、中科院正高级研究员、四川省食品安全专家委员会专家。

人物语录

◎ 我在讲述一粒糙米的故事，走在糙米主食化路上。
◎ 谱写从田园到餐桌的颂歌，让糙米主食化成为常态。
◎ 我沾了老师的光，托了家人的福，得了朋友的助，跟了时代的步。
◎ 粮食是有生命的，可以构成一个生态系统。我要做的，就是研究它。
◎ 应该回归"老本行"，只有熟悉的行业才能真正做成功。

与其说李光灿是企业家，不如说他是一位学者。作为四川谷黄金集团总裁，他从未放弃自己的科研事业。他要把更多的时间花在产品、产业的创新研究上，让糙米主食化泽福于民。

* * *

无论是哪位客人来到办公室，李光灿都会泡一杯发芽糙米茶、拿出一盒发芽糙米饼干招待。

看着玻璃杯中慢慢升腾的紫色水雾，李光灿向《粮油市场报》记者介绍说："这是紫米本身富含的花青素。一般黑色或紫色食品中，花青素的含量很高。发芽黑米的花青素、伽马氨基丁酸和可溶解膳食纤维很丰富，具有抗衰老、通肠利便和帮助消化等效果。"作为四川谷黄金集团总裁兼首席专家，李光灿已经脱离科研院十多年。即便如此，前半生醉心科研的他，仍会在百忙之中抽出时间做一些研究。

"我刚刚刊发了有关'糙米主食化'的论文，被很多数据平台收录。"李光灿打开电脑，百度出这篇文章。这时的他，是一个学者。

/ 坚守出来的机遇 /

"虽然我家里世世代代都是农民，我父亲也在农业部门工作，但我最初的理想，并不是农业。"20世纪50年代，李光灿出生于四川资阳的一个普通农民家庭。

1975年，高中毕业后，李光灿回乡务农。当时，老家的文化人并不多，像李光灿这样有高中文凭的人，更是少。于是，他没干几天农活，就当上了小学教师。不过，公办代课教师的收入也不比农民好多少。李光灿清楚地记得，当时一个月工资仅27块钱，福利是两斤煤油。

"我从小就有自己的志向，我想当工程师，想修建漂亮的房子。"这个志向一直激励着李光灿，因此，在教学之余，他不断自学，期望实现自己的理想抱负。

功夫不负有心人。1977年，李光灿成为国内恢复高考后第一批参加高考的人，并顺利跨入西南农学院的校门，攻读植保专业。入学一个月之后，近百位同学因为各种各样的原因离开了这所学校。没有任何背景和门路的李光灿，选择在这所学校坚守。

然而，或许连他自己都没有想到，他的坚守，使其有机会亲身见证中国粮食仓储技术的发展，并创造历史。

/ 见证粮食仓储技术发展 /

李隆术，中国近现代昆虫学家，中国仓库害虫生态学奠基人，中国粮堆生态系统研究的奠基人。他也是李光灿的老师。

"我在大学期间学的是植保专业，是粮食产前研究。后来，我刚好赶上学院招收第一批研究生，报考了李隆术教授的研究生。他是国内粮食仓储方面的泰斗，因此，我研究生时期的研究方向就过渡到了粮食产后。"李光灿是个非常要强的人，当初进学院时，他的成绩并不靠前，为了在短时间内赶上来，他放弃了节假日回家的机会。最终，他以年级第一的成绩考取了李隆术教授的研究生。

"粮食是有生命的，它会呼吸，会生病，它们可以构成一个生态系统。而我所要做的，就是研究这个系统。"由于李光灿对计算机充满了好奇，在那个电子管时代，他就开始学习BASIC编程语言，并将自己的课题研究与计算机模型研究结合起来。

李光灿所在的研究生班，共有50名学生。

由于李光灿性格活跃，且成绩优秀，被大家一致推举为班长。这位班长不仅专注于自己的研究方向，还精通外语，帮助老师、同学翻译外国论文和著作，深受好评。这些专业技能使得李光灿有机会接触到当时粮食行业的高、精、尖项目。

由于李隆术教授取得的成就卓著，他曾多次去美国、英国、加拿大、澳大利亚等国出席国际学术会议和进行学术访问考察。作为其高徒，李光灿也有幸参加了部分会议。在一次学术会议上，李光灿在导师的带领下，和原商业部四川粮科所（现国家粮食局成都粮食储藏科研设计院）所长靳祖训碰面。那时，国家正在加大粮食仓储技术方面的科研投资。在此背景下，西南农学院和四川粮科所方面达成意向，由国家在该院投资50万成立储粮害虫生态研究室，进行相关科研，并培养人才。

"粮科所领导对于我的工作能力、研究方向及学术前景，均比较看好。因此，提议把我纳为第一批人才培养。"在这个框架下，李光灿在西南农学院的各种研究和工作经费都由四川粮科所来承担。作为回报，毕业之后，李光灿必须到四川粮科所工作，且在学校工作时限不少于3年。对于一个穷学生来说，不仅自己的研究工作经费可以保障，而且未毕业就已经有了接收单位，实在是一个不错的选择。李光灿即刻答应。

没有了后顾之忧，李光灿将所有精力投入科研项目上。不久，他就碰到了一个令自己名扬粮食行业的大项目。"这是国家科技部下达的一个科研课题，属于'七五'攻关项目——粮食储藏保鲜技术的研究开发。"在导师的带领下，李光灿没日没夜地工作，为该科研项目的顺利完成奉献了自己所有的精力，成为团队中的重要力量。

付出总有回报。1992年，"粮食储藏保鲜技术"获国家科技进步三等奖，次年获得商业部技术进步一等奖。1990年，李光灿跟随四川粮科所由绵阳迁址成都。就在当年，该所接到了原国家商业部一个非常重要的项目任务。"该项目除了需要参与专家身处粮食行业，还要精通外语和计算机技术与操作。所里研究来研究去，认为只有我合适。"1991年，30多岁的李光灿，成为原商业部"粮食流通体制改革世行贷款项目"3人专家组成员，他的名字也开始在粮食行业传播开来。

随后，李光灿又主持了一个个研究项目，取得了一个个科研成果，发明了一个个专利，获得了联合国信息峰会大奖、国家科技进步二等奖、四川省政府技术进步一等奖等奖项。同时，他的研究成果也越来越丰硕：国内第一个粮油信息管理系统、粮温监测系统、粮库压力测试系统、粮库光敏传感系统、电脑农业专家系统、储粮害虫专家系统、稻谷综合利用研究与开发、稻谷加工副产物开发与利用、米糠保鲜稳定技术研究与开发以及发芽糙米技术与装置的设计与研制等。

/糙米故事的讲述者/

如今,在李光灿的办公室书柜里,不仅摆放着各式各样的书籍、文件、档案和资料,还陈列着谷黄金集团生产的各种产品,包括四川银丝香、四川长粒香优质大米、富纤米(面)粉等生态主食系列,发芽糙米、发芽糙米糊、发芽糙米点心、发芽糙米粉、食用米糠等功能食品系列,发芽糙米乳、发芽糙米茶、苦荞茶等健康茶饮系列以及发芽糙米麸化妆品等美容护肤产品系列等。在他看来,这些产品将成为自己下半生奋斗的事业,永不改变。

"通俗来讲,精白大米是死米,好看、好吃,但不营养;糙米是睡着的米,营养,但不好吃、不好看;发芽糙米是活米,营养又好吃,还好看,这种特质使糙米主食化成为可能。发芽糙米是通过精选当年产优质稻谷加工的糙米,经过生物无公害技术,在没有任何化学添加剂的物理条件下,将糙米萌动、发芽,到诸如伽马氨基丁酸和可溶解膳食纤维等营养物质达到最佳状态时,即行终止使其得以保持,是一种优良的天然功能食品,营养价值高。可以说,推行糙米主食化是一项节能环保、利国利民的大工程。因此,我要向所有人讲述这一粒糙米的故事,谱写从田园到餐桌的颂歌。"李光灿介绍说。

其实,从一流专家"变身"为企业家,四川谷黄金集团并不是李光灿的开始。

作为专家学者,往往视自己的科研项目为孩子。如果这个项目在自己的培养下茁壮成长,并造福社会,是每位科研人员的心愿。李光灿与其他科研人员一样,一直期望着能将自己的科研项目推广开来,然而,由于各种各样的原因,项目推广效果并不如意。思来想去,他认为,只有自己组建实业公司,才能更好地将科研成果转化。

2001年,四川省组建四川省农业信息工程技术研究中心和四川省粮食产后工程技术中心,李光灿出任两个中心的主任。其间,机缘巧合下,李光灿与曙光信息产业公司的负责人接触并沟通。他很快意识到,自己的时机到了。于是,四川曙光信息产业有限公司很快宣告成立。

但是，运作企业并不是一件易事，由于股东间一些不可调和的矛盾，曙光很快分崩离析。"我好好总结反省了一下，认为自己应该回归'老本行'，只有熟悉的行业才能真正做成功。"李光灿说。

幸运的是，李光灿的稻谷综合利用及副产物开发的研究工作从未停滞。他围绕稻谷从种到收再从加工到餐桌的整个产业链及副产物开发利用研发出许多成果，取得了多项专利。

"在美、日、韩等发达国家，富人吃糙米，穷人才吃白米饭。在我国，稻谷的初加工已经走到尽头，而副产品加工才刚刚开始。"李光灿认为，过去人民生活在基于解决温饱的阶段，关注吃饱，吃细粮，吃大米，以数量为主是应该的；而现在国家发达了，社会进步了，生活水平提高了，人民开始讲究生活质量和品质，不但要吃饱，还要吃好、吃健康、吃安全、吃均衡，因此糙米主食化粗细搭配应该是今后食品发展的方向，这也是自己今后发展和努力的方向。

机会总是眷顾有准备的人。2006年，李光灿和现在的合伙人连仕成相识。随后的时间里，通过多次合作交流，合伙人开始逐步接受并认同李光灿的观点和看法以及研究方向。

2009年，合伙人终于表示，希望与李光灿进行合资合作，自己出资和李光灿合伙，一起进入粮食精深加工行业。2011年注册，2012年筹备，2013年投产，2014年产品化、产值化、产业化。

因为手握成熟的专利技术，核心产品都是企业标准，李光灿与合伙人成立的四川谷黄金集团，在糙米系列产品精深加工方面创造了"深圳速度"，与北大荒和中粮的产业链互补式合作，从田园到餐桌的全产业链和以健康餐桌为中心的全产品线模式正在形成。

面对未来，李光灿表示，作为专家学者，他希望企业走向规范之后，让位于贤，潜心于集团的研究院，做企业的创新和技术产品储备工作。"我要把更多的时间花在产品产业的创新研究上，让糙米主食化持续福泽于民，使自己的努力能为人们的健康安全生活做点微不足道的贡献，保证谷黄金集团在糙米精深加工行业的技术领先。"

李学斌：

难断粮食情的"技能大师"

□ 赵瑞华

李学斌，安徽省芜湖市惠丰省级粮食储备库副主任、高级技师，第十三届高技能人才表彰大会上被授予"全国技术能手"荣誉称号。

人物语录

◎ 虽然粮食保管工作很辛苦，但心中这份粮食"情分"支持我一路走到了今天。

◎ 预约收购、均衡入库，让农民兄弟感受到国家惠农政策的温暖。

◎ 对技术问题和解决方法，不仅知其然，还要知其所以然。

◎ 一点小小改变，便能大大减轻后续工作强度，提高效率。

> 从1989年到2015年，粮食储检专业出身的李学斌在一线粮食保管岗位一待就是二十多年，曾两次差一点中断他与粮食保管的"情分"，如今他则成为基层粮库走出的"技能大师""全国粮食行业劳动模范"。

* * *

2015年的第一场雪纷飞之时，记者在安徽省芜湖市惠丰省级粮食储备库见到了李学斌。被几位记者围绕着介绍情况时，李学斌显得有些紧张，时不时地端起手边的水杯，以缓解这与工作时截然不同的氛围。

李学斌，"全国粮食行业技术能手"，国家粮油保管技师，芜湖市"首席技师"，安徽芜湖惠丰省级粮食储备库技能大师工作室主任，2015年被人力资源和社会保障部及国家粮食局授予"全国粮食行业劳动模范"称号。

从1989年到2015年，粮食储检专业出身的李学斌在一线粮食保管岗位一待就是二十多年，曾两次差一点中断他与粮食保管的"情分"，如今他则成为基层粮库走出的"技能大师""全国粮食行业劳动模范"。

/ 难舍"粮食"两度回头 /

1989年7月，21岁的李学斌从安徽省蚌埠粮食学校毕业来到彼时的大桥粮站，带着风华正茂的满腔激情，开始了自己一线粮食保管工作。

2003年10月，时值粮库改革，过了而立之年的李学斌经多重考虑后从大桥粮站买断工龄，离开了干了14年的粮食保管工作，开始与妻子从事个体服装经营，年收入在十万元以上，日子开始有红火的苗头。

时间来到2005年9月，芜湖市大桥粮站与另外两家市属企业合并组建安徽芜湖大桥省级粮食储备库。深感专业人才缺乏的领导三次登门，动员李学斌重新回到大桥储备库负责粮食质检、保管工作。深思熟虑后，李学斌毅然决然地将服装店交给妻子一个人打理，重新回到熟悉的大桥粮库，回到了粮食保管岗位。

2008年初，粮库经济效益较差，职工收入较低，出于家庭因素考虑，李学斌恋恋不舍地向粮库递交辞职申请，准备回家帮助爱人打理服装店。

此时正值粮库落实储备粮计划的关键期，李学斌这样的技术骨干更是必不可少的急需人才，在粮库领导的劝说下，他又留了下来，安心粮食保管岗位，为保障彼时的储备粮粮质安全付出了多个日日夜夜。

当时的工资仅有几百元，面对艰苦的环境、微薄的收入、家庭的需要，有些人选择了放弃，周围也有不少人力劝李学斌"何必去受这罪呢"。

谈到昔日的这份坚持，李学斌告诉《粮油市场报》记者说："我学习的专业就是粮食，虽然粮食保管工作很辛苦，收入不高，并且工作环境也不好，但心中始终舍不得这份热爱，这份粮食'情分'，也是这种感情支持我一路走到了今天。"

/ 好学钻研科技保粮 /

大桥粮库组建初期，百废待兴，由于经费紧张，李学斌带领同事清扫仓库、粮食入库、平整粮面、密闭粮面，仓内一身汗，出仓一身灰，工作可谓又脏又累，先后为企业节约了三万多元保管费用，这部分钱在财务状况相当困难的建库初期发挥了很大作用。

尽管储粮条件差，李学斌凭借着自己过硬的专业知识、善于钻研的工作精神、任劳任怨的工作态度，团结带领科室人员在科学保粮上下功夫，在粮食收购、储存、质量管理上，克服了许多困难，从无到有，终于探索出适合本企业的科学保粮方法。

随着企业财务状况的逐渐好转，李学斌开始将重心放在科技保粮上，不断引入新的保粮新技术，积极探索研究保粮小窍门。

2013年，该库创建李学斌技能大师工作室，12月，被芜湖市人力资源和社会保障局评选认定为"市级技能大师工作室"，被芜湖市总工会评选认定为"创新工作室"。

在李学斌的技能大师工作室内，一把类似电钻的小玩意儿吸引了记者的注意。

"这是一个电动摇窗器，改变了过去采用的手摇靠齿轮传动开、关仓库廒间窗户的办法，操作方便、快捷，大大减轻了保管员开、关窗的工作强度，提高了工作效率。它还设置了一个前灯，只要扣动扳机开关，即可点亮前灯，夜间操作也十分方便。"李学斌一脸笑意地对《粮油市场报》记者说。

为了保障储粮安全，李学斌工作室团队利用粮面压盖物和环流熏蒸回流管道，控制风路走向，从而减少粮食水分丢失，保持粮食品质。

通过此种方法，该库储备粮在经过三年保管后轮换出库时逐渐趋于零损耗，近三年来累计为单位减少粮食损耗760吨，直接经济效益190万元。

芜湖惠丰省级粮食储备库党支部书记王凤桃对记者说："坚持、钻研，这是李学斌身上最明显的两大优点，通过持续坚持、不断钻研，他成为今天的李学斌——我们库的'技能大师'。"

2014年7月，李学斌技能大师工作室被安徽省人力资源和社会保障厅评选认定为省级技能大师工作室。

/开拓创新率先垂范/

2015年10月，李学斌被组织提拔任命为库副主任，分管仓储、质检、安全生产工作。

上任伊始，正值芜湖市市级储备粮轮换入库，第一天开磅就来了六十余辆车，场面一度非常混乱，有的车压了三、四天才得以卸车。

如何既能确保国家惠农政策落到实处，确保售粮农民利益，又能及时完成国家储备轮换任务，经过调研，他研究摸索出了一套预约收购、均衡入库的办法。

根据粮库每天的最大入库能力，均衡安排每位种田大户的售粮车辆，保证不压车，使每一位售粮农民当天即可完成卸粮，受到了售粮农民的交口称赞。

李学斌时刻告诫质检员，要严格执行国家标准，公正地对待每一位售粮群众，既不准压级压价，也不准抬级抬价。他每天带领保管员、质检员六点钟就赶到库里取样化验，晚上带领保管员把所有售粮农民的粮食收完才下班。良好的服务意识使农民兄弟真正感受到了国家惠农政策的温暖，拉近了农民与粮库休戚与共的感情。

在2016年的粮食轮换工作中，一度出现从开磅时的"卖粮难"，到后期"一粮难求"，但那些前一年受到良好服务的农民依然把粮食送到了惠丰储备库，农户纷纷表示："虽然有人出高价来买我们的粮食，但我们相信惠丰库，去年我们卖粮难，你们想方设法收了我们的粮，我们不能忘本，我们还是把粮食卖给你们。"

根据安徽省粮食局信息化建设统一部署，惠丰省级粮食储备库成为全省第一批省级储备粮管理信息化示范库。为此，李学斌不仅指定专人全程参与，自己也是全身心投入，积极与施工方沟通、协调，使信息化的建设工作与惠丰库的实际工作相融合。现在一期建设已经完成，达到了省局要求的预期效果。他更是勇于用人，让刚招聘进来的大学生全程参与，要求他们不仅知其然，还要知其所以然。现在他们不仅能够熟练操作信息化设备，即使是一些小的故障也能够自行排除，达到了培养人、锻炼人、使用人的目的。

2016年暑期，正值大桥库区粮食轮换出库期间，惠丰库派一辆车到大桥库区接送参加出库工作的员工，三山主库区只剩一辆车接送大家上下班。由于大家在市区住得比较分散，李学斌主动要求每天骑半小时自行车到距家较远的地方等车，将方便留给了更需要的员工，受到了大家的称赞，而用李学斌的话来说则是"锻炼了身体、提升了境界、做出了榜样"。

/ 红花引领绿叶欣欣 /

2009年11月，李学斌被安徽省粮食局选为代表安徽省参加"全国粮食行业技能大赛"的队员之一，这对当时的他来说，却有点喜忧参半。

当时李学斌一方面要面对库内十分繁重的工作，另一方面，家中幼小的孩子也需要他适时照顾，可谓分身乏术。粮库领导及时帮助其解决家庭困难，令其全身心地投入技能大赛的备战中，最终荣获2010年全国粮食技能大赛银奖，并获"全国粮食行业技术能手"荣誉称号，同时为安徽省代表团获得大赛团体冠军立下大功，受到安徽省粮食局的表彰。

李学斌不仅自己努力学习，钻研科学保粮知识，还充分发挥传、帮、带作用，使库内每一位员工都掌握了一项以上的储粮技术，现在全库所有员工均能进仓进行熏蒸作业，带出了一支过硬的保粮队伍，代表芜湖市在安徽省首届、第二届大赛和全国粮食行业职业技能大赛上取得了佳绩。

在2013年3月和2016年7月举行的安徽省第三届、第四届粮食行业技能大赛上，芜湖代表队获得团体第三名、第二名，两次代表队六人中有五人来自惠丰储备库，多人荣获"安徽省粮食行业技术能手"称号。

如今，李学斌带领的技能大师工作室共由7名技术骨干组成，最年轻的一位保管技术员是位"80后"的年轻人，这个骨干团队为惠丰粮库的粮食保管安全提供了最坚实的技术支持，如今也正在积极备战下一次的技能大赛。

在技能大师工作室内，除了各种专业书籍和技术操作规范之外，一盆名为红运当头的绿植引人注意，肥厚的绿叶中心是一团嫣红。这更像惠丰粮库技能大师工作室的譬喻，一团嫣红引领着周围的多片绿叶，共保粮安欣欣向上。

刘习东：

"三大战役"开启苏粮新时代

□ 胡增民

刘习东，江苏省泗阳县人，1981年7月参加工作，党员，2011年6月至今，任江苏省粮食集团董事长、党委书记，江苏省第十一届政协委员，中国粮食商业协会副会长，江苏省国际商会副会长，2012年荣获"中国十佳粮油创业风云人物"和"江苏省首届粮食行业领军人才"称号，2013年荣获"中国粮食经济十大人物"称号，2016年荣获"江苏省优秀企业家"称号。

人物语录

◎ 把心放在事业上，把事业放在心上。拥有事业心，才会忙得快乐，累得欢喜。

◎ 诚信是金，忠诚守信，言出必行。

◎ 走对一百步才能成功，走错一步就会失败。

◎ 人可以平凡，但不能平庸。

◎ 坚持每天做一件实事。

◎ 粮食行业应加快实施品牌战略，做到既会干苦活，在数量上挣钱，又会干巧活，在价值上挣钱。

他始终把自己定位于一名创业者，坚持以壮大江苏粮食产业为己任，精心创建"苏粮"系列品牌，集团综合实力在全国同行名列前茅，在激烈的市场竞争中游刃有余。作为苏粮集团的掌门人，他展现给我们的，始终是儒雅的风度和前行者的微笑。

* * *

2016年12月2日，北京21世纪饭店会议厅高朋满座，由《粮油市场报》主办的"2016中国粮油财富论坛"在此隆重举办。当日上午，江苏省粮食集团董事长刘习东做主题演讲，他"面对行业巨变，粮食企业一定要有战略定力，在'粮油主业'上不断改革创新，为粮食产业注入新的活力"的精辟论述，赢得了现场观众的阵阵掌声，引得来自全国上百名企业老总的共鸣和点赞。

36年，一代人成长起来的时间，在江苏省粮食集团董事长刘习东眼里，只是"弹指一挥间"。

"把事业放在心上，把心放在事业上"，是刘习东的座右铭，也是他奋斗在粮食战线的生动写照。36年来，刘习东把一颗炽热的心奉献于粮食事业，几十年如一日地耕耘在广袤的江苏大地上。

江苏省粮食局副局长张生彬评价道，这几年，在刘习东的带领下，苏粮集团发展很快，可以说支撑了江苏粮食产业的"半壁江山"。

/ 用人"洗澡论" /

2013年盛夏时节，笔者曾慕名到南京，与刘习东"面对面"交流。

刘习东毕业于南京粮食学校（现南京财经大学）粮食财会专业。在校期间，他结识了很多志趣相投的朋友，这些朋友在他以后的工作、生活中，在他面临困惑、面对选择时，给予了很大帮助。

毕业后，刘习东先后进入江苏省粮油议购议销公司、灌云县粮食局工作。在工作之余，他参加了江苏省委党校培训、北京语言大学函授教育、南京大学涉外经理管理等方面的短期学习。

谈到他所从事职业与学习专业并不对口时，刘习东说，成功找到完全对口工作的可能性是微乎其微的，因为各行各业都需要人才。无论从事哪项工作，个人选择虽然很重要，但过硬的专业知识和多方面的学习也是必需的。

忙碌的工作令刘习东没有时间进行脱产学习，但是点点滴滴的再教育始终贯穿他的工作和生活。虽然他经历了辛苦与忙碌，遇到了种种困难，但最终收获了知识的喜悦。对他来说，学习是一种常态。

刘习东不仅自己注重学习，还在苏粮集团内部倡导学习，塑造优秀企业文化。他向全集团干部职工推荐了《用心去工作》《把事情做到最好》两本书，并在扉页亲笔题写"推荐给盼望并致力于公司成长和进步的同志阅读"，以此来倡导建设学习型企业，塑造健康向上的企业文化。

谈话中，刘习东还提到了自己的读书笔记，那是他的精神寄托，他时常在上面记录一些心灵的变化。

"虽然本子不会说话，但是翻看的时候却胜过千言万语，因为做任何事情都需要留下自己独立思考的过程。只有学会思考，才能发现自己细微的变化，找到未来的方向。"从科员、县级粮食局局长助理，一路升迁至副总经理、总经理，再到一个省级粮食集团的董事长，这一路升迁，看似平步青云，实则艰辛无比。

对于如何用人，刘习东有一个独特的"洗澡论"。他说，用人就像洗澡，如果提拔过快，洗"热水澡"，会"烫"到他；但是洗"冷水澡"，只使用不重用，会"冻"着他。因此，最好选择洗"温水澡"，把握好水温和火候，水到渠成，这样才能使企业获得和谐、可持续的发展。

"态度决定一切。当一个人改变内心态度的时候，就改变了他们自己的人生。所以，我经常反思自己的处世态度，无论是事业还是自身。敬业、勤奋、开拓、自律、超越一直都是我的座右铭。"刘习东说。

刘习东告诉笔者，苏粮集团目前正在转型升级，从4个方面转变管理方式。一是实施"扁平化"管理模式，对储备粮油企业由三级企业管理改成二级企业管理。二是全面推广"制度＋小组"管理方式，实行制度与小组相结合，管和理相分离。三是尝试推行"三控三落实"的管理制度，即围绕防控经营管理风险，实行事前管控，落实"大宗业务集体审核"制度；

实行事中管控,落实"资金集中管理"制度;实行事后管控,落实"业务小结"制度。四是实行"目标管理",围绕集团公司发展战略和规划,突出"在新的水平上建成行业领军企业和健康企业"总目标,进行目标分解、落实、考核、奖惩。

对于粮油行业如何塑造品牌,刘习东有自己独到的见解:"质量铸就企业,品牌创造价值。与其他行业相比,粮油行业的品牌建设存在短板,主要表现在思想解放程度不够、重视程度不够、具体举措不多等。粮食行业应加快实施品牌战略,做到既会干苦活,在数量上挣钱,又会干巧活,在价值上挣钱,通过品牌培育提升产品附加值和经济效益。"

"苏粮集团的品牌创建刚刚起步,今后一段时间,主要围绕推进发展战略,加强'苏粮'企业品牌和'禾为先'产品品牌整合推广,创新营销模式,推进大营销体系建设,提升品牌价值和影响力。"刘习东表示。

/ 打响新"三大战役" /

在苏南,苏粮集团依托长江张家港港口水运优势和国家级保税区的有利条件,利用现有的830米长江岸线和830亩土地,扩建以油脂油料加工、销售、物流为主要特色的张家港粮油产业园,打造全国最大的省级油脂生产、储存、流通基地。刘习东是苏粮集团发展壮大的见证者,更是实践者,经历了艰苦创业的酸甜苦辣,也经历了成功的骄傲和喜悦。如今的苏粮集团,已经跻身、稳居全国同行业第一方阵。

公开资料显示,苏粮集团着力打造江苏特色粮油品牌,重点推出"禾为先"产品品牌,打造了中国驰名商标"苏三零",省著名商标"苏畅""苏星四季"等优质品牌。粮油保供网络体系和"5+1"粮油产业链逐步完善,苏粮集团成为全省最大的国有粮食企业集团,在全国同类企业集团中名列前茅。

在刘习东的带领下,苏粮集团坚定粮油主业方向不动摇,深化企业改革,企业规模、经营质态和经营效益不断提升,连续多年进入"中国粮油最受尊敬企业""中国十佳粮油集团""中国粮油企业100强""中国粮油百佳企业""中国服务企业500强"行列,同时还是江苏省农业产业化重点龙头企业。

"十二五"期间，苏粮集团累计完成销售收入236.84亿元，实现利润7.02亿元，分别比"十一五"期间增长68.7%和79.1%；到"十二五"末，营业收入达52亿元，净资产达14.5亿元，分别比"十一五"末增长48%和66.1%，各项综合指标均居全国同类企业前列。

2016年，苏粮集团完成销售收入52.2亿元，实现利润1.2亿元，粮食经营量330万吨，粮油物流吞吐量710万吨，主要指标均实现了稳中有升。

苏粮集团的累累硕果，得到了省委、省政府的赞许。时任江苏省副省长的徐鸣、傅自应数次对该集团做出批示。

"思路决定出路"。刘习东说，"十二五"期间，苏粮集团确定了"突出主业、壮大产业、培育品牌、差别发展"的"十六字"发展战略，有效解决了集团内部企业经营方向、经营模式和经营内容的"同质化"问题，使专业特色更加明显。"十三五"以来，苏粮集团调整确立了"突出主业、做强产业、打造核心、融合发展"的新"十六字"发展战略，以实施"五个三"为发展思路，即坚持三个定位、推进三项改革、创新三个模式、优化三个结构、构建三个平台，努力打造比较完备的粮油产业链、具备较强核心竞争力的长江经济带区域大粮商。

"实施大项目带动战略，是加快转型升级、增强保供能力的重要抓手。'十二五'以来，我们多渠道筹集资金，重点建设3个区域性粮油产业园（群）项目。"刘习东如是说。

如今，一场在苏南、苏中、苏北相继开始的"三大战役"已打响，总指挥的重任自然落到了刘习东肩上。

在苏南，产业园扩建和升级等改造项目从2011年开始实施，总投资5.8亿元。

在苏中，拓展泰州沿江粮油产业群。依托所属苏三零面粉有限公司等企业较大的加工能力和辐射能力，在海安新建一个年生产能力30万吨面粉加工项目，利用长江水运优势和优质红小麦产地优势，建设以粮食加工、销售、物流为主要特色的产业群，打造长江中下游省内最大的省级面粉加工、储存、流通基地。

在苏北，一场新的"淮海战役"悄然展开。依托京杭大运河和铁路专用线等交通优势，新建以大豆、玉米、稻谷等粮油品种的采购、交易、加工、物流为特色的粮油产业园，打造区域内有影响的大豆、玉米等紧缺粮食品种"北粮南运"和储存加工基地。

"为保障全省粮食安全，苏粮集团规划建设苏南、苏中、苏北三大粮油产业集群，结合集团所属加工企业，覆盖全省的粮油保供网络体系初步建成。"在2016年中国粮油财富论坛上，刘习东自豪地说，张家港产业园已建和在建油罐容量达45万吨，年压榨大豆达150万吨，年油脂吞吐总量超300万吨，位列全国单体港口第一，可保证全省城乡居民的口油。

特别是在2016年，苏粮集团围绕精品，延伸产业链条又有了"点睛之作"——围绕农业供给侧结构性改革，与省沿海集团合作组建江苏省沿海农业发展有限公司，利用沿海集团围海造田形成的具备生产绿色、生态、有机农产品条件的土地，拟建立40万亩优质农产品基地，生产绿色、生态、有机的优质农产品。

/"戴着老花镜赶路"/

"我是一个戴着老花眼镜匆匆赶路的人。戴老花眼镜，就是用老花镜找亮点，朝着光亮方向前进；匆匆赶路，就是自觉发扬'三创三先'新江苏精神，自加压力，深化改革，主动超越。"刘习东的比喻形象而又生动。

刘习东告诉笔者，自己工作有3个特点，即"简单、执着、兴致"6个字。

"简单"，就是对企业、对自己的目标规划简单一点，做到明确、易行。"执着"，即选准的方向、既定的事情不能随意改变，可以改变节奏。决策是领导慎重做出的，是经专家和团队反复论证后做出的，若由于种种原因不能预期实现，还是要坚持，因为改变方向的"成本"会很高。"兴致"，即把工作变成一种兴趣，把事业当成爱好，当成乐趣。无论是顺境还是逆境，都应当乐观面对，事物是一分为二的，是相对的，没有对错之分。

有人曾问刘习东：这么多年来，激励你前行的动力是什么？"学习榜样，品尝果实。榜样给予精神的力量，果实给予物质的力量，人生需要的东西无外乎这些。"刘习东说。

作为苏粮集团掌门人，他展现给我们的，始终是儒雅的风度和前行者的微笑。

刘延峰：

大荒地中育好米　"三产"融合唱新声

□ 赵瑞华

刘延峰，1971年12月出生，助理工程师，硕士学位，现任吉林省吉林市东福米业有限公司总经理、吉林市昌邑区工商联主席、昌邑区第十七届人大常委，2008年荣获"吉林市劳动模范"称号，2010年荣获"吉林市经济技术创新标兵""吉林市五一劳动奖章"以及"昌邑区突出贡献奖"。

人物语录

◎ 无论做人还是做事，都要保持阳光心态。
◎ 农业产业化就是要做到农民离土不离乡、上楼不离地。
◎ 只有实现了农民梦，才能实现中国梦。
◎ 绿色、有机食品不是认证出来的，而是严格管控出来的。
◎ 农业不能失去传统文化，还必须有超前意识。

大荒地中育好米。14年时间,刘延峰的有机、绿色水稻梦已然照进现实。村企合一之后,这一大片绿色更是让大荒地充满了生机。大荒地,不再荒。

* * *

2014年6月下旬,记者再次来到吉林省昌邑区孤店子镇大荒地村时,眼前的景象让人失忆般地无法勾勒出这个村落以前的样子。

相比两年前,绿油油的稻田依然有规有矩,而坐落于稻田之中的旧村落已经消失,取而代之的是一栋栋崭新的居民楼、新厂区,一个落地窗前稻花香的新型小镇正逐渐显现。

吉林市东福米业有限公司总经理刘延峰,这个粗犷的东北男人讲述了其与东福米业和大荒地村的故事。

/ 绿色起家,有机兴业 /

"十多年来,东福米业一直致力于有机大米产业,现在拥有绿色、有机水稻种植基地7万多亩。"刘延峰介绍说,成立于2003年的东福从小作坊起家,如今已发展成为资产达5.5亿元的国家级农业产业化龙头企业,业务范围涵盖科技研发、水稻种植、农机服务、稻米加工、仓储销售、杂粮生产、土特产加工、玉米烘干、畜禽养殖、生物肥研制、秸秆燃料加工等领域。经过14年的摸爬滚打,东福米业已经成为国内绿色、有机水稻行业的翘楚,并吸引了日本婴幼儿米粉制造企业的关注,成为其大米原料供应商。

刘延峰是土生土长的大荒地村人。20世纪80年代,东北乡村的日子很艰难。由于家庭贫困,初中毕业后,刘延峰选择了打工养家。"我先是在一家企业做工,后来在吉林市孤店子镇水利所做技术员,算是有了一个相对稳定的工作。"此后的12年,刘延峰的日子过得很平稳。直到新千年到来的时候,由于土地化肥、农药的泛滥使用,健康、绿色水稻开始兴起,这让刘延峰和他的大哥看到了商机,随后二人果断辞职下海。

"那时，绿色、有机的概念刚刚在国内炒热，尽管还没有成型的榜样企业，但我们坚定地认为这个行业大有可为，因而一开始东福米业就专注做绿色、有机大米。"刘延峰表示。

/ 厚积薄发，规模升级 /

随着东福米业的不断发展，原有的生产规模已经跟不上企业的发展需求。2013年，刘延峰投资2亿元新建了产能20万吨的新厂。从种植、农机服务、科研操作规程到收储、加工、销售形成了一条完整的产业链。

然而，在东福米业成立之初，谁又能够想到这个东拼西凑的小作坊能够走到今天。

既然要做绿色、有机大米，就要开展订单种植，掌握粮源，同时严格按照"五统一"模式开展种植，那么地从哪儿来呢？刘延峰开始向亲戚朋友求助，让他们种绿色水稻，同时承诺秋后高价回收，还聘请农业专家，制定了严格的种植规程。

起初，大家都不太相信这种全新的农业经营模式。然而一年之后，看到订单种植户的收益，村里沸腾了，东福绿色水稻订单种植有了一个初步的飞跃。2000年上半年，签订了种植订单之后，刘延峰凑了30万元，从家庭作坊式的小加工厂开始了绿色大米加工之路。

东福的绿色大米上市之后，市场反应之热烈令刘延峰更加有信心了。"当时东北大米的市场价格才每斤一元多一点，而东福的绿色大米市场售价则达到3.5元/斤，第一批上市了20多万斤大米。"迈出了第一步，就要进一步筹划未来。加大生产量、上马新设备、绿色有机大米认证等一系列问题摆在了刘延峰面前。为了筹措资金，几番周折后，刘延峰仅从中国农业银行申请到50万元贷款，这对于处在停工边缘的东福米业来说可谓及时雨。

2002年，东福米业租下了附近一个国有农场的部分土地，绿色大米订单面积已达100多公顷，销售量也进一步攀高，这更加坚定了刘延峰的决心。2004年，经过3年的土地转化期之后，东福的绿色大米开始逐步转化为有机大米，形成了70公顷有机米园区，并将产品推向市场。之后的10年，东福米业保持稳速发展。

"2002~2007年是东福米业的第一个稳定发展期,我们的步子走得很扎实,也形成了一定的影响力,来自全国各地的客商来到大荒地考察绿色、有机大米的种植。东福在做好一产种植、二产加工的同时,开始考虑发展三产旅游,即观光农业。"刘延峰透露。

/ 村企合一,以企兴村 /

对于东福和大荒地村来说,2010年的大转折,最重要的意义在于村企合一。东福米业将村子里的土地流转过来,而村民则作为农业工人为东福米业服务。采访期间,记者看到不少当地的农业工人在有机稻田里除草、施有机肥。

"我是土生土长的大荒地村人,自己富裕了,想让这些看着我长大的父老乡亲也过上好日子。"刘延峰表示。

刚开始,这种大规模的土地流转还不能为村民所接受,大部分人不愿流转给东福米业。而一年之后,流转土地的村民收入是未流转土地村民的两三倍,很自然的,随后大荒地村村民的所有土地都流转到了东福米业。

目前东福米业的有机认证大米种植面积超过300公顷,绿色大米种植面积达到3500公顷,外围还有1000多公顷的订单优质大米种植区。周边村民的稻田流转费用达到1.3万元/公顷,同时加上国家2500元/公顷的直补费用,纯收益可以达到1.55万元/公顷,同时还实现了离地农户的就近就业,每年人均工资收入也超过3万元。

村企合一之前,大荒地村的外债有40多万元,而现在大荒地村资产已经达到1亿多元,全村3000多口人也都搬进了村子自建的居民楼。

"绿色、有机大米加工产业的支撑是基础。大荒地村没有这个支撑,就没有土地流转的需求,就不会促使农民集中居住,就不会推动城镇化建设。"刘延峰表示。

随着企业不断做强做大,刘延峰希望真正做出新型现代农业的发展模式,同时也实现自己心中一个大爱、至善的梦想,具体来说是要解决当地农民三代人的生活问题。

"针对老年人,我们已经建了2栋、200个房间的老年公寓,每个房间面积在60~80平方米,且都是经过装修的。凡是大荒地村65岁以上的老人都可以免费居住,让老年人老有所依、老有所乐;其次是本地年轻人在土地流转之后就地转化为产业工人,到东福米业上班,解决他们再次收入的问题;再者就是我们在筹谋建设一个九年义务制学校,让当地孩子在家门口就能享受到良好的教育,减轻父母培养学生的压力。此外,大荒地村还计划建设一个医院,解决农民就医难问题。"刘延峰告诉记者。

/布局"三产",以旅兴农/

2005年前后,随着东福米业品牌影响力的不断增强,全国各地来东福米业参观考察的人络绎不绝。如何依托大米加工产业深入挖掘大荒地村农业资源的潜在价值,成为刘延峰和大荒地村党支部书记刘延东积极思考的问题。

"来东福考察的人,没地方吃饭,没地方住宿,安排来访客人还要返回吉林市区,很麻烦。于是我们开始考虑建宾馆,让来访客商有得看、有得吃、有得住,结合农业带动旅游,将大荒地村打造成一个有机农业观光点。"刘延峰说。

据了解,之所以考虑做观光旅游,还有一个重要原因是大荒地村地下是有温泉的。一个做地质勘探的朋友偶尔透露的这个信息让刘延峰很兴奋,但成本投入需要300多万元,又让刚刚积累了一些资金的刘延峰犹豫了。

"打温泉就像赌博,一旦打不出来,这钱就白扔了。后来公司领导班子经过多次开会研究,终于下定决心开发温泉。如果温泉打不出来,我们的农业观光旅游项目也就不做了。"刘延峰说。

2007年,经过半个月的辛苦钻探之后,第一眼深2000米的温泉出水了,由此东福米业以"神农温泉度假村"为主题的农业观光旅游慢慢成形。

2008年5月,温泉度假村正式开业。

"度假村效益非常好,客人很多,节假日到农村体验田园风光,吃一吃绿色蔬菜和大米,听一听窗外稻田中的蛙鸣。至此,东福米业农业产业化的第一、第二、第三产布局完全形成。"2010年,对于大荒地村以及东福米业来说又是一个大转折。借着新农村建设的东风,土地得以大规模流转,东福米业步入快速发展期。

2011年,大荒地村876户人家、3000多口人,土地流转完之后开始开展农民新居工程。之所以这样考虑,是因为原来居住环境不规整,并且占地面积大,每户宅基地能够换到一套100多平方米的楼房。通过大规模的土地流转,有效的土地指标空出来之后,以东福米业为支撑的大荒地村正在做一个城镇化规划,即将周边村子的农民也集中过来,形成一个典型的城镇化明星小镇。

刘延峰表示,神农温泉小镇的规划已经开始着手,占地150公顷,可容纳3万~5万人,周围以高标准农田围起来。

"我们的城镇化不是城市,还是农村,且永远以农为主,不脱离农业文化,即农民从事的是农业劳动,居住的是城市环境。"刘延峰说。

期间,刘延峰还陪同吉林市规划局的有关专家,在做一个满族风情小镇的规划,计划将特色民俗文化融入农业观光旅游,进一步挖掘农业带动旅游的潜在动力。

/ 一二三产完美融合 /

日推窗棂闻稻香,夜卧锦榻听蛙鸣。连片的水稻田抛却了以往不规则的条条块块儿,统一作业从耕种延伸到加工成米。昔日的村民搬上了楼,农民成了产业工人,置换出来的耕地又被用来开展水稻种植和温泉度假旅游业,一二三产在这里达到了完美的融合。

目前大荒地村80%的年轻人都可以本村就业,从事种植、加工和旅游业。

高端大米加工业成为东福米业三产融合的产业支撑,而品牌建设则是推动一二三产融合、现代农业发展的动力。品牌做得越好,市场就能拓展得更大,销路宽了,反过来又促进土地流转规模的扩大,企业更上一个层次,三产融合、农民增收和离地不离业就不再是个问题。

"2017年,我们要做好三件大事,首先是在销售模式上引入众筹模式,培养忠诚度高的专属会员。其次是在农业科技方面发力,目前已经与吉林市农科院达成全面合作，发挥科研院所的专业优势和东福米业的平台优势，选育自己的专属品种，提升种植环节的科技水平，打造真正的全产业链科技支撑体系，提升大米品质稳定性，降低生产成本。第三就是持续做大的田园文化硬件设施，我们自建的北方农业博物馆将在7月份正式开馆，同时投入20个亿的极地海洋世界也将在4月份开工。"刘延峰介绍说。

在刘延峰看来，东福米业紧密种植区域的不断外延，以及一二三产的互相融合、互相带动，将给东福米业的未来发展带来更广阔的发展空间。

"去年我们举行了'神农稻'开镰仪式，今年我们的农业博物馆也将开业。做这些一方面是通过挖掘我们的文化来促进我们的大米品牌建设，同时，这些文化卖点也能吸引更多的田园文化观光者，进而带动我们大米产品的销售和忠诚客户的培养。下一步，东福还将开展冰雪游项目。"刘延峰信心满满地说。

2017年，刘延峰还有一个已经上路的目标，即东福米业在新三板挂牌，进军资本市场，时间节点在新稻上市的10月。

大荒地中育好米。16年时间，刘延峰的有机、绿色水稻梦已然照进现实。村企合一之后，这一大片绿色更是让大荒地充满了生机。大荒地，不再荒。

刘跃进：

"豫花"绽放全谷物时代

□ 付嘉鹏　赵倩

刘跃进，1960年7月出生于河南省上蔡县蔡沟乡，2004年毕业于香港公开大学工商管理专业，硕士学位，高级经济师，先后担任驻马店市工商联副会长、河南省光彩事业促进会副会长、河南省和全国工商联执行委员、全国光彩事业理事会常务理事、中国粮食行业协会小麦分会常务理事等职，现任河南省大程粮油集团股份有限公司董事长。

人物语录

◎ 观点有分歧不一定是坏事，相互之间碰撞，可以摩擦出灵感的火花。

◎ 我们的产品，一定要经得起检验，无论是实验室的检验还是消费者的检验。

◎ 食品安全是企业责无旁贷的责任。

◎ 我们要做中国全谷物面粉标准的制定者和引领者。

◎ 我们要联合制定出全谷物产业标准，这个标准要高，高到投机企业无法进入。

如果撇开农民企业家的身份,《粮油市场报》记者见到刘跃进的一刹那,立即联想到了"孝义黑三郎"宋江。刘跃进皮肤黝黑,身体壮硕,声音洪亮,笑声爽朗。在朋友眼中,他豪爽仗义;在子女眼中,他钻研好学。在刘跃进的办公桌上和书柜里,堆满了各种报刊与书籍。满屋的书香提醒记者,刘跃进不是那位一身江湖气的"山大王",而是一位与时俱进的农民企业家。

***

1999年,刘跃进创办了河南大程面粉实业有限公司。在他的带领下,大程面粉勇猛灵活地游弋于狂风破浪之中。短短十几年光景,这艘小舟屡次与礁石"擦肩而过"。作为掌舵人,刘跃进冷静应对,一次次化险为夷。如今的大程面粉,只是大程粮油集团公司旗下的一员。大程粮油集团公司已发展成为一家涉及制粉、挂面、手排面、烘焙及速冻食品等业务的大型粮食加工转化企业。

"正在经历寒冬的粮油加工业,对于别的企业或许是灾难,但对于大程粮油来说,则更像是迎来了绽放的季节,我手中的'豫花'也会因此绽放得更加娇艳。"在刘跃进看来,大程粮油像是自己精心培育的一朵腊梅花。

/ 缘定面粉 /

1976年,高中毕业的刘跃进被分配到了家乡原上蔡县蔡沟公社南头大队面粉厂工作。自此,刘跃进和面粉结缘。"当时我的主要工作就是考虑怎么赚到一天7.5个工分。"刘跃进说。

相较于同龄人,思维活跃、聪明好学的刘跃进不甘平庸,总是在寻找突破,从一个小小的学徒逐渐转变成生意人。他先是承包生产队的卡车跑运输,后来又任职生产队的会计;再后来,自己购买卡车跑运输。

刘跃进评价自己,"似乎天生就是做生意的料"。"小时候我家门口是集市。一到开集的时候,我就让家里大人蒸一些馒头,我提着篮子去集市上卖掉。"当然，这种吆喝叫卖对刘跃进来说只是小试牛刀。时光的年轮继续向前，上小学之后的他，依然继续"折腾着"，甚至没有给自己留下一个安逸的少年时代。

上小学之后，他继续"折腾"。"我们老家的工厂收购沙子，8块钱一车，而从别处拉过来，一车只需要2块钱。许多人都在干这个营生。"刘跃进也加入了这个大军。凌晨两三点，刘跃进跟着大人一起跑到6公里之外的地方拉沙。沙子卸完之后，天已经大亮，他在外面花几分钱吃碗凉粉，外加一个馒头，就匆匆收拾书包上学去。下午放学之后，他还要再去拉一趟。

现在回想起来，刘跃进仍然觉得"当时很辛苦"。即使苦，他也从未想过要停下来。我们现在很难想象，是什么样的信念支撑了这个少年。凭借这种信念，刘跃进度过了中学时代。

进入社会之后，刘跃进更加大胆，他一边在面粉厂任职，一边跑运输。

"我买的车是青岛汽车厂生产的，虽然没有东风汽车出名，但价钱很低。"刘跃进回忆，由于车况和路况都不好，他的货车最高时速仅有30公里，且舒适度极差。几经考虑之后，刘跃进将车转手，把重心转回到了面粉加工。

/ 涅槃重生 /

至于为何钟情面粉加工业，大程粮油集团总裁、刘跃进的独子刘威说，他明白父亲的选择。"生活条件差的时候，奶奶曾经嘱咐父亲，对父亲没有太高要求，长大后能让她吃上白面馒头就行。"母亲的期望，成为刘跃进事业进步的主要动力。

18吨、30吨、60吨、100吨、200吨、500吨……大程面粉的规模在刘跃进的带领下不断扩张。

不过，刘跃进的事业并非一帆风顺。2004年，一个意外事件使得正茁壮成长的"豫花"险些夭折。当年10月10日，湖北省相关媒体曝出，"豫花"牌面粉过氧化苯甲酰（俗称增白剂）超标14倍。消息一出，消费者一片哗然。

"这个事件可谓十大名牌产品的冤案之一，对我们的伤害太大了。"虽已是9年前的事情，但谈及这个事件，刘跃进还是有些激动。

事发之后，"豫花"面粉被媒体称为"毒面粉"，湖北多地开始围剿"豫花"面粉。"豫花"面粉短时间内在全国的销量迅速下降了2/3，很多地方被禁止销售。处于舆论漩涡的刘跃进在接受某媒体采访时的话，更能反映出他的心境："一听说我的面粉有毒，我都想跳楼！"很难想象，刘跃进是如何挨过那段日子的，但可以肯定的是，他亲手创建的面粉品牌正在被一个"莫须有"的罪名逐渐瓦解。

不过，刘跃进并不会被轻易打倒，他开始想办法为自己的产品正名，并对谣言进行反击。

刘跃进第一时间想到利用权威机构来验证"豫花"面粉的质量。通过国家粮油质量监督检验中心、武汉市粮油食品中心检测证明，"豫花"面粉符合国家标准。

与此同时，刘跃进还悄悄地将事情的真相调查了出来。原来是一个曾经经营过"豫花"面粉的商户，为了报复合作伙伴而造谣。得知真相后，刘跃进一方面寻求《人民日报》、新华社等权威媒体进行真相披露；另一方面，他向有关媒体和相关部门发出了律师函，要求对文章中的错误报道予以更正。

事实胜于雄辩，公道自在人心。

由于媒体的大肆报道，国家高层高度重视该事件，时任国务院副总理的吴仪下令彻查该事件。国家工商总局、监察部、质量监督局等部委组成了联合调查组，将全国的"豫花"面粉进行了"深入骨髓"般的清查，结果发现，所有的化验报告均显示合格。事发1个月之后，时任国务院总理的温家宝批示，让蒙冤企业尽快复产。

"最后的结果是，我们停业整顿了20天，当年亏损1000多万元。"刘跃进告诉记者，"有质才有量，食品安全是企业长抓不懈的责任。不过，这件事后来也演变为一件好事。自此之后，经销商对于我们的产品质量更有信心。"经历了生死一线间之后，刘跃进更加认识到产品质量对于企业的意义所在。

/ 全谷物之路 /

在刘跃进的带领下，起死回生的大程面粉公司再次走上了高速发展的道路。

2004年，驻马店市大程食品科技有限公司成立，刘跃进开始进军挂面产业；2006年，驻马店市大程东方粮食储备有限公司成立，刘跃进开始大幅提升企业仓储能力；同年，大程粮油集团并购了原山东省冠县粮食局面粉厂和挂面厂，并成立了山东大程面业有限公司，刘跃进首次将企业触角伸到了省外。

不过，就在刘跃进再次准备大展宏图之时，他的身体却亮起了红灯。

2006年，远在美国国际集团工作的刘威接到了妹妹打来的越洋电话。电话中，妹妹语气焦急，她告诉哥哥，父亲检查出疑似肿瘤的异物，但最终结果还未确定。而刘跃进并未将这个检查结果放在心上，他还叮嘱家人不要将消息透露给刘威。不过，最终刘威还是回到了刘跃进的身边。据刘威回忆，这几年，父亲的身体时好时坏。

"虽然此前的肿瘤已经被排除，2008年，父亲却又查出了视网膜脱落。"虽然刘跃进舍不得一手培育起来的企业，但在家人的力劝下，还是老老实实地住进了医院。再后来，刘跃进索性退居幕后，将儿子刘威推到了台前。"目前，我主要的工作是从战略方面做一些企业的规划和推进，具体的落实由刘威来做。"父子齐心，其利断金。2010年，在刘跃进父子的配合下，大程粮油集团最终被评定为河南省的上市后备企业，进入辅导期。

刘跃进认为，上市只是企业发展的一个阶段。"大程粮油的发展愿景并不仅仅是上市，我们之所以涉足良种推广、农场建设、收储、面制品深加工、销售、物流等业务领域，是因为我们要走全产业链式发展的道路，但最终我们的目标是要成为中国全谷物面粉标准的制定者和引领者。"2013年10月，中国全谷物理事会成立，河南大程粮油集团股份有限公司成为第一批成员。

作为一种营养的膳食理念，也作为一种先进的产品概念，刘跃进直言自己在这方面的知识还很匮乏。不过，在留洋归来的儿子的帮助下，他迅速转换角色。

对于全谷物的发展规划，刘威更像一个操盘者，而刘跃进更像是一个执行人。不过，在刘威看来，父亲学习能力很强。"OA（办公自动化）、ERP（企业资源计划）等现代化的办公工具，他学几次就能掌握。"刘跃进则说："生产全谷物产品会涉及整个产业链的发展，因此，我们将会继续做好全产业链的工作。这项工作，我们既然做，就要做到最好，而且生产出来的产品也必须经受得住大众的评价和市场的考验。"

龙辉：

浩瀚油茶海里的"淘金女"

□ 胡增民

龙辉，20世纪80年代进入国家花样游泳队，是一名国家健将级运动员；退役后正值改革开放，放弃分配的工作，投身于商海浪潮之中；2014年接手湖南万象生物科技有限公司出任董事长，是万象集团控股公众有限公司创始人、董事局主席，2016年兼任中国林业产业联合会木本油料分会副理事长。

人物语录

◎ 传统的油茶行业转型势在必行。

◎ 做一个油茶行业"敢为天下先"的人。

◎ 人生在世不可碌碌无为，一定要体现自己的人生价值。

◎ 必须以最好最优质的产品回馈社会。

◎ 人生最有意义的是创造价值。

◎ 让每一滴茶油都芳香迷人，让每一个国人都用上优质必需脂肪酸。

如果说运动员生涯给予了龙辉强健的体魄和无尽的荣耀，那么万象集团投资的油茶产业则让她的人生色彩斑斓，意义非凡。"让每一滴茶油都芳香迷人，让每一个国人都用上优质必需脂肪酸"，这是龙辉和万象集团的目标和梦想。

* * *

2017年8月2日，有新"四大火炉"之称的湖南长沙让人觉得进了"蒸笼"，一场大暴雨之后的湘江又恢复了往日的宁静。

湘江中路的长沙万达广场的24楼，万象集团控股公众有限公司的办公室内，万象集团控股公众有限公司创始人、董事局主席龙辉侃侃而谈，讲述了自己的故事。

现实中的龙辉颇具传奇色彩，曾经是国家级运动健将，半路出家结缘油茶，打造了由18位博士组成的核心科研团队，专注于从脂肪酸源头改善人类营养健康现状。

/ 半路结下终生"油缘" /

龙辉曾经是一名国家健将级运动员。

做到最好！勇夺第一！这是龙辉在运动员时期培养的人生信念。20世纪80年代，龙辉曾进入国家花样游泳队，为祖国的荣誉而拼搏。当看到国旗伴随着激昂的国歌在比赛场馆升起，付出的青春、泪水和汗水都是值得的。

从国家花游队退役后，正值改革开放时期，龙辉放弃了分配好的工作，投身于商海浪潮之中，开始在商品经济中畅游。

龙辉与油茶结缘源自于一个故事。

衡阳油茶栽培历史悠久，遍及东南西北乡。20世纪80年代，衡阳市被世界粮农组织评为"世界油茶之乡"。在衡阳衡东县有位叫邓泽云的种茶老人，几十年如一日守护着一片广袤的油茶林，辛勤耕耘，并成立了湖南省万象农林生物科技发展有限公司。一位老农做农业企业谈何容易,公司几度濒临破产。

2008~2013年,邓泽云老先生先后多次找到龙辉筹资,龙辉先后借款和投资邓泽云近千万元。2013年年初,邓泽云因病去世,公司经营处于停滞状态。2014年年末,作为公司最大的债权人,龙辉收购了公司100%股权后对公司进行重组。龙辉与油茶的缘分自此开始。

油茶是中国特有的经济林树种之一,为我国在国际市场上具有竞争优势和发展潜力的特色农产品,与油棕、油橄榄和椰子并称为世界四大木本油料树种。

接手万象之后,龙辉并没有在家中坐等油茶开花结果,而是脱掉高跟鞋,撸起袖子,一头钻进茶林,开始对基地油茶树进行摸排调研。

龙辉住篷地,喝泉水,从花开如画,到硕果满枝,她抚摸过茶树上斑驳的瘤疤,浅尝过空气中茶花的清甜,深知茶叶伸向蓝天的渴望。凭借运动员那股不屈不挠的精神,她走遍了近2万亩茶林,每亩多少颗茶树,每棵树均产多少都了然于胸,这一手的大数据也为万象发展的标准化、产业化、市场化和信息化奠定了扎实的基础。

"踏遍青山人未老"。通过实地考察,龙辉及公司管理人员对基地油茶品种老化、管理不善、产后储运加工比例太低以及服务体系断裂等现状进行探讨,最终把分散的个体油茶户串成农业产业化链条,并建立相应的管理体制和合理的利益分配原则,形成利益共同体,规模化经营、标准化生产,采用"公司+基地+农户,合同+权证"的模式运作。

在龙辉主持下,该公司与衡阳6个县23个乡镇的1000多个农户签订了合作合同,相继在湖南省衡东、衡山、衡阳取得了20万亩老山茶油树的垦复权。

/油茶海里的"淘金女"/

茶油的物理、化学性质与橄榄油极为相似,与橄榄油相比,茶油皂化物含量更少,具有清香味,是一种比橄榄油更优的保健食用油,有"油中珍品"之称。国际医学界、营养学界欧米伽健康理论奠基人,世界著名的脂肪酸科学家西莫普勒斯博士把中国茶油誉为"世界上最好的食用油"。

随着对油茶的深入了解，加上现有市面上食用油质量良莠不齐，一个梦想渐渐在龙辉心中萌发——要让中国人吃上健康营养的食用油！

追梦的过程并不像想象中一帆风顺，龙辉很快发现诸多问题：油茶林长期粗放经营，产业发展规模小，产量低下，效益不高；行业整体科技含量不高，茶油市场接受度较低；毛油成本较高，普通老百姓吃不起，油茶企业利润较薄；再加上中国人的烹饪习惯喜欢高温热油，食用油所含人体必需营养成分几乎全部流失……这些都是龙辉追梦路上的绊脚石。

"传统的油茶行业转型势在必行。"龙辉决意做一个油茶行业"敢为天下先"的人，她要把油茶的产业链延伸，在油茶里"淘金"，从山茶油等天然毛油中提取医学级高纯度（99.9%）油酸或从其他天然脂肪酸中分离和纯化高纯度亚油酸、亚麻酸等技术和产品，实现高纯度天然脂肪酸的工业化量产。

说起来容易做起来难。运动场上磨砺的坚韧意志、正直的性格和崇高的品质都是龙辉转型路上的秘密武器，广泛的人脉资源和良好的信誉更是她丰富的无形资产，这些都是她成功的加速器。

谋事在人，成事在天。万象公司收购了武汉欧米嘉生物医药有限公司，该公司坐落于东湖国家自主创新示范区——武汉国家生物产业基地（即光谷生物城），由湖北中医药大学、武汉大学和武汉工程大学一流的18位博士为核心研发团队和来自科研生产一线的优秀技术团队组建而成。

公司现有实验区面积1500余平方米，在湖北孝感建立了20 000余平方米GMP生产基地，配备有HPLC、GC、GC-MS等大型检测设备和高压工业制备液相、多功能提取罐、分子蒸馏仪、超临界CO_2流体萃取仪、喷雾干燥等先进生产设备，具有吨级天然不饱和脂肪酸类功能成分、天然单体、微囊和纳米乳液的生产能力。该公司的硬件和软件，为龙辉和她的"万象"升腾打下了坚实的根基。

/延伸"大健康"产业链/

"人生在世不可碌碌无为，我把万象当作终生事业，一定要体现我的人生价值。我最引以为傲的是我们的技术和产品，能真正实现'安全＋营养＋健康'的目标。"龙辉说。

对事业的热忱在龙辉身上形成了强大的凝聚力，公司吸引了国内外一大批高精尖人才。用责任和信誉做信仰，科技做支撑，资本做后盾，将不可能变为可能，创造出举世瞩目的成就，这是她和团队的追求，也是他们的使命和愿景。

公司目前拥有核心技术专利4项，湖北省科技进步一等奖1项，专有技术20余项。公司高纯原液代表性核心生产技术包括从茶油中提取医学级高纯度（99.6%）油酸，从亚麻籽油/紫苏籽油中提取高纯亚麻酸，从葵花籽油提取亚油酸，被业界誉为"国际领先，中国第一"。

技术方面，万象产品 ω-3、ω-6类产品纯度均可达到98%以上，多项产品居全球之首，工业生产可操作性强，适合规模化生产，成本较同类产品最高可降低60%。全新的营养油颗粒和纳米口服液，耳目一新的固体营养油和水溶性营养油；ω-3 PUFAs类成分含量高、吸收好、稳定性好，营养价值高于目前市场上同类产品。

高纯原液市场需求量大，高纯油酸已与人福医药集团股份有限公司、南京威尔药业有限公司等国内多家知名药厂和企业签订独家供货协议，高纯棕榈油酸已经与法国IRSEA建立百吨级供货关系，高纯神经酸与湖北劲牌保健酒业有限公司达成战略合作协议，年产值达3亿元。高纯原液可广泛用于医药原料、食品添加原料、化妆品原料、营养补充品配料、特殊医学用途配方食品特殊食品、日化产品和功能食用油油伴侣复合套装。

龙辉以她敏锐的国际视野和多年的商业经验，以农业为源头，以尖端科技为导向，以人才为支撑，成功开发出"农业＋科技＋健康"全产业链系列产品，她将企业的无形资产和有限资源进行整合包装，使无形变有形，通过"产品＋品牌＋资本"的有机结合，最终使之变成有形的优质资产。

/"让滴滴茶油芳香迷人"/

龙辉的日程安排忙碌而密集，作为万象集团控股公众有限公司创始人、董事局主席，她对公司的产品研发、经营管理、人才引入等都亲力亲为。

她说:"我们必须以最好最优质的产品回馈社会。"

在长沙万达广场万象公司的会议室,这位身材娇小的女性匆匆从一个会议现场赶来接受采访,一会儿还要接待暨南大学带来的来自加拿大的合作伙伴。采访的同时,她不时接电话应酬和安排工作。

此时正值万象集团控股公众有限公司伦敦证券交易所上市的冲刺阶段,龙辉介绍,伦敦证交所是全球顶级的金融中心,是全球各地企业及投资者通向欧洲走上世界舞台的理想门户,公司必须拿出最优的表现与成绩。

龙辉认为,人生最有意义的是创造价值。资源是有限的,资本也是有限的,只有信誉是无限的,资源和资本只有与无限的信誉结合,才能创造出无限的价值。

万象集团潜心研发的木本草本油中的天然油脂分离与纯化技术,有效延伸了山茶油的深加工价值链,从而可带动中国山茶油全链产业的持续发展,其产业资本发展模式,为解决山茶油生态绿色经济体的产融结合开创了新的途径。万象的发展带动了区域性生物科技的发展,"健康脂肪酸科技"将成为全球区域性个性名片。

如果说运动员生涯给予了龙辉强健的体魄和无尽的荣耀,那么万象集团投资的油茶产业则让她的人生色彩斑斓,意义非凡。"让每一滴茶油都芳香迷人,让每一个国人都用上优质必需脂肪酸",这是龙辉和万象集团的目标和梦想。

龙辉的网名叫"龙行天下",相信她的事业一定能如日中天,遍行天下!

吕荣伟：

演绎冰城粮贸之道

□ 赵瑞华

吕荣伟，1964年生，毕业于辽宁科技大学，现任哈尔滨粮油贸易公司总经理、党委书记，中国青年企业家协会会员，中国粮食商业协会常务理事，哈尔滨市粮食行业协会副会长，中国植物油行业协会理事，黑龙江省青年商会常务理事；曾荣获2005年、2007年省"青年优秀企业家"称号、黑龙江省粮食系统劳动模范等。

人物语录

◎ 人气决定士气，士气决定收益。
◎ 大家的粮贸情结更容易让大家齐心协力。
◎ 没有粮源在手，终归只能是个粮贩子。
◎ 敢于将全部身家投进去，得益于哈粮贸整个团队的支持。
◎ 企业最大的资产就是人的能动性。
◎ 好的品质，通过好的品牌体现出来。

从最初哈尔滨市粮油贸易公司的调拨员,到哈尔滨粮油贸易有限公司的"当家人",25年的粮贸人生,吕荣伟带领团队不断开拓新业务,攀越了一个又一个高峰,最终完成了冰城粮贸产业的完美演变。

* * *

从大学毕业进入哈尔滨市粮油贸易公司做调拨员,到不满36周岁出任哈尔滨市粮油贸易公司总经理,吕荣伟完成了其人生最瑰丽的蜕变。

如今,吕荣伟正带领着哈尔滨粮油贸易公司,肩负着经济效益和社会效益的双重责任,打造着自己的放心粮油"哈粮"品牌;坚持在国内和国际两块粮食贸易阵地上前行,继续发展储备粮与经营粮食产业链前端的贸易粮。

/"入错行"的工科生/

俗话说,女怕嫁错郎,男怕入错行。吕荣伟大学期间学的是工科,1986年毕业后却进入了哈尔滨粮油贸易公司。在他看来,从工科跨越到粮食行业,多少有点阴差阳错的感觉。

民间有这样一个说法,1964年生人属龙,系佛灯火命,食丰足。食者,粮食也,从这一点来看,吕荣伟踏入粮食行业似乎是有迹可循的。

说起20世纪80年代末的哈尔滨粮油贸易公司,吕荣伟的话语中流露出感慨:"1986年到1992年,单位处于一个相对辉煌的阶段,当时年利润达700多万元,职工500多人,同时下面还有多个经营部,这段时间可以说是哈粮贸最好的日子。"刚进入哈尔滨粮油贸易公司,吕荣伟被分配到销售科做调拨员,销售科负责的是哈尔滨市场粮食销售的调剂工作。"现在来说叫配送,将粮油配送到各个粮店。"吕荣伟幽默地调侃道。

调拨员的工作一干就是4年。

1991年春节过后,吕荣伟被公司党委委派到道外区的一个经营部做副经理,主抓经营工作。半年之后,前任经理调任其他工作,吕荣伟开始全面主抓经营部的工作。

"当时,很多经营部逐渐开始走下坡路,市场逐渐放开,平价粮店的政策优势已经没有了,经营上很困难。"吕荣伟说。

1992年12月17日,时任道外经营部经理的吕荣伟再次调岗,被调到动力区的一个经营部做经理。一年后,考虑到当时的成品粮食市场已经不行了,再无做深的空间,哈尔滨粮油贸易公司开始将目光瞄准原粮购销贸易。

"当时的粮食很多,但铁路运输是一个大问题,谁手里有车皮,谁就有主动权。1993年,在朋友的帮助下,哈粮贸和铁路分局的铁华公司达成合作协议,这标志着哈粮贸由成品粮销售开始转向原粮大宗贸易。"吕荣伟说。

1994年1月27日,吕荣伟从动力经营部调到公司直属第二经销部做经理。接手工作的当天,吕荣伟就马上利用与铁华公司合作的运输优势,以及南方的朋友资源开展粮食贸易工作。

"这段时间经历了很多艰辛,但是好在当时我们的团队非常好,9个人齐心协力、同甘共苦去开拓市场。"吕荣伟说。

从第一笔豆粕生意开始,到1999年4月7日升任哈尔滨粮油贸易公司的副总,吕荣伟在直属二部待了整整6年。

"这6年,是我积累经营管理经验的一个非常重要的时期,也是自我沉淀的一个时期。"吕荣伟说,"从饲料粮的供应、成品粮贸易,再到玉米贸易,经营范围一直在逐步扩大。"

/ 低谷带出的"当家人" /

在担任哈尔滨粮油贸易公司副总经理一年多的时间里,面对公司经营上打不开局面的现实状况,吕荣伟首先做的就是全力以赴搞经营,想方设法为企业生存去赚取效益。与此同时,努力激发团队士气,戮力同心地将企业从低谷中带出。

用吕荣伟的话说,当时企业的账面资金很少,不赚钱就无法生存,不在经营上打开局面的话没法提振士气。

"人气决定士气,士气决定收益;就像打仗一样,一个胜仗打下来,气势上来了，那就一个胜仗接着一个胜仗，通过做买卖挣钱来带动职工的精气神儿，正所谓一份精气一份财嘛。"吕荣伟自信地说道。

在企业经营业务的开拓上，困难不少，让人记忆犹新的回忆也很多。吕荣伟饶有兴趣地说："1999年，哈粮贸有一批豆粕卖给成都正大，我和公司赵科长一块儿到成都去做结算，没想到的是，到了成都之后市场豆粕掉价了，这就肯定不能卖了，只好存放在白家粮库等价格回涨。刚到成都的时候，因为饭量大，我俩每顿吃三份炒牛河，结果，20多天之后，我俩只能合吃一份了。"幸运的是，到了当年5月份，豆粕价格涨起来了，吕荣伟再次前往成都，把存在粮库的豆粕都卖掉了。"这次我们又能吃上三份炒牛河，还外加一瓶啤酒。"说完之后，吕荣伟爽朗地笑了。

在遭遇挫折时，吕荣伟总是苦中作乐，用这份乐观精神面对所有挑战。

除了经营之外，吕荣伟的第二个工作重点就是抓清欠。从1991年企业开始转轨到1996年，哈尔滨粮油贸易公司的总额贷款将近2900万元，形成了很多不良债务，整个欠款达到1000多万元。职工要吃饭，企业要发展，必须要清理不良债务。

2000年8月7日，前任经理退休，经过哈尔滨市粮食局考核，不满36周岁的吕荣伟在公司最低谷的日子正式成为哈粮贸的总经理兼党委书记。

"我上任的时候，粮食局审计结果表明，当时哈尔滨粮油贸易公司的账面资金是113万元，而当时哈粮贸每年的费用是将近200万元，这些钱可能只够我们活半年。"谈起当时的窘况，吕荣伟脸上闪过一丝苦笑。

"虽然压力特别大，但是没什么害怕的感觉，就觉得这个事儿我一定能干好，而且必须要干好，心中充满战胜困难的力量，有股子初生牛犊不怕虎的气势。"吕荣伟表示。

/ 闪展腾挪的"贸易商" /

"1996～2000年，全国粮食大丰收，粮食市场也在转轨过程中，市场流通不好，粮食库存量非常大，仅黑龙江积攒的粮食库存就达到4600万吨，大批的粮食进入拍卖市场。"吕荣伟觉得，这对哈尔滨粮油贸易公司来说是一个非常好的机会，以小搏大成为一种现实。

"60元保证金就可以拍到1吨粮食，3个月之内交全款，只要3个月内能转手卖出，就等于拿60元买粮。"吕荣伟兴奋地说道。

2002年2月2日，哈尔滨粮油贸易公司以001号的身份在金谷大厦的黑龙江粮食批发市场整整待了4天，从早上拍到晚上10点，最后拍了3万吨玉米、2万吨大豆。

5万吨的粮食需要300万元的保证金，于是，吕荣伟就以10%的回报发动员工集资了100多万元，再加上公司账面上可用的200多万元，倾家荡产地把全部资金都压了上去。这一刻，他像极了一个赌徒。

这次拍卖，吕荣伟用300多万元的保证金，挣回了300多万元，哈尔滨粮油贸易公司的经济基础和职工士气一下子得到了根本性的改变。

"总的来说，这是一场翻身仗，具有十分辉煌的意义，对哈粮贸公司以后的发展起到了一个决定性的作用，自此之后，公司由低谷、破产经营转向了正常经营。"说这话的时候，吕荣伟略显放松。

"当时敢于将全部身家投进去，也得益于哈粮贸整个团队的支持，大家都是粮食行业的老职工，既见证了行业的颓势，也看到了未来的希望。"吕荣伟说，"如果当时没有整个领导班子和全体员工的支持，我也很难下如此大的决心。"到了2004年，粮食行业内不少人都开始接触粮食拍卖，买的人多了，开始抢了，同时国家在政策上也开始收紧了，在拍卖市场摸爬滚打3年的吕荣伟开始淡出，因为另一个更好的机会出现在眼前。

"2002年7月，在长春召开的中国粮食商业协会会议上，我有幸结识了中粮贸的副总经理矫琳。"吕荣伟说，"我们与中国粮食贸易公司的合作也是从这一刻开始的。"随后的考察中，吕荣伟陪同中粮贸的领导陆续走访了建三江、佳木斯以及哈尔滨周边地区，重点考察了宾县、阿城地区自发形成的粮食交易市场，也就是收粮点。

2002年9月23日，哈尔滨粮油贸易公司与中国粮食贸易公司开始了与央企的第一次合作：签订3000吨大豆的购销合同。

合作中，哈粮贸给中粮贸留下了很深的印象，双方的合作由此一发而不可收，哈尔滨粮油贸易公司转型成为中粮贸的原粮供应商，开创了哈粮贸发展的一个新纪元。

此后，哈尔滨粮贸定位于做中粮产业链经营的前端，从哈尔滨收购、加工、仓储，运到港口，接下来的市场交给中粮。"从2002年开始，哈尔滨粮油贸易公司与中粮集团的粮食购销操作量越来越大，2009年哈粮贸的销售额超过1亿元，达到了公司发展的一个新峰值。"吕荣伟表示。

/ 不断求变的"追赶者" /

"直到现在，哈粮贸仍然是行业的追赶者，我们只有不断地求变，才能更好地迎接未来的挑战。"吕荣伟说。

随着行业形势的不断转变，吕荣伟和哈尔滨粮油贸易公司的领导班子也在筹谋哈粮贸的发展方向：一方面做粮食产业链前端的贸易粮，另一方面也在储备粮的经营上继续发力。

贸易粮方面，哈粮贸踏实做好粮食产业链的前端，充分发挥地处产区的优势，在做好大型粮企原粮供应商的同时，着力实现农民增收、企业增效的根本目标。

在储备粮的经营上，哈粮贸利用公司现有太平粮库的优势，努力搞好粮库建设。

在吕荣伟看来，现在的哈粮贸算是正式步入正常经营阶段，经营上比较稳固，具备了一定的抗风险能力。

与此同时，哈尔滨粮油贸易公司在哈尔滨市粮食局的牵头主持下控股哈尔滨市放心粮油经销有限公司，通过放心粮油进社区的惠民工程开拓自己新的业务单元，在经济效益和社会效益并重的前提下打造"哈粮"品牌。

目前，哈尔滨粮油贸易公司下属的哈尔滨放心粮油经销公司已经在哈尔滨市设立多家门店，将大米、杂粮、食用油等多个经过严格检测、带有"身份证"的放心粮油送入社区，送到百姓身边。

"一个中心，三个单元，类似事业部制业务模块设计是哈尔滨粮油贸易公司为自己设计的未来发展方向。"吕荣伟表示。

一个中心，即公司本部，起到管理和监督功能；三个单元分别是公司直属的太平粮库、沈家贸易基地和放心粮油工程。通过三个业务单元的互相配合，不断推进哈尔滨粮油贸易公司的发展。

目前，哈粮贸已拥有道外、方正和五常3个共计6万亩的水稻生产基地，年产商品稻4万吨左右，所生产的大米、杂粮和豆油等产品除通过放心粮油连锁店满足哈市本地需求外，还打入了西安、连云港等外埠市场，形成了基地、加工企业、品牌和市场全覆盖的发展模式。

在谋求经营商的方向转变之外，哈粮贸在团队建设方面的变化也让吕荣伟欣喜不已：虽然公司整个团队平均年龄较大，但这些经历过很多风风雨雨的老员工现在也随着公司的发展在不断地转变。

10月份举行的哈尔滨市粮食购销洽谈会上，应哈粮贸之约到达哈尔滨的外地客户接近百人，哈粮贸的接待团队也给很多外地客户留下了深刻的印象。

"我们的团队建设以精神动力为主、物质刺激为辅，哈粮贸的职工工资在本地粮食行业中处于中游，但是大家的粮贸情结更容易让大家齐心协力地去做好每一件事，形成了企业的荣誉感。"吕荣伟愉悦地说道。

2013年12月2日，刚刚结束党校学习的吕荣伟，来到移址新建的哈尔滨三棵树粮库，守着新建的5栋粮库开始自己的二次创业。到岗20天之后，12月23日三棵树粮库开始收粮，装满刚刚建成的5.5万吨仓容。

随后的3年间，边建设、边收粮成为常态。迄今为止，三棵树粮库已经建成20万吨有效仓容，成为哈尔滨周边较大的粮库之一。

2016～2017年，三棵树粮库承担了部分水稻最低价收购和玉米一次性储备收购的指标。但随着粮食价格形成机制改革的推进，吕荣伟和三棵树粮库面临市场化到来的又一次挑战。

吕荣伟表示，面对未来的市场，三棵树粮库还是要充分发挥自己库容大、基础好、管理水平高的仓储资源优势和优越的区位优势，为产业链上下游主体提供优质的仓储服务，同时在经营机制和管理机制上深化改革，提升企业职工的内在动能，更好地迎接腾挪空间更大的市场化时代。

"回顾我所经历过的国内粮食流通30年的历史，是为了看清未来30年的路径。"说完了过去和未来，吕荣伟不无感慨地说。

梅心乐：

以良心攀登精深加工之峰

□ 陈亮　付嘉鹏

梅心乐，1952年出生，湖北省襄阳市襄城区欧庙镇人，现任襄阳市粮食行业协会会长、襄阳乐峰粮油有限公司董事长、襄阳乐峰粮油有限公司党支部书记。

人物语录

◎ 以贸易促进实业，以实业夯实贸易。

◎ 没有事业的人生是不完美的。

◎ 以德服人，吃亏是福。

◎ 粮食事业要靠良心去做。

◎ 思路决定出路，脑子决定腿子；思想来自于实践，又指导实践。

"'粮'是'米'和'良','食'是'人'和'良',说明做粮食事业,一是'米'要好,二是做人要善良。没有这两条,粮食行业是做不下去的。"梅心乐对"粮食"的理解,甚是精辟。

※ ※ ※

湖北襄阳,一江秀水,赢得万里好风光,外揽山水之秀,内得人文之胜,聚集山水精华,孕育了优质的稻谷和小麦资源。2008年,在这片肥沃的土地上,襄阳乐峰粮油有限公司应运而生。

在乐峰粮油位于襄阳市襄州区双沟镇农副产品加工园的总部办公室内,记者见到了梅心乐。已过耳顺之年的他,已在粮食行业摸爬滚打30多年,见证了我国粮食行业发展的整个过程。作为"过来人",梅心乐谈及粮食,总能一语中的,切中要害。

谈话之余,记者注意到梅心乐所在的这间办公室,宽大明净,典雅庄重,书香四溢,墙壁上挂着多幅文人骚客的名作。在这个古色古香的办公室内,通过近两个小时的交流,记者看到了一个更真实、更立体的梅心乐:性格温柔敦厚,外表风度翩翩;做事讲究方法,注重规范正式;做人讲良心,低调无悔;创业追求完美,敢于超越。

/4年休整再出发/

1986年,梅心乐当选为襄阳市襄城区欧庙镇杨集村生产队长,这是他人生中第一次接触管理工作。1990年,他又当选为村支部副书记。

"从分田到户,从计划经济过渡到市场经济,无论是管理技巧,还是为人处世的方式方法,这段经历让我收获了很多。"谈起这十多年的基层工作经历,梅心乐心存感激。

20世纪90年代,国家支持地方政府兴办乡镇企业。为顺应国家号召,梅心乐所在的杨集村成立杨集农贸公司,主要经营农资,梅心乐调任该企业,负责全面的经营管理工作。这次是他第一次走进企业,成为一个企业管理者。

功夫不负有心人。在梅心乐的精心经营和细心管理之下，农贸公司业绩逐年提升，成为当地及周边的明星企业，梅心乐也小有名气。为了扩大业务范围，1995年，在梅心乐的主持下，农贸公司成立了襄阳心乐粮油购销部，开始涉足粮食贸易。得益于十多年的农村基层经验以及地方政府的支持，梅心乐的粮食贸易做得有声有色。

1996年，国家出台不允许政府机构开办公司政策，乐峰从此独立出来。

"1999年，国家出台粮食流通体制改革政策，不允许民营企业经营粮食，公司受到冲击，基本上陷入瘫痪，2000年经营活动全部停止，而这一停就是4年多。"梅心乐回忆道。

事情总是两面的。正是这4年的停业，给了梅心乐更多的休息和调整时间。由于割舍不下与粮食行业的缘分，更是缘于骨子里那股不服输的劲头，2005年，梅心乐来到襄阳，开始了新一轮的打拼。

/ 人格魅力成就自我 /

一部改革开放的历史就是无数企业成长腾飞的历史。几十年来，梅心乐从一个普普通通的粮油贸易商，成长为一个大型粮油企业的掌舵手，从投身粮食贸易开始，自经手第一笔生意，到近些年在粮油行业的快速成长，再到后来从事大米加工，其发展里程可谓百转千回，丰富多彩。

回顾创业史，梅心乐认为这是一个循序渐进、水到渠成的过程。而在外人看来，他之所以能不断化解困难，并有如此快速的发展，其诚实可信、讲义气的人格魅力功不可没。

从当选村生产队长，到后来成功当选村支部副书记，再到调任农贸公司总经理，这其中，梅心乐的人格魅力给每一位与他接触过的人都留下了深刻印象，其儿子梅立峰更是深有感触。

"我找不出什么华丽的词汇来描述我的父亲，因为那些华丽的词不适合他。他只是一个朴实、讲信誉、宁愿自己吃亏也不让别人蒙受损失的平凡人。"梅立峰这样描述父亲。

独特的人格魅力不仅让梅心乐在管理中得心应手，在公司经营困难时，更是给予了他希望。最让他难忘的是2005年只身闯襄阳的经历。

"当年,我来到襄阳,除了一个电话本和一部手机,身无分文,但我最终还是在这里成功立足。"谈及过往,梅心乐没有多说,这其中的艰辛只有他自己知道。

而让梅心乐成功度过这次危机的,就是他口袋里的那个电话本,电话本中的每个名字和电话都记载着他们之间的深情厚谊。从工作的第一天开始,梅心乐就以诚实守信、讲义气要求自己,因此在业务中,他积累了众多客户资源,并成为朋友。

"他们是我一生中重要的财富。"梅心乐说。

坚守着,努力着,终得回报。经过3年多的艰辛打拼,随着资金、客户资源、经营环境等条件的逐步成熟,2008年10月10日,襄阳乐峰粮油有限公司正式成立,梅心乐东方再起,二度成功跻身粮食贸易行业,并且这次的规模更大,前景也更加广阔。

"目前,我们公司的资产已突破亿元,成为襄阳市规模最大的大米加工厂,基地也具备了一个完整的、全面的网络体系,如今已超额完成了第一个5年计划。"谈到乐峰公司的发展规模和速度,梅心乐这样告诉记者。

交谈中,梅心乐的电话响个不停,有客户咨询业务的,也有下属汇报工作的。每天,梅心乐都是在这样繁忙的工作中度过,而他似乎也很享受这种状态。

/ 超额完成"5年计划" /

如今,乐峰粮油在全体"乐峰人"的拼搏努力下,已发展成为一家集订单种植、粮油收购、储备、进出口贸易和粮油精深加工的专业化、规模化、现代化的粮油大公司,公司下辖陈湾粮库、白集粮库、姜沟粮库、双沟农产品工业园库、群益丰农作物种植专业合作社、湖北乐峰农业科技股份有限公司、襄阳乐峰物流有限公司、市场部、车队等9个单位,成功跻身湖北省农业产业化重点龙头企业行列。

"在我们的'一五'规划中,公司总资产到2013年突破千万元,而目前乐峰总资产已经过亿元,超额完成了计划。如今,我们正在为实现第二个五年计划奋斗着。"梅心乐表示。

乐峰粮油近几年来的发展着实如其所说。为将企业做大做强，增强核心竞争力，通过多次调研考察，在2014年初，乐峰粮油投巨资4000万元，建设了两条年产20万吨的自动化大米生产线，使公司年大米加工能力达到30万吨，一举成为鄂西北地区最大的大米生产加工企业。公司生产的"乐峰"牌特级香米、系列标准大米远销云南、贵州、四川、广州、广西、陕西、山西等17个省、市、区，并成功打入茅台、五粮液、泸州老窖等国内酒类名企；公司被认定为中储粮粮源单位、湖北省军粮供应定点厂家、湖北省粮食应急生产厂家以及襄阳市中小学生大专院校粮食定点生产厂家。

作为湖北省农业产业化重点龙头企业，乐峰不仅在粮油贸易、大米加工上大做文章，还将触角延伸到农副产品精深加工上。

目前，乐峰粮油已进驻襄州农副产品精深加工产业园（国家级），计划投资3亿元，建一条以稻米糠（皮）为原料的系列产品生产线，包括日产120吨优质稻米食用油生产线，及从米糠粕、精炼油脚中进一步提取附加值极高的糠蜡、脂肪酸、谷维素、维生素E、植酸、脑磷脂、卵磷脂、肌醇等产品的精细生产线；建一条年加工20万吨以玉米为原料的综合产品生产线，其中包括日产600吨玉米烘干塔，干燥后的玉米再加工成玉米胚芽食用油、玉米米粒（杂粮米）、玉米蛋白等；建一条日产400吨小麦粉生产线和一条日产900吨复合饲料生产线。这些项目的建成，将形成粮食加工及其副产品综合利用的完整产业链。届时，公司总资产将达3.5亿元，实现年销售收入20亿元，新增就业人数300余人，年创利税3亿元。

梅心乐认为，不搞转化加工，农民就永远得不到实惠，粮食企业也永远是微利经营。而实现粮食的规模化生产后，下一步就是向国际化、现代化、规模化迈进，最终打造成叫得响的全国性粮食品牌。

"公司名称取自我和儿子两个人的名字，这个名称蕴含了我的一个心愿——用两代人的时间把公司打造成粮食行业内的'航空母舰'。"梅心乐告诉记者，"乐峰"是企业精神的浓缩，即"乐于奉献，勇攀高峰"。

苗三福：

做一个合格的中国农民

□ 胡增民

苗三福，河南滑县王庄镇沙店村人，已步入花甲之年；早年长期在滑县粮食部门工作，当过乡镇粮管所的化验员、主管会计，任滑县国家粮食储备库主任多年；2007年来到郑州西泰山闯荡，创办了龙福山庄，任河南龙福生态农业有限公司董事长。

人物语录

◎ 我是一个农民，我的人生目标是做一个合格的中国农民，合格农民就是"务农、知农、爱农、富农、良农、立农"十二个字。

◎ 不能让农民一辈子受穷，要通过自身的努力，影响和带动更多的农民腰包鼓起来。

◎ 良心比天大，民以食为天；良心比天大，产品鉴人品。

◎ 用坚守和行动，打造更多的绿色食品，为更多的人送去健康，送去快乐。

◎ 铸诚信品牌，创百年企业，寻找失落的农耕文明。

> 十年磨一剑。龙福山庄从10年前的一片荒山秃岭，
> 到一个充满田园气息的生态园区，宛如一幅美丽的画卷，
> 苗三福说，自己只是在做一个合格的中国农民。

＊＊＊

位于河南省郑州市西南约10公里处，有一座风景迷人、秀丽奇美的历史文化名山——西泰山。西泰山以它独特的千古神韵和厚重的黄帝文化而独步天下。五千年前，这里是轩辕黄帝的军事基地和政治中心。

凭借悠久的历史和厚重的炎黄文化，河南龙福生态农业有限公司于2007年在此落地生根，而催生其从种子发芽到幼苗，再到参天大树的，是该公司董事长苗三福。

/ 不了的农耕情结 /

"我是一个农民，我的人生目标是做一个合格的中国农民。"这是2016年10月，苗三福在国家农业部组织的一次研讨会上发言的开场白。

踏入商海之前，苗三福长期在滑县粮食部门工作，当过粮管所的化验员、主管会计，还任职滑县国家粮食储备库主任多年。

滑县国家粮食储备库地处与长垣、封丘、延津交界的牛屯镇鸭固村，距离县城50公里，地理位置偏僻，但苗三福把储备库治理得风生水起，每年年度综合考核都名列全县30多个粮食企业榜首。

苗三福出生在农村，长期和农业、农村、农民打交道，对农耕文化有着特殊的情结。2007年，经朋友引荐，他来到西泰山创办了龙福山庄，在这里一干就是10年。

"我国是一个拥有14亿人口的农业大国，有着近10亿的农民，什么是合格的农民，一个合格农民的标准是什么？"苗三福在接受《粮油市场报》记者采访时说，"我自己制定了一个标准，就是'务农、知农、爱农、富农、良农、立农'十二个字。"

苗三福告诉记者，作为一个农民，必须实实在在地务农，随着国民经

济结构的调整和供给侧改革，一部分人在农村圈置了大量的土地，但不是用来务农，一些人是在等待土地涨价，然后转卖，一些人是在等着套取国家农业政策补贴，还有些人是用来做商业开发，这些人都不能称为一个合格的中国农民。

什么叫知农？那就是作为一个农民，一个农业的经营者，必须了解和掌握一定的农业科技，如果你连最基本的二十四节气都说不清楚，更不要说那些高深的农业科学技术了。

"作为一个农民，从选择了农业这个行业那天起，你就要一辈子爱它，一辈子和它不离不弃，一辈子为它去坚守，不能经不起社会上的任何诱惑。不能今天搞金融挣钱你去搞金融，明天互联网赚钱你去搞互联网，后天做地产开发赚钱你去搞地产开发。"苗三福表示，自己要一辈子为这份坚守去坚持去努力，一辈子以身相许，以心相许，直至终老。要通过坚守和努力，让家人和团队富裕起来，并且影响和带动更多的农民腰包鼓起来。

"立农就是通过我们的坚守，通过我们的努力，把农村、农民和农业的杆立起来。"苗三福如是说。

/"良心比天大"/

"追本溯源，回顾一下我们祖先在造字的时候，高度概括农业产品的只有'粮食'两个字。"苗三福说，这两个字我们上小学的时候都认识都会写，但是今天要重新认识一下。

苗三福说，"粮"一边是"米"，"米"代表大米、小米、高粱米、花生米，这些统称为"米"。其实单独说"粮"就有一个"米"字就可以了，但是祖先为什么造字时在"米"右边加了"良"字呢？这个"良"是指"良心"，"粮食"是用良心种出来的。"食"是指人吃饭，为什么要把"人"字下面加一个"良"呢？老祖先是在告诉我们"民以食为天，良心比天大"！

事实胜于雄辩。苗三福始终坚守一个理念：良心比天大，产品鉴人品。他给自己定了一个目标，要用自己的坚守和行动，打造更多的绿色食品，为更多的人送去健康，送去快乐。

"我们做了十年酒，没有碰过一滴加'精'的东西。三精加一水是合法合规的白酒，国家允许使用酒精加上香精做酒，但我们做出的每一款酒都是原浆原味。"苗三福拍着胸脯打包票。

"我们用酒糟喂养的土猪，猪肉用白水煮不加任何佐料，甚至连盐都不用放，你都能吃饱，且越嚼越香，因为它是原味的，没有任何腥味、骚味、膻味；我们自己做的豆腐、粉条，每一款产品都在用良心做。"苗三福说，"我们做餐饮的没有用过任何成'精'的调味品，如汤精、酒精、味精、香精等，我们只用有机食材。"

/ 寻找失落的农耕文明 /

社会的进步，经济的发展，给人类带来了无尽的财富。然而随着人类对生存环境的极度破坏，诸如水污染、空气污染、食品污染等，严重影响了国人的身心健康。深思熟虑之后，一个宏伟理想在苗三福的创业蓝图上逐步显现出来。

走进龙福山庄，只见这里游人如织，既有以家庭为单位的"山水游"，也有前来品尝地锅美食的情侣，特别是成群结队身穿迷彩服拓展训练的男女，更成了一道亮丽的风景。苗三福说，龙福山庄平均每天接待游客在千人左右。

龙福山庄充分利用西泰山独有的地理资源优势，传承悠久的西泰山酿酒文化，推出了一系列以龙文化与福文化为主题的纯粮原浆酒。山庄主打品牌泰山村、豫龙福酒采用优质高粱、玉米、大米、糯米、小麦5种原料，层层筛选，取地下400米深层的天然矿泉水，精工酿造。酒香浓郁的百年古窖中，忍受漫长的时光洗涤，在纯手工的作坊里，装甑、踩窖……经受上千次的提炼，在酒香缭绕的酒坊里看到白酒的酿造过程。

铸诚信品牌，创百年企业，寻找失落的农耕文明是龙福山庄永远的企业理念。当诸多企业为了利润道德失守、良心溃丧的时候，龙福山庄却在为打造无公害食品，让人们吃得安全、吃得健康而不懈奋斗。

"山庄用的土猪肉，采用本公司酒厂蒸酒后的酒糟喂养，生长期均在一年以上。由于酒糟中含有丰富的蛋白质和多种微量元素、维生素、赖氨酸、蛋氨酸、色氨酸等活性物质，所以猪肉肉质好、纤维细、色泽鲜，有韧性，香而不腻；石磨豆腐采用优质大豆为原料，用石磨磨浆，老浆卤制，符合绿色、健康、长寿的生活理念；手工红薯粉条采用当季的鲜红薯榨成淀粉，用传统工艺手工制作，无任何食品添加剂、食用胶等。"苗三福如数家珍。

投之以桃，报之以李。河南龙福生态农业有限公司先后被郑州大学、河南民生学院等大专院校，明确为大学生社会实践基地；被河南省人民政府发展研究中心指定为决策探索工作指导委员会委员单位。公司生产的豫龙福原浆酒被CCTV央视网评选并授权为可信任品牌，2016年被国家旅游局评为"首届中国乡村旅游金牌农家乐"，同年12月被评为"全国休闲农业四星级农庄"，2017年1月被商务部评为"AAA级信用企业"。

在苗三福的主导下，2016年龙福公司已经在河南中原股交所成功上市。目前，龙福山庄作为河南流量最大的拓展训练管理基地，率先实践落地了"三网合一"项目，即微信端、手机端、PC电脑端，首创了O2O庄园智能终端大数据平台，名副其实地填充了农业软实力对于资本市场的高黏性消费值的评估基础。

十年磨一剑。龙福山庄从10年前的一片荒山秃岭，到一个充满田园气息的生态园区，宛如一幅美丽的画卷，苗三福说，自己只是在做一个合格的中国农民。

倪学猛：

书写"深圳速度"的粮油传奇

□ 胡增民　邵玉田

倪学猛，江苏盐城市人，20岁加入中国共产党，在基础粮管所做过总账会计、副所长，26岁担任正职，成为当时区域内粮食企业最年轻的法人代表，2010年起担任盐城市禾丰粮油储备有限公司董事长兼总经理。

人物语录

◎ 百年大计，容不得一丝一毫的疏忽和懈怠。

◎ 白手起家，利于"负重前行"。

◎ 在"一张白纸"上，想要画出最新最美的图画，则需"戮力破难"。

◎ 看准的事不光是说在嘴上，而是一定说到做到。

◎ 其身正，不令而行；其身不正，虽令不行。

> 倪学猛是一个始终保持着朝气蓬勃、昂扬向上、浩然正气的人。他创造了当年建设、当年运营、当年收效的"禾丰速度"。凭着他的智慧，2016年禾丰公司年购销量近30万吨，实现销售收入3.5亿元，创利税700万元，在全市同行业中保持前列，企业连续三年荣登"中国粮油榜"，本人荣获中国十佳粮油创业风云人物和盐城市劳动模范。

* * *

从宁盐高速张庄出口下来，远远看去，一排排高大的平房仓、高高耸立的浅圆仓映入眼帘。白色的墙体，辅以灰色钢架，像一道道线条勾勒出来的一幅巨大的水墨丹青。视线的尽头，河边的泊位码头，塔吊和卷扬机一字排开，忙碌有序，这就是江苏盐城市禾丰粮油储备有限公司。

刚刚进入天命之年的倪学猛，是这个公司的"掌门人"。就是他，6年前在这片杂草横生的荒地、坟地、草地间，创造了当年建设、当年运营、当年收效的"禾丰速度"。凭着他的智慧，禾丰公司在短短几年时间内，从一个新成立的企业，发展成为全市行业的排头兵，荣获"江苏省文明单位""江苏省产业化重点龙头企业""国家安全二级标准化企业"称号。

他在苏北大地书写着一幕幕粮油传奇诗篇。

/ 一步一个脚印 /

凡接触过倪学猛的人，都可以从他的身上发现，他是一个始终保持着朝气蓬勃、昂扬向上、浩然正气的人。

2007年7月，山西太原，笔者在全国放心粮油进农村、进社区现场会上，偶遇时任盐都区粮食购销总公司副总经理的倪学猛，虽一口盐城方言，但笔者被他的热情、激情深深打动了。

20世纪80年代初，青春年少的倪学猛从校门踏入粮食系统大门，从农村粮管所一个普通员工做起，从最底层的工作做起。20岁时，他以踏踏实实的作风、实实在在的成绩和乐于奉献的精神被发展入党。之后，他做过总账会计、副所长，26岁担任正职，成为当时粮食系统企业最年轻的法人代表。

来禾丰之前，倪学猛先后在盐都好几个粮管所工作过。说来也巧，几乎他所到过的粮管所，去之前都处于亏损状态，而他总能"妙手回春"。在学富粮管所5年，去时亏损，他离开时则盈余300万元纯利；去伍佑粮管所之前，所里资不抵贷，连职工工资都发不出，他临危受命，与全所员工一起，通过4年的打拼，由亏转盈，账面余额达100多万元，被评为全区标兵单位。

2010年，在众多的竞争者面前，倪学猛脱颖而出，独占鳌头，凭借他长期从事粮油储备经营的能力和实力，被市里招聘至开始筹建的禾丰粮油储备有限公司，出任董事长兼总经理。

/"深圳速度"江苏版/

如果说我国改革开放的前沿阵地深圳，当年创下日新月异建设的"深圳速度"的话，倪学猛则在禾丰书写"深圳速度"的粮油传奇。

初到"禾丰"，倪学猛身边仅有一名筹建组人员，所面临的，除了"难题"，还是"难题"。他知难而进，不等不靠，主动出击，数十次往返于盐城、南京等地，昼出夜行，诚心所致，两个多月的辛劳和奔波，顺利完成了立项、规划、环评程序和一期用地的征用手续。

那天，进入项目场地，眼前是一片杂草横生的荒地、坟地、草地。然而没有想到，河边的一棵沧桑的古柳引起了他的注意。当地群众称之为神树。后来经过考证，原来清光绪年间，淮安府一位叫张六的粮官，尽忠尽职，上为朝廷征粮效力，下为百姓交粮解难。州府将其功绩上报朝廷，赐御酒三坛，张六将酒用来与乡亲们同饮，不亦乐乎。张六逝后，为了纪念他，乡亲们在此举杯同乐的地方，栽下了一棵柳树，同时立碑，让子孙后代记住他为民解难的功德。

听完故事，倪学猛眼前一亮，随即笑着唱起了京剧杨子荣的一段词，"天下事难不倒共产党员"。他连声说要保护好这棵树，一定要在这块地上建最好的粮仓，建全国知名、全省一流的"禾丰"，让古柳传唱当今美丽的传说。

针对资金短缺、人员不足、技术力量薄弱的实际情况，倪学猛决定"分线作战，统筹安排"，迅速开展工作。一条线负责拆迁、场地整理，一条线负责可研性论证、项目设计，一条线负责资金筹措、"找米下锅"。各路人马负重推进，有机配合，团结奋斗，顽强拼搏，经过两个多月的辛劳和奔波，顺利完成了立项、规划、环评程序和一期用地的征用手续，完成了工程招标前的各项准备工作，为确保当年施工奠定了坚实的基础。

倪学猛一直强调，百年大计，容不得一丝一毫的疏忽和懈怠，更何况要把"禾丰"建成全国知名、江苏一流的粮食物流中心。他这么说，也是这样做的。

"高起点设计"，更需要"高标准建设"，在强抓安全施工、确保工程质量的前提下，倪学猛首先对内部人员明确了责任，强调必须做到"相对分工，绝对合作"。他就像影视剧里的作战指挥员，与建设单位密切配合，倒排工期，挂图作战，强化各个施工的重要节点管理。比如平房仓张拉拱板的浇筑期间，他同施工队一起上工，一起下工，吃住在一起，碰到问题，及时解决，仅以5个月的工期，完成了一期仓储区5万吨仓容的工程建设，满足了当年夏粮收购的需要。

历经4年多的努力，到2015年，"禾丰"已建成高大拱板平仓21个廒间，钢板浅圆保温仓3座，仓容量10万吨；同时建有日产300吨塔式烘干设备1套，2000吨泊位码头3座，港池220米，道路晒场2.2万平方米，各类储运机械、消防设施和粮油检测设备180台（套），配套以文化长廊、廉政花园、农民服务区，一座现代化、花园式的物流中心一气呵成，拔地而起，其美丽的雄姿与古柳相依而立，成为张庄工业园区、皮岔河畔的一道靓丽的风景。公司还被盐城市认定为"江苏省文明单位""江苏省农业产业化市级龙头企业"和"国家安全二级标准化企业"。

/ 续写"古柳"新篇 /

记得一位作家的文章，名字叫《倾听一棵树》。他说，之所以对一棵树心存敬畏，是因为我们的生活在发生变化，而树依然站立在那里。

也许是那棵古柳激发了倪学猛的创新思维，他将其中的意蕴引申到粮油产业化经营和信息化的广泛应用上来。他认为，今日五谷中国，第一轮改革涌现出澎湃之势，也存在种种转型的阵痛、成长的烦恼。想要让将来的"禾丰"稳行致远，必须从创新中谋发展，像柳树一样，始终保持着向上、向广阔空间发展的态势。

在倪学猛看来，要把"禾丰"打造成全国知名、江苏一流的企业，为盐城建设沿海特大城市提供粮食安全保障，就必须从创新中谋发展。

在全力推行"组织机构创新、用人机制创新、分配制度创新、经营理念创新"的同时，依托粮源优势和区位优势，倪学猛行稳致远，组织实施"储备做好，贸易做大，实业做强，管理做实，人才做精，文化做优"的六大战略。

他和一班人紧锣密鼓做实三件事。一是在全市粮食系统成立了首家农民粮食专业合作社，吸收了会员205户，拥有粮油订单优质粮种植基地3.5万亩，为当地农民年增收近千万元。二是开始尝试由粮食产业链向种植业延伸，以"企业＋合作社＋农户＋订单"产业化模式，以射阳为基地，流转土地3000亩，自主种粮，为新常态下的粮食购销摸索出一条新路子。三是发挥物流平台作用，发挥"互联网＋"的强势，充分利用公司资金、信誉的优势，扩大外购外销，把粮食购销经营的触角向河南、山东等地延伸，以量的扩张带动效益的提升。

在倪学猛的主导下，禾丰公司不断加强粮食品牌意识，坚持发展品牌之路，目前已成功培育了"千河香"大米、杂粮品牌，提高了公司效益和社会知名度。

倪学猛清楚，白手起家，利于"负重前行"。而在"一张白纸"上，想要画出最新最美的图画，则需"戮力破难"。

公司把"为农服务"放在第一位，引进最先进的航天信息技术，建成"数字粮库"信息化智能化管理系统，使该系统覆盖于仓储、购销、财务、安防等所有业务环节，通过"一卡通"业务流程，对数量、质量实时监控和汇总，实现"经营、财务、安全、粮情"等测控、管理资源共享，提升了为农服务和内部管理水平；建立"便民服务中心"，推行"一卡通结算""一条龙流程""一站式服务"的"零距离"服务。

公司严格按照政府和上级主管部门关于储备粮的管理规定，制定出台了一系列管理细则和考核奖惩办法。从入库粮质、保管责任、轮换手续，到出入库程序等，做到操作有规范，管理有标准，并建立健全管理台账和报表，及时记载变动情况，确保数量真实、账实一致。

倪学猛的管理方法（包括思想工作方法）与他人有所不同，他重视企业文化建设，不是为了"造气氛、摆样子、搞形式"。他喜欢在学习和实践中"众里寻他千百度"，最终"蓦然回首"，在"灯火阑珊处"领悟真谛。

库区中心大道，路灯上的条幅"员工素质高一分，企业形象美十分"读来给人的感觉既温馨，又有所启迪。在建址上他保留的那棵古柳，百姓对清朝时代一位粮官褒奖的石碑；他精心设计的文化长廊，里面的箴言与古训；平素的那些关注社会福利献血、捐赠、献爱心的活动；还有他的工作规则中，"结对帮扶"、亲自到困难员工家里探病、慰问等，所有这些，潜移默化，都成了他思想工作的范畴。他时刻不忘率先垂范，善待别人，不光是说在嘴上，而是一定说到做到。

在倪学猛设置的文化长廊里悬挂着一条十分醒目的古训："其身正，不令而行；其身不正，虽令不行。"眼见着这四年企业盈利大幅增长，员工的工资和福利逐年成倍增长，但倪学猛依然维持在当初聘用时的薪酬水平上。他的爱人因重病住进了上海一家医院，他安排亲属去照应，自己没有离岗一天，并请副总帮助保密，公司里竟然没有一人知晓……

倪学猛坚信，过去"粮官"能做到的，现在的粮食人一定会做得更好！

潘庆国：

小灶台点燃锅巴大市场

□ 胡增民

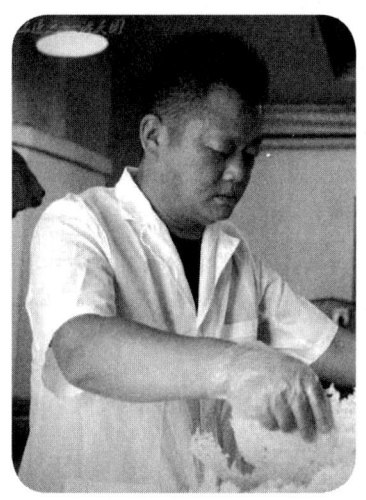

潘庆国，中共党员，大学文化，1970年9月出生于安徽省宣城市宣州区洪林镇，现任宣城市永顺园食品有限公司总经理，宣州区政协委员，区工商联执委，首届"宣州工匠"，安徽省商业经济学会副会长，"皖南锅巴"非物质文化遗产传承人。

人物语录

◎ 一生只做忆锅香，一张锅巴香天下！

◎ 先做好人品，再做好产品。

◎ 传承非物质文化遗产，坚持无限量工匠精神。

◎ 在平凡中创造不凡，需独具匠心！

◎ 发扬工匠精神，做人要"专心、专注、专业"，做事要"精准、精细、精致"。

◎ 企业需要科技发展固基，品牌发展求进，文化发展求远，文化传承求深。

作为非物质文化遗产皖南锅巴制作技艺传承人,潘庆国遍访皖南各地,收集整理锅巴烘焙技艺,不断改良创新,精雕细琢,用纯手工制作方法完成了锅巴烘焙的二十多道工序,将永顺园打造成国内第一家生产纯手工制作锅巴的规模企业。

* * *

2017年6月28日,安徽省宣城市宣州区委、区政府隆重举行首届"宣州工匠"颁奖典礼,表彰宣城市永顺园食品有限公司总经理潘庆国等8名道德素养较好、技能水平高超、富有创新精神、具有领军价值、业绩成果明显的高技能人才。

首届"宣州工匠"评委会给潘庆国的颁奖词为:"你遍访皖南各地,收集整理锅巴烘焙技艺,不断改良创新,精雕细琢,用纯手工制作方法完成了锅巴烘焙的二十多道工序,成为国内第一家生产纯手工制作锅巴的规模企业。多年来,你毫无保留地传授技艺,带徒三百多人;你热心公益事业,多次组织各项义卖捐赠活动。你用满腔的爱氤氲出一片灿烂的星空!"

/魂牵"锅巴情"/

潘庆国祖上擅长锅巴烘焙技艺。小时候,父亲负责食品公司油炸早点锅巴,潘庆国就饶有兴趣地站在一旁观摩,很快就能学着父亲独立炕出一张锅巴来。看到儿子有天赋,父亲就将手艺交给他。潘庆国很快成为当地有名的小"锅巴王"。

1988年初中毕业后,潘庆国接替了父亲的职位,出任洪林供销社食品柜组长,他的油炸早点锅巴门市总是顾客盈门。

1994年企业改制后,潘庆国卖过服装,办过皮鞋厂,做过建筑,但无论干什么,他总对锅巴情有独钟,时刻想着兼营。

随着现代工业的发展,特别是电器设备和液化气的大量使用,大锅饭越来越少,机制锅巴替代传统锅巴充斥市场,传统锅巴烘焙濒临灭绝,技艺濒危失传，人才稀缺。

时光转瞬，到了2009年，潘庆国对传统锅巴烘焙技艺濒危失传深感痛心。是年3月，他遍访皖南各地，收集整理锅巴烘焙技艺，并成立宣城市永顺园食品有限公司，建成3060平方米标准化生产厂房，决定打造中国最大的手工锅巴烘焙基地。

开弓没有回头箭。2012年9月，潘庆国注册"忆锅香"锅巴商标。公司用四年时间完成了原始积累，2012年被授予宣州区农业产业化龙头企业，2013年起在苏浙沪设立10个办事处，在安徽省建立35家销售网点，在淘宝网、天猫网等设立35家直销店。

潘庆国秉承"科技发展固基"理念，2013年新上三条大锅饭锅巴生产线，并配套恒温培养箱等现代设备15套，加强产品质量管理。与合肥工业大学、江南大学等科研院所达成产学研合作协议和意向9项、子课题11项，开发出5个系列特色产品，获得5项国家专利，其中大锅饭原味锅巴系列产品填补了同类产品市场空白，在激烈的市场竞争中杀出了一条血路。

冬去春来，2014年潘庆国秉承"品牌建设推进"理念，不断挖掘传统文化，传承洪林锅巴烘焙技艺，主营大锅饭锅巴系列产品，"皖南锅巴制作技艺"入选宣城市非物质文化遗产保护名录，"忆锅香"被认定为"安徽老字号"，洪林锅巴迅速声名远扬，产品供不应求，永顺园食品在严酷的经济下行压力下扎稳了根基，销量居宣城第一，被评为"宣城市十佳网货特色品牌"，公司被确定为宣城市旅游商品定点生产企业。

转眼到了2015年，潘庆国秉承"文化发展求远"理念，策划中国最大手工锅巴生产基地——忆锅香坊项目建设；组织"忆锅香"铁人三项骑行队、太极拳队、广场舞队等活动15场次，足迹遍布苏浙沪桂皖；《中国农村经济》杂志和省电视台等多家媒体对公司发展和特色产品进行专访，发表文章50多篇。

2016年，潘庆国秉承"文化传承求深"理念，在公司遭受特大洪灾停产两个月的情况下，仍在5A景区芜湖市鸠兹古镇建设了忆锅香文化展示和产品展销中心，组织开展"'忆锅香'摄影采风月月行"活动，传承"忆锅香"锅巴非物质文化遗产，公司业绩仍与上年持平。

进入2017年，潘庆国秉承"工匠精神在路上"理念，立足市场前沿，借力"互联网+"，授徒300余人，不厌其烦、毫不保留地传承皖南锅巴烘焙技艺，受邀再在滁州市1912文化旅游街建立"忆锅香"文化展示和产品展销中心，植根消费群体，引领消费市场，生产优质产品，荣获宣州区农村创新创业大赛三等奖。

/用心诠释工匠精神/

传统锅巴制作工艺复杂，技艺性强，质量要求严格，20道工序50多个流程全靠手工完成，全凭现场判断，全依经验处理。为了学到真本领，潘庆国每天早去晚归，夏练三伏，冬练数九，累坏了身子，仍兢兢业业。

潘庆国深知：锅巴品质关键在配比掌控。早年冬天，潘庆国按父亲秋天教的配方和制作技艺，选来优质早稻米、杂交米、粳米，开始制作锅巴，结果米粒"各自为政"，中间全是白心，根本粘不到一块去。父亲说："你水上少了，浸米时间短了，三种米的配比没变，米就生了。"

为彻底搞清最佳配比，潘庆国每天根据三种米的配方、上水多少、浸米时长制定10套方案，每盆亲自抄洗四次，手冻得像两只大包子一样；浸米时，他每隔十分钟检查一次，但"包子"经常不听使唤，蒸煮、烘焙又烫得不行，"包子"很快成了"烂柿子"。

就这样，寒来暑往，潘庆国一年四季在不同天气条件下做了上万次实验，并买来农业书籍，上网搜集稻米知识，深入了解其特性，总结出一条规律：配方掌控品质，选料优质，稻米配比因季节增减；浸米掌控时间，过长乱而无筋骨，过短生而不涨锅；上水掌控分量，根据稻米品种、数量和天气状况而定；蒸煮掌控熟度，水分含量适中，米粒熟而不烂，不见白心。

潘庆国深知：烘焙锅巴的难点是掌握火候。学艺时的一个六月天，他按要求松毛点火、松枝加温，压锅整形时，烟熏火燎，汗流浃背，手忙脚乱的他一会儿加柴，一会儿整形，一会儿擦汗，一不小心一锅锅巴全糊了。

先从锅巴整形练起。潘庆国一练就是一星期，直到将锅巴整得一粒粒米并排粘在一起且不脱落为止。可到晚上，潘庆国手腕、手臂、肩膀到处酸痛不止，夜不能寐。

功夫不负有心人。整形练好后，他就一边研究一边实验起火候来，什么时候加松毛、什么时候加松枝、什么时候退火、什么时候起锅,他都记在心里,得出"文火烘焙,适调火源,火大易焦,火小易生,火力不均匀易烂"的结论,最终做出薄如纸张、脆如香酥的不伤牙锅巴。

潘庆国深知:工匠精神的灵魂是创新。在企业管理方面,他建立了电子商务销售网络、厂区监控系统、财务监控系统和远程销售监控系统,被评为中国十佳粮油"互联网+"探索企业。在文化建设方面,他搜集《"锅巴"考源》《宣城工作》《洪林锅巴考究》等文章,寻访"恐麻氏有难,当有靠山""麻姑劝善"的民间传说,遍访新罗国王子金乔觉"六月炕锅巴,烟熏火燎,淫僧喝米汤;寒冬走洪林,风吹雨打,施主忆锅香"。在洪林古村落贡村和沈家边,潘庆国探听宋高宗"武德大夫"后代讲述"贡祖文藏锅巴冒死救岳霖""中国历史上成功收复台湾第一人"、族人"沈有容备锅巴远洋收复台湾"的故事,整理出"忆锅香"的历史文化。在锅巴制作非核心环节,他引入恒温培养箱,增强米饭稳定性;引入先进检测设备,保证锅巴品质;设计新型包装,展现"忆锅香"特色,等等。

/把小锅巴做到极致/

锅巴是我国最早的方便食品,家喻户晓,人人会做,不足为奇,但把这个再平凡不过的民间小吃打造成为人人关注的安徽名品,潘庆国用了12年时间。

如今,从皖南到皖北,提起"忆锅香"锅巴可谓家喻户晓,"传统""好吃""不伤牙""不好买"成了"忆锅香"锅巴的代名词。中国十佳粮油区域领导品牌、安徽老字号、安徽省著名商标也实至名归花落"忆锅香"。

2017年5月21日,全国粮食科技活动周暨产地会场活动在安徽省凤阳县小岗村大包干纪念馆广场正式启动。在现场,安徽省委常委、省政府副省长方春明也自豪地向国家粮食局领导介绍:"忆锅香锅巴好吃,我家常备。"

宣城市永顺园食品有限公司原本是个不起眼的小企业,2009年营业收入不足200万元,在全国粮油企业寒冬来临之际却实现了"井喷式"发展,到2016年猛增到1.3亿元,先后荣获"中国百佳粮油企业""中国十佳粮油'互联网+'探索企业""宣城市农业产业化龙头企业"称号。

潘庆国不忘初心，多年来，从来没有放弃制作手工锅巴技艺，如今，他担当宣城市非物质文化遗产皖南锅巴制作技艺传承人，还当选为安徽省经济学会副会长、首届"宣州工匠"，成为中国锅巴界红人。

当被问及"你眼中的工匠精神是什么"时，潘庆国告诉《粮油市场报》记者：工匠精神就是做人要"专心、专注、专业"，做事要"精准、精细、精致"。

宣城当地一位诗人曾送给潘庆国一首《匠心筑梦》的藏头诗："匠理乾坤上下求，躬耕勤胜老黄牛。心泉穿石终能透，铁杵成针更不愁。筑我文房宣笔力，飘香食府忆锅馐。梦圆笑伴新荷艳，亮了宣州誉九州。"

著名比较教育学者、香港中文大学副教授、香港比较教育学会会长、博士后导师李军品尝"忆锅香"锅巴后大悦，特作《锅巴赋》："忆锅香初尝，始脆，几无入口，辛香异常。小嚼而辍，饮清茶小口。复嚼之，其味入骨，至入心。再咽之，始回味而无穷矣。如加辣，至醇，微汗而口出余香，意酣而兴犹未尽，乡思绵绵不绝云耳！"

面对未知的将来，潘庆国表示，不管道路多么坎坷，我将继续沿着手工锅巴产业化、锅巴宴市民化、农耕文化国际化目标顽强地走下去，直至实现美好的"锅巴梦"。

沈金山：

扛起西北面业的红太阳

□ 付嘉鹏　赵倩

沈金山，中共党员，武威市谢河镇五中村人，武威市第一届人大代表，武威市政协委员，武威市面业协会会长，甘肃省质量协会副会长，甘肃省粮食行业协会常务理事，武威红太阳面粉有限责任公司董事长兼总经理，曾被评为"2011年中国粮食行业优秀企业家"、甘肃省武威市"十大杰出青年""建国六十周年功勋人物"等。

人物语录

◎ 质量抓好，信誉抓好，就能把企业做好。

◎ 吃亏让我笨鸟先飞，吃亏让我结交肝胆相照的朋友，吃亏让我拥抱成功。

◎ 企业中，老板的思想就代表了企业的思想。

◎ 经营管理人才是决定企业兴衰成败的根本要素，市场竞争说到底就是高水平、高素质管理人才的竞争。

◎ 食品类产品靠的是口碑，而不是宣传。

◎ 做企业就是做品牌。

在沈金山这个西北汉子的坚持中，武威红太阳面粉有限责任公司犹如挂在西北天空中的一轮旭日，为解决西北人民的吃饭问题而不断发光发热。

作为公司董事长的他有情有义，为了让职工过得更好，他甚至注册了房地产开发公司。而这，或许就是他能从一个小商贩做成"建国六十周年功勋人物"的秘诀。

* * *

未见其人，先闻其声。作为武威红太阳面粉有限责任公司的掌舵者、西北地区最大的面粉集团的带头人，沈金山给人的第一印象就是嗓门特别响亮，他那洪亮有力的声音直入心脾。

"哎呀，我们就是瞎折腾嘛！"得知记者的到来，沈金山用夹杂80％家乡话的普通话稍做客套后，随即转移话题开始介绍："我刚刚当选了2011年中国粮食行业优秀企业家，我们的'甘青'牌面粉以前获得过国家免检产品。"不是自吹，这显示的是沈金山对于自己实力的高度自信。短短十几年的时间，沈金山就把一个小型面粉厂发展成为西北地区最大的面粉企业集团。

实际上，沈金山是一个极其低调的人。当地不少粮食加工行业的人都说："我们这边好多人听过他的名字，但就是没见过他，电视中、报纸上几乎都见不到他。"沈金山是一个颇具感染力的领导。他高大魁梧的身材，黝黑的皮肤，爽朗的笑声，以及风趣幽默的说话方式，共同交织成一股强大的气场，让你不自觉地深陷其中。交流中，他在气势上会完全将你降服，以至于你根本无法辩驳他提出的观点。

沈金山又是一个标准的西北汉子。握手的时候，你能感觉到一个男人的力度。方脸阔鼻，直硕硕站立着的头发，和岁月在他脸颊上留下的痕迹，又让你看到这个西北男人特有的气质。他带出来的企业，也处处体现出西北地区特有的豪迈粗犷，生产的"甘青""金武""银丝"等系列产品，享誉西北。沈金山也从一名高中毕业生，蜕变为令人刮目的"建国六十周年功勋人物"。

/"不安分"的老板/

武威市粮食局副局长齐誉向记者这样介绍：这是武威市最早的放心粮油示范企业。

红太阳面业俨然已经成为武威粮食行业的骄傲，沈金山也俨然成为当地的明星。翻开他的履历，各种社会头衔令人目不暇接，如人大代表、政协委员、优秀企业家、甘肃省粮食行业协会常务理事、甘肃省质量协会副会长、工商联黄羊分会会长、武威市面业协会会长等。

这些荣誉都与他目前从事的面粉行业息息相关，不过，许多人不曾想到，沈金山以前不过是一个杂货店的小商贩。

出身农家的沈金山，自小就是一个不安分的小孩儿。"当初没有饭吃，如果像别人一样能考上学当老师，我就不考虑做生意的事情了。"沈金山说。

1985年，沈金山高中毕业。刚满18岁的他，选择进入一家集体所有制的商店上班。这个年轻人，头脑灵活，能力出众，迅速以出色的工作成绩赢得了领导的赏识。没过多久，他就被任命到采购部门去做负责人。

然而，做打工仔并不是这个青年的愿望，自己主宰自己的命运，才是沈金山的理想。一心想要创建事业的他，没有在这个商店干多久，就辞职不干了。

20世纪末，我国正处于改革开放初期，"下海"曾成为当时风行一时的流行用语。当时，我国的市场经济开始繁荣，一个新的自由空间出现。

一些人，主要是政府机关人员、企事业单位工作人员等放弃在传统体制内的位置，转而到这一新的空间里创业经商、谋求发展。沈金山也成为这些人中的一分子。

"那时候商业比较热门，既能锻炼人，也能挣钱。"抱着这种认识，沈金山一头扎进了做买卖的潮流中。

"最开始，我是做日用百货的。"沈金山介绍，自己租了一个小门面房，卖粮、卖布、卖服装。

其实，这也就是一个小商店，犹如现在城里面的烟酒店。商店虽小，五脏俱全。更重要的是，这是属于自己的事业。凭借自己在大商店内积累的经验，不甘人下的沈金山终于实现了自己当老板的理想。

如果是一个平庸之人，也许会满足于这样一个商店，止步于此。但沈金山认为，再小的买卖也是商业活动的一种，这个小门面房就是自己的事业。在他的意识中，事业要做得轰天动地，而不是平平凡凡。敢闯敢拼的沈金山很快显露出了独特的商人气质。在他的用心经营下，小小的门面房中，人来人往，生意也越来越红火。

鸿雁之志，当在高飞。立志要做大事的沈金山不满足于当时的小买卖，遂又开了第二家、第三家……3年时间内，沈金山的商店就由1家发展到了4家，工人有十几个。

"做生意很能锻炼人。"腰包鼓起来的沈金山感慨良多，他认为，自己能把企业做这么大，与很早就进入商业圈打拼很有关系。"待人之道、诚信、财务及人员管理等，许多知识都得益于当时的积累。"沈金山说，创业初期，自己既管钱，也管人，学到了许多终身受益的知识。"这是很好的基础。比如说财务管理，会计、出纳等程序上我都了解，同时基础管理我也掌握了不少，比如说钱和物要分开管理。所有这些对于我日后的发展都非常重要。"不过，在记者看来，较早进入商业圈的最大好处，就是锻炼了沈金山对市场的敏感度。

沈金山也认为，在进入商业圈以后，"我对市场敏感得很"。敏锐的市场嗅觉，让他嗅到了当地粮食经济的快速发展。

武威商品粮基地就是从20世纪70年代开始建设的，80年代发展了起来。据武威粮食局提供的有关资料显示，1984年，武威粮食总产达到116 670万斤，农业人口人均产量达847斤。丰富的资源，为当地粮食加工产业的发展提供了强有力的支撑。而当时的武威地区，则分布着无数大大小小的面粉加工作坊。

/ 最年轻的厂长 /

机遇留给了犹如沈金山这样有准备的人。

1988年起，武威地区对全区的国营粮食加工企业开始实行承包经营责任制，承包期均为3年。在这一政策的鼓舞下，20世纪90年代初，武威当地的一些人开始尝试投资面粉厂，武威地区的粮食产业焕发了活力。

《武威粮食志》中如此记载：20世纪80年代末90年代初，全国粮食政策放宽，全市粮食经济处于活跃期。

粮食加工民办企业大量涌现，数量达200家以上。1987年，凉州区面粉厂的固定资产总值为195万元，粮食加工总量为41 567吨；1988年，数字则上升为385万元和53 330吨。当地的面粉加工产业实现了跃升。

时代为早已准备好做一番大事的沈金山刮来了一阵东风。怀揣开商店时积累的资金，沈金山开始琢磨筹建面粉厂。

1994年，改革开放的号角在西北大地上吹响，26岁的沈金山认为时机已到。他果断出手，将当时的武威市韩佐粮油综合加工厂（当时属于集体企业）承包了下来，担任厂长一职。

"那时候，我还是一个娃娃，但已经是我们这里最年轻的厂长了。"回忆起这些，沈金山仍满面自豪。

不过，企业毕竟不是自己的，沈金山始终没有在这里找到归宿感，也没有成就事业的快感。经过一番思想斗争，沈金山认为，只有自己创办面粉厂，才能真正拥有属于自己的事业。

然而在当时，沈金山兜里的钱并不够建设一个面粉厂。"能怎么办呢？我只好划拳、喝酒、交朋友，借朋友的钱。"西北人的重情重义在沈金山的创业初期起到了重要作用。在社会上摸爬滚打多年，沈金山的人品早已得到身边朋友的一致认可。在朋友的鼎力相助下，沈金山辞去厂长一职，筹集资金15万元，带领着十几名农民兄弟，走上了真正属于自己的创业之路。

很快，一个日处理小麦20吨的武威黄羊红太阳面粉厂，宣告成立。

创业之路并不是一帆风顺，创业的艰辛又总是出现在开端。

1998年4月，沈金山想要扩大企业规模，于是准备投资500万元兴建一条日产120吨的面粉生产线（后经过技术改造为150吨）。沈金山称："当时，我把挣的钱都投上了，但因为违反国家土地政策，房子盖到两层的时候，差点被相关部门责令拆除，后来找人托关系，要政策。活动了一段时间，要了个甘肃省重点项目的政策，楼就这么修起来了。"为保住自己的心血，沈金山可谓是动用了所有能用上的手段。

功夫不负有心人，他的努力终究没有白费。"经过这一次以后，企业的发展就顺利多了。"在沈金山的带领下，红太阳犹如武威天空上的旭日，徐徐升起。

1999年4月，沈金山投资800万元扩建了一条日产200吨的面粉生产线；2001年4月，投资2500万元再建了一条日产300吨的面粉生产线，于2002年10月正式投产；2005年9月，投资3500万元修建了一条日处理小麦500吨的专用粉生产线，于2006年8月正式投产；2008年4月，投资3000万元，兴建了两条挂面生产线，于2008年8月正式投产。公司现有职工700余人，占地面积447亩。公司扩建后，日处理小麦1300吨，年加工小麦35万吨。

/ 知情意的老总 /

在红太阳面业的宣传册上，记者被集团公司下属的另一家公司所吸引——武威红太阳房地产开发有限责任公司。

难道沈金山已经开始涉足房地产了？难道红太阳面业要离开这个为之奋斗近20年的行业？近些年来，相对于利润越来越薄的粮油加工行业，被称为暴利产业的房地产行业越来越受到投资人的青睐。一些粮油加工企业在发展起来之后，其负责人也纷纷转向投资房地产。然而，由于行业之间的巨大隔膜，转行成功的粮油企业老总寥寥无几。一些粮油企业甚至倒在了追逐暴利的道路上，创始人也身败名裂，令人惋惜。

也许是看出了记者的疑惑，沈金山主动介绍说，红太阳面业的确投资成立了房地产开发公司。不过，谈及投资该公司的原因，沈金山称其自有苦衷："目前，红太阳面业的发展越来越快，对于人才的渴求越来越强烈。如何能留住人才，成为红太阳面业必须解决的障碍。"一直以来，由于工资待遇低、工作辛苦等因素影响，粮油加工行业始终无法留住优秀人才。

"铁打的厂房，流水的职工"是这个行业的鲜明写照。为留住人才，沈金山想尽一切办法。红太阳面业的管理层在充分调研过员工的实际需求之后发觉，在房价日益高涨的今天，能拥有一套住房成为许多在岗职工的强烈诉求。为让所有工作人员把根扎在红太阳面业，沈金山决定为企业的职工解决这个后顾之忧。

"想要买地建房,必须要成立房地产开发公司,因此,我就只好注册了这个公司。"沈金山说。

公司的办公室主任介绍,优惠政策的基本原则是,在公司工作时间越长,贡献越大,买房子的优惠幅度越大。红太阳面业的一位员工介绍:"我们公司的优惠政策是按'工龄+职务'的补助,工龄按每年1200元算,职务是一次性的;双职工购房的话,取优惠高的一个人,另一个人按'职务+工龄'的一半进行优惠。""听说有的老职工花几万元钱就能买一套房子。"说这句话时,进公司没有多久的一位新员工充满了羡慕。

将心比心,受到如此恩惠的职工,更尽心尽力地为企业付出。

其实,沈金山的爱心不只恩泽着自己的员工,出身贫寒的他经常主动承担起一些社会责任。

沈金山曾多次为学校、敬老院、贫困山区人民捐助物资,赠送面粉,多次救助失学儿童和孤寡老人,先后捐款数额达10多万余元。他还曾向兰州市民政局捐助面粉,向特困户捐资送温暖,向武威市的贫困山区送面粉,并为谢河镇五中村装了有线电视。

在2008年的汶川大地震中,他积极带领公司员工向地震灾区捐款5万元;2010年冬天,他为黄羊镇新店村和黄羊村的残疾人共捐款2.8万元⋯⋯这个有情有义的老总也得到了善报,2010年,武威红太阳的总销量达34万吨,实现销售收入74 256万元。

田志和：

粮食行业"爱迪生"的秋天

□ 胡增民

田志和，1965年2月生于吉林公主岭市怀德镇农林村，1985年考入吉林四平粮食学校，学习储藏检验专业；1987年毕业后到公主岭市粮食局粮油检验监测站工作；2006年5月创办公主岭志和粮食测水仪开发有限公司，担任总经理、工程师。

人物语录

◎ 做事先做人，做产品先做好质量，否则企业就是死路一条。

◎ 人活着要有一种精神，不能白活一回，要勤奋一生，一定要干成一件大事。

◎ 搞研发失败了不要紧，关键是找出失败的原因。

◎ 科研成果如果不转化成生产力，只是"纸上谈兵"。

◎ 不管吃多大的苦，只要客户认可，就是我最大的幸福和快乐。

从1992年起，田志和矢志不移地破解东北冰冻玉米的检测难题。他研发的"水浸悬浮法"能快速准确地测试粮食水分和测定容重，两项发明破解了行业难题，填补了国内外行业空白，不仅获得国家发明专利，还顺利进入了国家粮食行业标准，且"粮食水分、容重测定水浸悬浮法"有望进入国际标准。

***

2016年农历8月初，"中国玉米之乡"吉林省公主岭市，玉米地一望无际，一棵棵玉米就像整装待发的士兵，个个英姿飒爽，硕大的玉米棒像一枚枚军功章挂在胸前，好一派丰收景象。

一口地道的东北话，浓浓的眉毛，高高的个子，憨厚朴实，衣着朴素。若非实地接触，很难把他和粮食行业的"爱迪生"这个称号画等号。他就是吉林公主岭志和粮食测水仪开发有限公司总经理田志和。

秋天是收获的季节。田志和更是喜上眉梢。他一脸笑容地告诉笔者，国家粮食局已发布通告，他所研发的"粮食水分、容重测定水浸悬浮法"，将作为两项国家粮食行业标准从2016年11月1日起实施，而且有望进入国际标准。

/ 小"魔盒"大威力 /

田志和兄妹8人，他排行老五，小时候家里穷，为养家糊口，他夏天卖过冰棍，冬天卖过糖葫芦，农村的犁耧锄耙没有他不会的，用他自己的话说，"啥苦都吃过"。

田志和从跨出粮校的大门起，就有一个愿望：利用所学知识，为国家做点事情。

1992年，田志和瞅准了粮食测水这个行业。在漫漫十几年的研发过程中，田志和连吃饭睡觉想的都是测水仪。为了攻关，他曾经1个月顾不上洗澡。

经历了数次失败之后，2006年，田志和的测水仪终于试验成功，并在公主岭市的毛城子粮库、范家屯粮库、怀德粮库等7个粮库上马试验，得到实践的验证。接着，田志和注册了公主岭志和粮食测水仪开发有限公司。

心有多大，舞台就有多宽。2007年9月22日，中国国际玉米博览会在吉林长春举行。展厅内，大多展位用的都是三维影像，还有大图片，而田志和手里只有1台土里土气的粮食测水仪，却吸引了国家粮食局标准质量中心标准处处长朱之光的目光。他发现，这个粮食测水仪与众不同。一个小圆柱形状的皿盒，装上粮食样品放在水中，就可以测试水分。

朱之光饶有兴趣地问："你的测水方式跟别人不一样，怎么放在水中？"田志和立即在现场进行演示。

为了展示产品性能，他连续做了两遍，误差不超0.1%，这让朱之光大为赞赏。

随后，国家粮食局流通与科技发展司司长何毅、外事司司长刘韧等人，还有一些媒体记者，也纷纷来看稀奇。

"那天展示同类产品的厂家有一二十家，来自北京、深圳、浙江、上海等地，但属我们那个展位最热闹。"田志和回忆说。

不久，田志和的命运跟随这个小"魔盒"发生了转变。2008年4月6日，国家粮食局标准质量中心打来电话，让田志和带1台样机到北京进行现场演示。

4月8日，在北京市西城区百万庄大街11号的粮科大厦，适逢各省粮食质监站负责技术站长开会。在大会现场，田志和一边演示，一边讲解原理。结束后，国家粮食局标准质量中心主任杜政讲话，征求大家的意见。

时任国家粮食局科学研究院党委书记、常务副院长的吴子丹第一个发言。他拿着田志和的论文说："过去20多年，咱们大家看到的大多是'老生常谈'，人家这个东西才叫'脱胎换骨'，并且既有论文，还有样机。"吴子丹还说，到目前为止，田志和这个测水仪可以说是"史无前例"，是测水行业的一次革命。

/容重测定的"克星"/

公主岭志和粮食测水仪开发有限公司副总经理陈雨安告诉笔者,田志和是从2008年开始研发"容重测定水浸悬浮法"的,2011年研发成功,再到作为国家行业标准实施,前后历经8年时间。这期间,田志和耗费了多少心血,只有他自己知道。

其实这里面还有一段故事呢。那还是在2008年4月,吴子丹在北京看了田志和用"水浸悬浮法"快速测定水分的演示后,拍着他的肩膀说:"老田,你既然能把水分测试解决了,能不能把容重测量也解决了啊,这可是困扰东北冰冻玉米30多年的问题。"

田志和似乎早已成竹在胸,他斩钉截铁地回答:"请领导放心,我一定会完成!"

田志和告诉笔者,简单地说,"容重测定水浸悬浮法"就是利用阿基米德定律浸水悬浮称量时测出样品籽粒的纯体积,换算出样品容重值,再修正到安全水分的容重值的原理设计的,关键是在水中把体积测出来,整个过程只需2分钟,最大的优势是稳、准、快。

陈雨安告诉笔者,过去容重定等是快速降水法,使用的是容重器,高水分玉米要先烘干45分钟左右,把水分降到18%才可以测定,而且误差大。

2014年7月,国家粮食局标准质量中心在武汉开会,会上对田志和的"容重测定水浸悬浮法"进行鉴定。

专家鉴定结论认为,现"容重测定水浸悬浮法"粮食行业推荐性标准,不论多大水分,不论冻化玉米都可以直接快速测量,测出的容重值都是14.0%时的容重值,具有同等条件下的可比性,优于老方法的18.0%以下直接打容重,不在同等条件下的可比,省略了老方法的漫长降水过程。

专家组认为,玉米作为我国最主要的粮食作物之一,其标准的制修订直接关系到我国的粮食安全和国家"三农"政策的实施。本方法根据市场需求和粮食内在品质,快速准确测出容重值,确定等级,做到了按质论价,可以促进玉米种植结构的调整,实现客观、公平、公正交易。

就是在这次武汉会议上,国家粮食局标准质量中心主任唐瑞明看了田志和的现场演示后,抱着田志和说,你解决了困扰粮食行业30多年的大问题,为中国长了志气。

唐瑞明告诉田志和,"容重测定水浸悬浮法"已经过中储粮、中粮、中纺及陕西、河南、河北、湖北多个省市测试,测试结果显示该方法非常可靠。

在德国慕尼黑举行的一次国际会议上,来自中国国家粮食局科学院的孙辉博士用英语向与会专家介绍了"粮食水分测定水浸悬浮法",赢得了欧盟、美国等代表的掌声,受到外国专家的一致好评。

田志和算了一笔账,他的"容重测定水浸悬浮法",与手摸、牙咬鉴定误差相比,每吨可减少损失40~50元。

/ 市场是"试金石" /

"任何科研成果获得证书,只是理论上的成功,如果不转化成生产力,在实践中得不到检验,得不到客户的认可,只是'纸上谈兵'。"田志和深有感触地说。

万事开头难。一开始他们并不是一帆风顺,也受了不少委屈。据田志和回忆,2011年11月23日,陈雨安副总冒着大雪驱车来到内蒙古通辽一家粮库,门卫不让进门,还把年近六旬的他推倒在地上,但他还是笑着说:"我们是推销快速测水仪和容重仪的,对企业有好处。"后来经过现场试验,对方买了2台。

黑龙江中粮生化能源(肇东)有限公司年收储玉米125万吨(属中粮集团公司玉米深加工),以前收储玉米,国外仪器、国内仪器都用过,效果非常不理想,快的不准,准的不快。一次,田志和、陈雨安带着测水仪和容重仪来到该公司。在化验室,当着对方的面做了实验,化验员惊讶地说:"中国还有这样好的东西!"当场买下。停了1个月,中粮生化又要了两台,坚持每一车粮食都用快速测水仪化验和容重仪定等,并提出了加软件的要求。他们希望通过软件可以查到哪辆车出现舞弊行为,该车的扦样号是多少,谁做的,什么时间做的。

田志和又找到软件开发专家,成功研发了"电脑监控联网系统"。中粮生化一下买了6台，总经理坐在办公室就可以监控整个收购粮食的化验过程，当天收的粮食什么状况一目了然，从而做到了农民、企业"双满意"。

"质量问题，必须有责任感，售后服务很重要，不能砸在客户手里。"这是田志和经常挂在嘴边的一句话。

2011年12月18日下午5时许，肇东一个客户打来电话，说粉碎机突然不转了。当时正是"北国风光，千里冰封，万里雪飘"的季节，高速公路都封了。田志和第二天凌晨4点启程，带上8台粉碎机，跑了近500公里，直奔肇东，这让对方感动不已。

2012年1月，吉林延吉地区有个客户，测水仪打压夹子上端2寸长的塑料管裂纹，导致测试不准。田志和接到电话，次日凌晨3点驱车560公里来到延吉。他这一趟来往费用花了1800多元，而那一截管子只值2元钱。田志和说，我们不能钻进钱眼里，只要客户满意，花钱再多也值得。

还有一次，内蒙古通辽市西大仓粮库的王佐军打来电话，因春节前忘记把测水仪放到宿舍了，结果放假十来天，仪器打压部分冻裂缝了，导致漏水，操作失灵，并说因为是他们人为损坏，需要多少钱他们都出。田志和拉了两台测水仪很快赶到通辽，免费给他们换了1台新的。这一趟他们来回往返630公里，花费800多元。

田志和并非全都"春风得意"，他也有自己的困惑。他耗尽心血研发并得到国家粮食局认可的快速测水仪和容重测水仪，因为种种原因"叫好不叫座"，还有的持怀疑态度。

"因为没有政策约束，明明是好东西，但一些企业和粮贩子出于自身利益考虑，却不想用。要是能进入国标，这样就能强制执行，用仪器公开、公平、公正检验。"田志和如是说。

田志和的"粮食水分、容重测定水浸悬浮法"，成功解决了东北地区高水分冰冻玉米的水分检测，容重测量既快又准，目前黑龙江、吉林、辽宁、内蒙古地区中储粮、中粮、地方储备库及个体粮库用这两款仪器都非常满意，解决了以前手摸牙咬，靠烘箱时间长且不准确等问题。

春种一粒粟，秋收万颗籽。田志和成功了，但他并没有陶醉，他最大的愿望是"粮食水分、容重测定水浸悬浮法"能进入国际标准，打入国际市场，为祖国争光！

王保善：

皖南木榨油文化传承者

□ 胡增民

王保善，1964年生于安徽省定远县，北京EMBA总裁班毕业，大专学历，中共党员。中国皖南木榨油生产技艺非物质文化遗产第六代传承人，现任安徽康平油脂有限公司董事长、安徽省粮食行业协会副会长、宣城市消费维权联合会会长、宣城市商业协会副会长、宣城市养生学会副会长、宣城市宣州区人大代表。

人物语录

◎ 既做第一，又做唯一。

◎ 真情做人，用心做事。

◎ 看准的事情，就是卖房产、卖裤子也要去做。

◎ 依传统木榨工艺生产，靠现代企业制度管理。

◎ 成功者绝不言弃，放弃者难以成功。

王保善，一位充满传奇色彩的创业家。19岁，他怀揣100元来到宣城，一番打拼之后，成为千万富翁；37岁，他从富翁变成"负翁"；45岁，他还清巨额债务，东山再起，成立安徽康平油脂有限公司；50岁这年，皖南木榨油生产技艺入选安徽省非物质文化遗产保护名录，他成为文化遗产"传承人"。

* * *

　　19岁，他怀揣100元来到宣城，一番打拼之后，成为千万富翁；37岁，财产顷刻成负，他从富翁变成"负翁"；45岁，他还清巨额债务，东山再起，成立安徽康平油脂有限公司；2014年，公司研发的皖南木榨油生产技艺入选安徽省非物质文化遗产保护名录，他成为该文化遗产"传承人"。

　　他就是王保善，一位充满传奇色彩的创业家。

/ 小木匠办班 /

　　34年前，19岁的王保善第一次来到皖南宣城，成为一名小小的木匠。短短几年时间，他通过自己的才干和努力，成为一家技术培训公司的老板。

　　"做木匠时，我们只负责做家具，做好以后交给油漆工。但我发现油漆工挣钱比我们多，我就决定改行做油漆工。"这是王保善第一次萌生转行的念头。可是，在宣城，同行担心他抢生意，根本没有人愿意将油漆这门手艺传授给他，他只能在一旁偷偷看，偷偷记，偷偷学。

　　一次偶然的机会，他在电视上看到合肥油漆培训班的招生广告，于是下定决心，准备北上学艺。性格果断的王保善只身来到合肥，参加了培训班。可还没等培训结束，王保善又想转行了，而这一次他想到的不仅仅是一门单一的手艺，而是用自己的所学开培训班。

　　"我私下为培训老师算了一笔账：一个班130个人，每个人交50元培训费，半个月就挣八九千块钱，这在那个年代是相当可观的收入啊，当时我就决定了要走师傅这条路。"培训结束后，王保善决定留下来做培训，学习培训技术和培训经验。

22岁这年，属于王保善自己的培训班终于开起来了。泗县、宿州、六安、安庆……不少地方都有王保善在油漆培训班上讲课的身影。"理论讲起来容易，可是哪里有那么多的家具让学生们练手呢？我就想到了一个办法——免费油漆家具。"就这样，王保善的培训班越来越红火，而且积累了大量的实战经验。

1992年，王保善辗转来到宣城开设油漆班。同时，他也看到了其他商机，陆续开设了裁缝班、摩托车修理班、厨师班、家电班、编织班、干洗班……这一年，宣州市惠达技术培训有限公司正式成立了。

"1992～1998年，我们公司每年培训学员4000人，6年培训学员2万余人，学员大多输往上海、杭州等江浙地区的大中型企业。"此时，30多岁的王保善已经成为千万富翁。

/ 富翁变"负翁" /

昔日的辉煌还未散去，二次创业，对王保善来说就没有那么顺利了。

"短短两年的时间，我就从千万富翁变成了'百万负翁'，那个时候苦啊！"说起第二次创业，王保善的眼角似乎有泪花闪动，心里有说不出的苦楚，因为那是一段在夹缝中求生的日子。

原来在2000年，由于拆迁等原因，王保善的培训公司停业，于是他投资700多万元转型做实体经济，在原宣城市经济开发区成立宣城市宏大塑业再生厂。然而，由于工厂生产以煤为燃料，产生了二次污染，被有关部门"叫停"。

王保善并不死心，他东借西凑了50余万元，花了两个多月时间将厂房搬迁至敬亭山脚下。没想到，投产还不到3天，就遭到群众举报，工厂又被强行停产整改。两次被迫停产，背负300多万元的债务，王保善一下从"云端"坠入"地狱"，穷途末路的王保善几近崩溃。

"我当时穷到什么地步，你肯定无法想象。别人把办公桌都搬走了，我连200元钱的电话费都交不起。"面对事业的失败以及朋友的追债，王保善一度产生过自杀的念头。他偷偷买好了保险，准备随时结束自己的生命。

可看见妻子还在无怨无悔地陪伴和帮助自己，家乡的父母还在支持着自己，他放弃了轻生的念头。

于是，不甘心就此沦落的王保善将债务列了一张清单，立下誓言要在最短的时间内将所有债务还清。"我清清楚楚地记得，我当时欠了32个人、320多万元，我决心到2008年年底将这些账还清。"2002年，王保善终于寻得良机。

他发现定远县宏大油厂倒闭一年了，但工厂设备良好，技术人员还在，客户仍有联系。于是，他大胆承包了该厂，通过诚信经营和人格魅力，迅速将油厂扭亏为盈，年底即实现产值2000多万元，3年盈利450万元，他本人分红200多万元。

然而好景不长，宏大油厂因当地开发区建设又要搬迁，政府宣布这家集体企业破产，王保善从此又过上了流离失所的日子。

山重水复疑无路，柳暗花明又一村。2006年，王保善的客户单位黄山市兰渡油脂公司向他伸出了"橄榄枝"。相似的情况，同样的方法，王保善又让一家濒临倒闭的集体企业"起死回生"。辛勤的付出得到了丰厚的回报，经过6年打拼，王保善赚足了资本，赎回了全部家产，还积累了800万元资金。有了资金后，王保善首先想到的是曾经在危难时帮助过自己的亲朋好友。8年来，他每天都在翻弄那张发黄的"欠账单"，如今终于可以还清这笔"人情债"了。

2007年5月，王保善买好礼物，开着新车，按照"欠账单"上的名字，挨家挨户登门致谢。当曾经"穷途末路"的王保善突然"八面风光"地出现在朋友面前的时候，大家都惊喜不已。

"很多人都不指望我还钱了，没想到我用几年时间就将这320多万元还清了。"王保善自豪地告诉笔者。

/ 天道酬勤 /

王保善虽然是定远人，但他回到宣州只是为了一个"谢"字，他要加倍偿还宣州父老曾经给他的"爱"。

2008年王保善回到宣州后，成立了宣城市康平油脂有限公司，固定资产投资1000多万元，建成预榨、浸出、精炼、锅炉四大车间和仓库、办公住宿、食堂等，建筑面积达3750平方米，注册了"敬亭山"牌植物油商标，日加工油料180吨；菜油和菜粕产品除供应安徽本地外，还远销江苏、浙江、福建和河北等地。

受全球金融危机影响，康平油脂2009年仅生产4个月，营业收入就已达1800万元，实现利税144万元。康平油脂因此被宣州区政府命名为农业产业化龙头企业，被安徽省粮食行业协会吸收为会员单位，被国家财政部、国家发改委、国家粮食局纳入国内油料油脂收购加工自主经营补贴企业。

良好的开端是成功的一半。王保善以其独特的经营理念，加大科技投入，扩大再生产，2010年加工油料1.5万吨，实现销售收入6700万元，利税254.7万元。

在全国油脂行业不景气的情况下，2011年康平油脂却更上一层楼，以现代理念规划设计厂区，追加投资1000多万元，扩建仓库，增加储油罐，新建一条小包装精品生产线，生产茶籽油、麻油、纯小机榨菜籽油等高端生态健康油，并采用礼品盒包装，试生产2000盒投放市场，3天即销售一空。

2011年，康平油脂加工油料达2.3万吨，实现销售收入16 253万元，利税1300万元。2012年，康平油脂晋升为安徽省粮食产业化龙头企业，并荣获"中国粮油百佳企业"称号，"敬亭山"获得"中国食用油十佳品牌"称号。

2016年7月，安徽省粮食行业协会换届选举，王保善高票当选为新一届安徽省粮食行业协会副会长。

/ 发力传统技艺 /

木榨制作及木榨榨油是王保善一生中抹不去的情结。经过多年的摸爬滚打之后，王保善愈加清晰地认识到，康平油脂不仅要生产"物质"产品——健康的食用油，还要生产"精神"产品——保存和传承传统木榨技艺。

2012年，王保善开启了人生中最大的梦想之旅：他紧紧抓住中国自古有食用木榨油习惯的契机，传承传统工艺，投资6600万元，建设20多台（套）木榨机，新建一座中国最大的木榨油生产基地——敬亭山老油坊，年木榨菜籽油、芝麻油、山茶油等植物油4000吨。

如今，木榨油已经成为康平油脂的主打品牌。在康平的木榨油生产基地，1000多平方米的木榨车间内，30多台木榨一字排开，撞击木榨的响声、工人吆喝声、浓浓的油香，让人仿佛一下子置身于历史的河流中，穿越到了古代。

沉浸在淡淡的油香中，磨籽、封干、风车除杂、炒制、碾粉、蒸热、包饼……一道道工序有条不紊地进行着，传统的工艺在这里得到延续、得到升华。王保善自豪地向记者介绍着每一台木榨的来历，每一个部件的名称和作用。看得出，这些小物件凝聚了康平人的心血和深情。

2014年，王保善建立了皖南木榨博物馆，这里现已成为国家AAA旅游景区，到2016年年底，博物馆共接待游客万余人次，真正实现了集工业、农业、文化旅游为一体的现代化企业，成为宣城的一张城市名片。他自己也在这一年被评为"2014中国粮食经济年度人物"，与袁隆平等国内大咖"并驾齐驱"。

2014年6月26日，中国粮油学会油脂分会常务副会长、全国粮油标准化委员会油脂油料工作组组长何东平到康平油脂考察，他评价道："这是我有生以来，第一次看到这么多台木榨榨油场面，这里是真正的中国木榨油基地。"

巴顿将军曾说过："衡量一个人是否成功，不是看他登到顶峰的高度，而是看他跌到低谷的反弹力。"这句话用在王保善身上非常贴切。

"我的创业之路走得很不容易，但我会一直走下去。"这是王保善的人生写实，更是他的追求和信念。

2015年5月，宣城木榨油荣获国家地理标志保护产品称号；2015年7月，企业荣获国家高新技术企业，这一项项荣誉都是王保善敢于拼搏的见证。

2016年王保善再获殊荣，荣膺"中国十佳粮油创业风云人物"，12月4日，他站在了第六届中国粮油榜颁奖盛典的领奖台上，颁奖词是这样写的："一项项荣誉是王保善敢于拼搏的见证，二十几年的打拼岁月，让他从骨子里拥有着常人无法比拟的韧性，来自皖北的硬汉，这辈子永不认输、永不认命。王保善，为你点赞！"

王刚：

信守天然承诺　打造"0添加"面粉

□ 付嘉鹏　赵倩

王刚，1977年生。2000年至2005年3月，任驻马店市恒阳面粉厂法人代表，2006年至今任"一加一"天然面粉有限公司董事长，2013年当选为河南省政协委员。

人物语录

◎ 一加一的生存哲学就是"简单"，不管是产品，还是制度。

◎ 引领行业变革是我的梦想。

◎ 一个企业的发展只要是健康的、充满生机和朝气的，这就是一个有尊严的企业。

◎ 带10个人和带100个人是完全不同的管理艺术。

◎ 跳出低价竞争的怪圈，就像冬天从暖被窝里刚刚出来的一刹那，很痛苦，但过一会儿就好了。

> 不到25岁就接手父亲一手创办的面粉厂，血气方刚的王刚，一上任就砍掉了除面粉加工外的所有产业。8年后，王刚带领"一加一"再次进行战略收缩，专攻天然面粉。他希望更多面粉加工企业能和"一加一"一起，共同走上这条"康庄大道"。

***

2014年1月17日下午5点，在河南省"两会"的定点酒店，《粮油市场报》记者见到了正在为政协会议忙碌的河南"一加一"天然面粉有限公司董事长王刚。

此时的王刚，放下了一切职务和头衔，抛却了庞杂的社会关系，单纯、专一地履行着政协委员的职责。不过，他依然执着于"天然面粉"事业，利用各种机会向社会各界呼吁："积极推动河南天然面粉产业发展。"而在一年前，2013年1月19日，刚刚当选河南省政协委员的王刚，拿着同样的提案呼吁："大力发展粮食精深加工，让天然面粉成为河南的名片，助推河南省粮食产业化发展。"专注的创业家王刚这个人很简单。他说："之所以简单，是因为专注、专一。"简单、专一，亦体现在他对事业追求的态度上。创业伊始，王刚把自己的事业目标定位为打造天然面粉，至今未改。

谈及打造天然面粉的初衷，王刚的理由亦很简单。2008年的一天，他来河南省实验幼儿园接儿子时，看见儿子和其他小朋友正吃着幼儿园提供的馒头。王刚一眼就看出馒头使用的面粉不纯正，含有添加剂和增白剂。

"看到孩子们吃这样的馒头时，我难过极了。作为祖国的未来、祖国的花朵，怎么也逃避不了滥用的添加剂？"这成为王刚立志天然面粉事业的"引线"。

为了这一目标，王刚改变了产品包装，统一了产品标示。在河南郑州，随便进入一家丹尼斯超市，在面粉区的显眼位置，就会看见"一加一"品牌的面粉。该产品净含量为5公斤，包装袋统一为奶昔般的白色，质地为柔软的透明塑料。白底的包装袋上有红黄绿三色，"一加一"3个大字用鲜艳的红色绘就；"20年天然面粉专家""天然面粉""所有面粉0添加，绝无添加剂残留"等字样，则用墨绿色对比印染。

"这种食品包装袋为'奶粉级'标准,最大也只能为5公斤。"因此,到目前为止,"一加一"天然面粉面向终端的产品规格仅此一种,包装也仅此一种。

"'一加一'面粉在流通过程中,还要再增加一层纸箱包装。"王刚说,采用这种包装就是要最大限度地保证面粉的天然特性。而市面上的面粉多为50斤无纺布袋包装,从出厂到超市上架,多次的搬卸环节很容易造成二次污染。

王刚把"一加一"品牌塑造得也非常简单。2013年年初,河南各主流电视媒介都出现了这样一则广告:一位白衣女子,端庄站立在消费者面前,平静地说,一加一不等于二,一加一等于天然面粉;一加一,20年天然面粉专家;所有面粉0添加,绝无添加剂残留。

没有出彩的创意,没有炫酷的特效,就这么一则平实的广告,却抓住了1亿多河南人的眼球。"我们不想花太多的钱去做创意,只是想把真实的自己展现在消费者面前。"王刚表示。

/ 大胆的冒险家 /

"在英文中,'企业家'还有'创业家、冒险者'的意思。我认为,企业负责人就应该具备冒险精神,不能裹足不前。"王刚说。

他似乎是天生的冒险家。1992年,王刚的父亲王勤长创办了一家面粉厂,取名恒阳面粉厂,日产15吨,这就是"一加一"面粉的前身。2002年,不满25岁的王刚接手恒阳面粉厂。

血气方刚的王刚,一上任就展露冒险家的特质。他力主改变父亲多元化发展的思路,果断砍掉挂面、运输和养殖等面粉加工之外的产业。

敢于冒险来自于他对行业的深刻洞悉。由于产能过剩,我国面粉加工业一直处于无序竞争的局面,同质化、低价竞争现象严重。

"低价竞争绝对是死路一条。"王刚认为,许多面粉加工企业都在依靠低价竞争的策略卑微地活着。只有走自己的路,才能在自己的领域有所建树。

在他看来,"面粉0添加,绝无添加剂残留"才是自己要走的路。2010

年年初，他誓言要在中国面粉界做第一家全部取消添加剂的加工企业。听闻该消息，"一加一"企业内部反对声一片。回过头来，王刚也承认，自己有些操之过急。"走'所有面粉0添加'这条路所产生的痛苦，只有自己最清楚"。

据记者了解，如果保证"所有面粉0添加"，企业不仅要从加工工艺上做很多改造，还要确保收购100%纯正优质小麦，且需要进口专用优质小麦进行调配，这无疑为企业的发展套上了巨大的成本"枷锁"。

冒天下之大不韪，王刚的改革依然我行我素。不成熟的市场扇了王刚一记重重的耳光。很快，由于成本价的增加，"一加一"面粉所在地——驻马店的市场销量出现萎缩。随后，多数经销商质疑"一加一"面粉的改革举措，纷纷要求退货。

王刚承认，当时他陷入了人生中最痛苦的时刻。"明明事先做过充足的准备，我们也提前和经销商、馒头坊，甚至一些消费者统一了意见，他们非常认可我的观点，结果却因为成本，陷入了困境。"此前，一位重庆的面粉经销商说，在王刚父亲掌舵的时代，他就开始与"一加一"进行合作，当时每月销量达到4000吨。王刚却不遵从市场传统，硬要失去这么大的一个市场。"别的品牌有添加剂，'一加一'面粉不用添加剂的行为是找死。"该经销商直言不讳。

王刚陷入四面楚歌的境地。在生与死的选择上，王刚选择了痛苦地活着。先前拆掉的添加剂设备重新上马，"一加一"几乎全部停产的生产线又开始运转。

"我采取一部分生产有添加剂的面粉，一部分生产不含添加剂面粉的战略，稳步推动企业向前发展。"王刚说，此次经历并不是毫无意义，"我发现消费者的消费理念，还需要我们去不断引导，而不能一蹴而就。"2011年，国家相关部门颁发"禁白令"。市场对天然面粉的需求出现井喷式复苏。这一年，成为"一加一"面粉实现"4年20倍增长"的关键一年，也成为"一加一"面粉创造面粉行业发展奇迹的一年。

回首往事，王刚感慨万千。他认为，我国许多面粉加工企业已陷入低价竞争的怪圈，很多企业负责人不是没有带领企业跳出来的能力，只是还未看到面粉产业发展的未来。

"跳出低价竞争的怪圈，就像冬天从暖被窝里刚刚出来的一刹那，很痛苦，但过一会儿就好了。"王刚说。

/执着的独行者/

"一加一"面粉的销量在呈几何状递增。

2012年11月，"一加一"天然面粉正式登陆省会郑州。2013年1月，"一加一"面粉与占郑州市乃至河南省市场份额最大的商超丹尼斯进行合作。

丹尼斯相关负责人表示，按品种论，"一加一"市场份额只占所有面粉品牌的1/50，但它的销售业绩月月排在丹尼斯面粉区第一位。

不过，他还是认为天然面粉产业的力量过于弱小。

2013年12月，"一加一"的营销人员在河南焦作发现，当地一个面粉品牌打出了"天然面粉；所有面粉0添加，绝无添加剂残留"的广告语。不仅如此，该产品的包装设计样式和"一加一"天然面粉如出一辙。该营销人员当即将情况汇报给王刚，并建议起诉该企业的侵权行为。

王刚的反应却令所有"一加一"人诧异："算了吧，能跟着咱们一起做天然面粉，我已经很感激啦！"他的理由是："河南的小麦这么好，而且全省的面粉加工总规模世界第一。如果大家都做天然面粉，把天然面粉打造成河南省的一张名片，我想，河南小麦在全国粮食安全中的地位将更加凸显，面粉加工企业也不用为眼前的生存而忧虑了。"因此，王刚从不反对其他企业模仿，他希望更多面粉加工企业能够觉醒，共同走上这条"康庄大道"。

为了发展壮大天然面粉事业，王刚积极参加各类社会组织以及活动。

2013年，王刚加入一个名为"少帅集团军"的组织。该组织集合了河南当下多个行业的企业精英。"我们这个组织里面的企业家大部分都是70后、80后，大家有相同的兴趣和价值观。"该组织给这些企业搭建了一个沟通的平台，通过聚会的方式，把这些人拧成一股绳。

"虽然大家身处各行各业，但企业管理、品牌建设等，毕竟具有共通性。这些企业家都有自己的专长，交流过程中，我汲取过来，为我所用。""三人行，必有我师"，在与许多企业家接触过程中，王刚学会了"偷师"。他曾经"偷师"巴奴火锅的创始人杜中兵。

"你知道餐饮行业哪一块最强大吗？就是管理团队和企业文化的建设。"王刚认为，餐饮业的从业人员，素质参差不齐，而所服务的对象更是多种多样。让这些服务员游刃有余地服务好每一位顾客，实属不易。

经过多次与杜中兵的交流碰撞，王刚掌握了管理诀窍，并迅速将这些经验移植到对"一加一"的管理上。

"'一加一'虽然选对了自己要走的路，但我们不会盲目乐观，因为毕竟前面的路还很长。"面对未来，王刚说："我从不规划未来，但我希望在几年之后，河南每家每户的老百姓都会在过年过节包饺子时，买上一袋'一加一'的面粉，这就够啦。"

王根：

朴实做人　诚实做面

□ 王影影

王根，1962年出生，祖籍河北省遵化市，现任北京本乡良实面业有限责任公司董事长。

人物语录

◎ 我一直都是把大部分利润让出去，是想自己品牌有个好口碑，能够经营出一个好品牌。

◎ 我这一辈子就搞粮食、搞面粉了，这是一种感情。

◎ 吃的东西一点都不能含糊，保证食品安全这方面就是要不计成本。

◎ 啥最重要？肯定不是赚钱，自己看着蒸出来的馒头心里就特美，特别满足。

◎ 诚信和质量始终是品牌立足的根本。

> 22岁时他买了全村第一台拖拉机，开始了粮食生意；看准了商机后，他开始了面粉加工买卖，从此沉下心来一门心思做自己的面粉品牌，把"做好品牌，赢好口碑"作为信条的王根，如今一手打造的"本乡"品牌面粉已经在北京站稳了脚跟。

* * *

第一次听说"本乡"这个品牌，是在2012年6月16日国家粮食局在北京门头沟开展的"放心粮油"宣传日活动中，当时组织者对当地消费者进行了调查，让他们列出心目中最"放心"的三个粮油品牌，在回收的问卷上记者发现，除了源自北京本土的大国企京粮集团旗下的"古船"，"本乡"牌面粉也有很高的出现频率。

为什么这个民营企业出品的"本乡"牌会有如此高的品牌认知度？看出了记者的好奇，北京市粮食行业协会原秘书长申常水将记者引到会场上北京本乡良实面业有限公司的展位，指着一位面相淳朴、衣着朴素，正笑容满面地向大家介绍各类面粉和馒头产品的中年人说，这就是"本乡"品牌的打造者王根，你可以跟他聊一聊。

/ 以诚信为本 /

王根是地道的农民出身，16岁高中毕业后，他开始在河北省遵化市西留村乡学汉坨村学做木工，因为手巧又爱钻研，没几年，他的木工活就做得声名在外。但是考虑到木工活日后可能没有大的发展，心思活络的王根又开始打起了搞运输的主意。

1984年，22岁的王根揣着几年来做木工活攒下的积蓄购买了全村第一台拖拉机，开始拉着大米和面粉去乡里换原粮，再卖到粮库，从中赚差价。"因为从不缺斤少两，所以当时只要是我拉粮食到粮库，粮库就直接卸货给钱。"凭借着个人的好信誉，王根换粮的生意很快就发展起来，不久后王根又发现搞面粉加工利润率更高，于是索性买了台磨粉机开始自己加工面粉，生意也很快顺风顺水地做了起来。虽然买卖不愁，但是细心的王根发现，自己加工的面粉质量不如邻县玉田的面粉好，玉田的面粉又白又细，到了粮库大家都抢着排号要货。

为了搞清楚玉田出的面粉质量为什么好，王根亲自跑去调查，到了加工厂一打量，发现是人家的设备比较先进。于是，王根没有犹豫，一下子拿出29 000元订了套和参观的那家工厂一样的面粉设备，"这笔钱在80年代可算是巨款啊。"王根回忆说，"但是我当时觉得为了让面粉质量更好，这笔钱一定得花。"有了新机器，王根原来的家庭式小作坊一下子就升级成了小型加工厂。

"当时我这是村里第一家，全村人都去参观，一天机器满负荷能加工十几吨小麦，但是生产出来的产品仍然供不应求。"面粉加工厂平稳发展后，1996年，王根在村里征了几亩地，原意是想搞鸵鸟养殖副业有更高的利润，但犹豫再三，王根最终还是决定再上一套面粉加工设备继续扩大生产。"因为做粮食虽然利润低但是稳定，而且我的面粉已经积累了一定的口碑，客户资源当时也比较丰富了。"经过思索后，王根决定排除杂念，沉下心一门心思把自己的面粉生意做好做大。

也就在这一年，王根萌生了打造自己的面粉品牌的念头，他去工商局正式注册了"本乡"这个品牌，寓意简单朴素，就是源自本乡本土的意思，并且为了保护商标，他还注册了多个种类，这样的品牌意识在当时的乡镇企业家中并不多见。

1998年，新一轮粮食流通体制改革的大潮袭来，国家出台政策要规范粮食流通市场，不够规模的粮食企业要砍掉。当时王根的加工厂已经可以日产70吨面粉，顺应改革的潮流，王根很快就和县粮食局达成协议，租下了他们的工厂，"本乡"的企业产能得到了进一步扩张。

诚信和质量始终是"本乡"品牌立足的根本。王根说："我其实不会赚钱，我的面粉利润不高，因为我把大部分的利润都让给了经销商和消费者。"但对于"本乡"面粉的质量，王根却从不含糊。"我是农民出身，到现在家里都种着地，因为从小种地，我知道什么样的小麦磨出来的面好吃，直到今天，工厂原粮的采购我都要亲自去做。"

对诚信和质量的坚持也为王根带来了源源不断的回报，慢慢地，"本乡"牌面粉不仅在河北省内供不应求，还远销到了东北地区。2003年，"本乡"被沈阳市质量技术监督局评为"粮油质量放心品牌",这是"本乡"凭实力获得的第一个肯定。

/在首都扎根/

产品持续供不应求,企业原来的产能已跟不上市场的需求,王根开始到处寻觅场地建新厂。2001年,他已经在河北拥有了3家工厂,如果想舒服地赚钱,他大可以留在当地发展,但王根不想当"土财主",他有一个目标,想把"本乡"品牌打进北京市场。

其实进京的念头最早可以追溯到"本乡"品牌诞生的第二年,但北京的面粉市场早已经被盘踞多年的"古船"占领,一个外省民营企业的小品牌想再来分一杯羹谈何容易!从1997年开始,王根为了进京屡败屡战,"在北京连着办了4个营业执照都失败了。"但最终就是凭着骨子里这股韧劲,2001年,王根带着他的"本乡"终于来到了北京。

在北京建厂只是王根实现梦想的第一步。要想在北京城里扎下根,让老百姓愿意买你的面粉,就一定要先提升品牌认知度。如何迅速打开局面让本乡面粉被京城的老百姓熟知呢?想到"古船"财大气粗,面粉主要在各大商超上货,为了扬长避短,"本乡"就转而主攻农贸批发等二级市场。

进京的第一年,为了做市场打品牌,王根亏了100多万,但他并不以为然,也毫无退意,"北京市场有很大的潜力,前期的投入就是为了把品牌树起来。"经过战略调整和苦心经营,"本乡"品牌渐渐有了一定知名度,甚至老百姓间有了"东有古船,西有本乡"的说法,销售额逐步提高,"本乡"这个牌子也开始真正在皇城根扎了根,企业的经营管理也步入正轨。王根多年的努力没有白费,由于看到了"本乡"品牌的发展潜力,当时的门头沟粮食局即京门良实资产管理公司提出入股30%与王根成立合资公司,于是北京本乡良实面业有限公司正式挂牌成立,企业发展日益平稳。

也许是性格使然,王根对制粉设备和技术有种近乎痴迷的情结。他告诉记者,从企业刚起步时,设备的维修都是他亲自完成,买回来的机器在实际生产中常常有不适用的地方,他就琢磨着自己改造,简单的设备他都可以自己制造。"直到现在我还是改不掉这个毛病,喜欢自己组装设备。"

王根笑着告诉记者。

于是2006年合资公司成立后，王根琢磨的第一件事就是升级设备。"要买就买最好的"，他斥资几百万买入了布勒当年最先进的一套制粉设备，"当时这也是全行业最先进的设备，我是全国第3家购买的企业，新设备可以日加工小麦280吨，我的产量一下就增加了30%。"目前，"本乡"面业的年处理小麦量可达到14万吨，采用国际先进的制粉工艺，国内一流的制粉设备，PLC自动化控制系统组成先进的流水线，并拥有一支强大的产品质量保障和研发队伍。

得道者多助。2008年，"本乡"面粉成功打入了北京高校市场，为全市60多所高校食堂供应面粉，并且连续三年被北京高校联合采购中心授予"年度伙食联合采购工作优秀供应商"称号；2011年，又和北京古船食品公司一起成为面粉类仅有的2家"北京高校首批原材料直供基地"；2013年，"本乡"面粉荣获北京市工商行政管理局授牌的"北京市著名商标"；2016年，企业又与北京市教委后勤事务中心签署《食品安全可追溯质量管理体系试点建设协议书》，成为食品安全可追溯质量管理体系试点建设单位。

/ 与馒头结缘 /

近几年，在国家政策的推动和引导下，越来越多的粮食企业投入到了主食产业化领域，而"本乡"面业的这一步早在2008年就已迈出。

究竟如何开始与馒头结缘？王根给记者讲了一个故事。

2008年，因为"本乡"的面粉都是采用新粮，质量好，价格略高，一般人不愿意买，当时北京军粮中心下属的首莲餐饮公司购买了"本乡"面粉，但食堂蒸馒头的山东师傅却不愿意用，提出说面粉质量不好。

因为对自己的面粉质量绝对有信心，王根就对公司老总说，我亲自去帮你们烧锅炉蒸馒头，看看问题到底出在哪儿。埋头干了1个月后，食堂的师傅终于说了实话：不是你们的面不好，而是用了你的面蒸馒头后销量大增，师傅干活太累。

通过这件让人有点哭笑不得的小故事，王根从中得到启发，老百姓其实是愿意花钱吃好面的，好馒头也会有很大的市场，自己还有面粉厂，为什么不做馒头呢？2009年5月，王根的馒头工坊开工了，当时只上了1条馒头的生产线，日加工2万至3万个馒头，放到本乡的直销店里卖。由于馒头价格低，分量足，质量又好，刚一上市就供不应求。

但王根不满足于小打小闹，且当时的馒头生产线还有很多不尽如人意的地方。为了学习业界先进技术，2010年6月，王根去西安参观了陕西爱菊集团的馒头生产线，爱钻研懂技术的他很快取长补短，彻底改造了自己的生产线，并建起了1500平方米的3层厂房，开始规模化生产，高峰时期1天可加工30万个馒头，实现了"本乡"馒头的工业化生产。到了2016年，"本乡"的年销售额达到了七千万，馒头卖出了2900万个。

为了节省时间和保证产量，业内很多企业都使用酵母作为发酵剂，但这样生产出来的馒头麦香味不够。王根希望工业化生产出来的馒头也能保持传统口味，便始终坚持"老肥发酵"的工艺，为了使传统工艺满足工业化生产的要求，他用2年的时间摸索改造生产设备，通过控制时间和温度，用面肥水和面，再经过扎碱、饧面、二次发酵，终于成功地解决了这一难题。

2011年，王根花35万购买了连续自动打包设备，希望实现本乡馒头的密封包装，杜绝二次污染。"连当时我购买打包设备的厂家都不愿意卖给我，认为生产馒头利润太低用不起，瞧不起这个行业。但我就是想把这个行业的门槛提高，不计成本地追求馒头的食用安全。"现在，王根又开始研究起面包的生产工艺，已过半百的他专门去报了个面包培训班，我问他为什么，他回答："得自己先熟悉了面包的制作工艺，才能了解如何做出好面包产品。"

王晓曦：

专注小麦加工 30 载

□ 闫巍　郝瑞

王晓曦，1963年生，内蒙古人，教授、博士生导师，现任河南工业大学粮油食品学院院长，中国粮油学会食品分会副会长，国家特色专业粮食工程专业负责人，获得国家科技进步二等奖1项、省部级一等奖4项，主持或参加国内外大型粮食加工工程项目设计及建设近百项。

人物语录

◎ 节能也是盈利。

◎ 踏踏实实搞科研，实实在在做事。

◎ 坚持特色发展，坚持科研立院。

◎ 企业应通过创新提升竞争力。

◎ 面粉加工行业要发展，一是搞技术创新；二是延伸产业链；三是降低成本，降低能耗，提高出粉率。

自1983年考入郑州粮食学院，王晓曦已投身小麦制粉行业30余载，其参与的高效节能小麦加工新技术项目被评为2011年度国家科技进步二等奖。如今，该技术广泛应用于国内制粉企业，并成为企业发展的核心动力。

* * *

在夏日的晨光中，记者来到位于郑州的河南工业大学。这里空气清新，树枝繁茂，伴随着琅琅的读书声，到处可见莘莘学子的身影。就是从这样一个宁静安逸的校园中，走出了数以万计的粮油食品加工人才，他们奋斗在全国粮油加工及仓储领域的条条战线上。

河南工业大学最早的前身是中央粮食干部学校，1959年搬迁至郑州，成立国内最早的粮食类本科院校——郑州粮食学院，成为当时经国务院批准创建的全国唯一一所粮食工程类大学。该学院在粮食仓储及加工领域有着雄厚的研究力量，享有"亚洲粮院"的美誉。

/ 科技引领创新 /

2011年，由河南工业大学粮油食品学院参与申报的项目"粮食储备'四合一'新技术研究与集成创新"获得我国粮食研究领域的第一个国家科技进步一等奖。随后在2012年年初的国家科学技术奖励大会上，"高效节能小麦加工新技术"获得了国家科技进步二等奖。

"这个奖是整个项目组通过十多年的不懈努力换来的，这是国家对我们工作的肯定，更是对小麦加工技术创新的肯定。"王晓曦说。

王晓曦，河南工业大学粮油食品学院院长，国家特色专业粮食工程专业负责人，同时也是2011年度国家科技进步二等奖"高效节能与清洁安全小麦加工新技术研究与推广应用"的获得者。

据了解，国家科学技术进步奖是国务院设立的国家科学技术5大奖项之一（国家最高科学技术奖、国家自然科学奖、国家技术发明奖、国家科学技术进步奖、国际科学技术合作奖），通常授予在技术研究、技术开发、技术创新、推广应用先进科学技术成果、促进高新技术产业化，以及完成重大科学技术工程等过程中做出创造性贡献的中国公民和组织，也是中国科技工作者的最高荣誉之一。

"小麦是谷物的一种，其加工方法从古至今不断地改进。我国早在4600多年前就已经开始种植小麦，并用石臼将小麦捣碎制粉。在应用过程中，随着社会的进步，臼的材料先是用木头，再用石头，后来用金属。这就是小麦加工的最早雏形。"王晓曦向记者介绍说，到了2700年前的春秋时期，中原地区的人们开始利用简单的石磨磨制小麦。

最开始的人力石磨是300毫米的小直径平面石磨，在使用的过程中，人们将磨盘直径逐渐放大，增加摩擦面积，将石磨的磨面变成凹形，便于放料；再后来，人们开始用畜力驱动石磨，上下磨盘间的间距也可根据实际需要进行调节。

"石磨磨粉是最早的小麦加工技术，这种技术一直持续了2000余年，其间做的每一次改进都是一次技术创新：人力驱动、畜力驱动、水利驱动、风力驱动，是石磨磨粉技术动力系统的创新；磨盘直径放大、石磨磨面变凹、上下磨盘间距调节，是对石磨磨粉技术粉路系统的创新。"王晓曦说。

面粉真正的工业化生产一直到19世纪才开始。18世纪中叶，欧洲工业革命推动各行各业从手工劳动向动力机器生产转变的重大飞跃，面粉行业也不例外。

辊式磨粉机就是在这个大背景下发明出来的。1823年，波兰建成了世界上第一座辊式磨粉机的面粉厂，圆筛、筛网、提升机、螺旋输送机、辊式磨粉机等现代面粉工厂中耳熟能详的设备开始大范围、大批量地运用到面粉加工行业中。

1897年，英国商人最先在上海创办近代机器面粉厂。3年后，我国民族资本家（安徽孙氏兄弟、无锡荣氏兄弟）从美国引进了整套小麦制粉生产线，奠定了中国面粉工业基础。

"对于整个面粉行业来讲，这是一次真正意义上的技术革命，与石磨磨粉相比，以辊式磨粉机为主的成套生产设备实现了面粉的机械化、连续化生产。"王晓曦介绍。

/高效节能是关键/

小麦是世界三大谷物之一，也是我国居民的基本口粮之一，其生产与供应是国家粮食安全保障体系的重要环节，小麦加工技术研究自然至关重要。

小麦制粉包括研磨、筛理、清粉以及打麸等工序，将各个工序有机组合，对经过清理的小麦按照产品等级标准进行加工生产工艺的过程称为制粉流程，简称粉路。如何设计粉路、提高出粉率、减少机器能耗是郑州粮食学院的主要研究工作。

"新中国成立后，我国小麦加工产业经历了3个时期，第一个时期是20世纪80年代之前，第二个时期是20世纪80年代到2000年，第三个时期是2000年至今。"王晓曦介绍说。

新中国成立后，我国工业基础薄弱，面粉加工产业仍然运用老型生产工艺，出粉率虽然高，但面粉质量差。

"那个年代全国粮食处于紧张时期，人们为了温饱而努力，所以小麦加工粉路短、出粉率高、面粉质量差。其实按成分来讲，能磨成粉的胚乳层占小麦粒重的80%，麦麸占粒重的18%，麦胚占粒重的1%～2%。所以说当时高达85%的出粉率其实是将小麦的麸皮也一起磨进了面粉中，质量自然不会好。"王晓曦解释。

改革开放后，到了1984年，北京中美示范面粉厂成功引进一条150吨瑞士布勒公司制造的面粉生产线，这也是新中国成立后第一次引进的具有国际先进水平的等级面粉生产线。

这条生产线属于长粉路，通过增加多道皮磨、心磨、筛网将胚乳、皮层、胚分开，并将胚乳研磨成不同细度的面粉，满足人们制作不同食品的需要。

这条进口生产线出粉纯净，面粉白度高，做出来的食品外观漂亮。从那时起，国家拿出大量外汇资金引进这种生产线。到了2000年，全国已引进200～300套该进口生产线。

"虽然国外进口生产线生产的面粉质量好，但是粉路长，生产成本及能耗高,浪费严重。"王晓曦表示。

1992～1993年,王晓曦等原郑州粮食学院制粉工程专业的老师们意识到这个问题,开始着手做一些研究及工程设计。接下来的几年,老师们四处调研,跑工厂,做设计,试图找出一条粉路短、能耗低、出粉率高、面粉白度高且适合中国国情的小麦加工生产线。

按照王晓曦和老师们的想法,这种自主研发的新型生产工艺第一要适合中国的小麦,第二要适合中国的饮食习惯。我国居民习惯食用蒸煮食品,国外则是烘焙食品。蒸煮食品,无论是面条、包子、馒头,要求越白越好,而烘焙食品成型后是金黄色的,对面粉白度要求不高。

"国外的粉路生产出来的面粉比较白,但是电耗高。这个情况下,就要创新技术,使得色泽比国外的白,也就是加工精度比较高,电耗还要低。这个就是我们获得国家科技进步奖的核心理念。"王晓曦表示。

经过十余年的努力,2012年2月14日,在北京人民大会堂,国家对这项技术予以肯定。

/踏踏实实搞研究/

据了解,"高效节能小麦加工新技术"使得面粉加工生产线单位产能提高20%以上,电耗降低15%以上,优质粉出粉率提高10%以上,总出粉率增加3%以上。

该成果目前在全国28个省市应用,并推广至国外。2009年入统的824家日加工小麦200吨以上企业中,累计有586家应用该项技术成果,占入统企业的70%以上;挂面企业50%以上采用该项目技术;累计直接经济效益150多亿元,新增利润50多亿元,节电31亿度,节约小麦1950万吨(相当于约5000万亩良田1年的收成)。"早在获奖前,我们就在推广这项新技术。河南比较大的面粉企业,比如郑州金苑面粉、中粮海嘉面粉、荥阳天地人面粉等企业都是最早使用这项技术的厂家。也正是广大企业的应用在社会上产生了广泛效益,国家才认可这项技术成果。"王晓曦介绍。

和国外先进生产线相比,这项技术的成本也很低,做一套同规模的生产线,成本仅相当于布勒的1/3或一半。目前,我国五得利、中粮、益海等大型面粉加工企业,都在使用这项技术。

除了高效节能外,该项技术还针对产品质量安全问题,研究了清洁处理、真空浸润调质、添加物检测控制等技术,有效减少了产品的农药残留、有害生物及其代(排)谢产物,使小麦加工制品中菌落总数减少90%以上,保证了小麦加工制品质量安全。

针对小麦麸皮在食品应用中口感差的问题,该技术合理利用小麦麸皮内源性植酸酶,并采用复合淀粉酶、蛋白酶和脂肪酶对麸皮进行处理,得到高纯度的麦麸膳食纤维。与常用的酸碱法相比,酶法具有反应条件温和、得率高、口感好等优点。该成果为小麦麸皮利用开辟了新途径。针对面条生产过程中和面效果差、能耗高的技术难题,该技术创新了高速雾化水-粉混合系统及面团柔性均质熟化的连续和面技术和高效挂面烘干技术,提高了挂面质量,有效降低了能耗。

从1983年考入郑州粮食学院粮食工程系算起,王晓曦已在学校度过31年。如今,他的同窗大多已成为粮油企业家,也有不少同窗从商或从政,而王晓曦仍然坚守在学校,坚持着第一线的研究工作。

"我希望在学校踏踏实实地搞研究,为我国粮食行业实实在在地做些事情。"王晓曦表示。

近年来,王晓曦主持或参加国家级项目6项、省部级项目10项,获得国家科技进步二等奖一项、省部级一等奖4项、省部级二等奖8项,主编或参编著作8部,获得发明专利授权9项,主持或参加国内外大型粮食加工工程项目设计及建设近百项,在中文核心以上期刊上发表论文100余篇。

王秀萍：

不忘初心方得"盛发"

□ 唐恒

2007年，王秀萍创立江西省高安市盛发粮油有限公司，任公司董事长至今。2013年起，她连续3年当选为高安市优秀民营企业家，2017年当选为宜春市第四届人大代表、高安市第六届政协委员。

人物语录

◎ 一人富不算富，只有带领附近农民共同富裕，才能实现人生价值。

◎ 带动附近农民致富，不是我有多伟大，因为我是农民的女儿，了解农民种粮的辛苦和卖粮的艰辛。

◎ 品牌才是王道，价格战只能为企业带来暂时的繁荣"假象"。

◎ 要出好产品，必先塑人品。

◎ 不必仰望别人，自己也是风景。

> "带动附近农民致富,不是我有多伟大,因为我是农民的女儿,了解农民种粮的辛苦和卖粮的艰辛。"从个体批发商到掌舵一家省级农业产业化龙头企业,王秀萍用她的智慧和实力,诠释着女性企业家的柔韧和坚持。

* * *

在别人眼里,王秀萍是一位事业有成的商界翘楚;在员工看来,她是一位美丽亲和、思维敏锐的公司决策者。

经过近十年的不懈努力,江西省高安市盛发粮油有限公司董事长王秀萍用她的智慧和不服输的拼劲,带领"高安大米"品牌从赣中小县走向全国,在实现自己人生价值的同时,也赢得了当地政府及社会的认可,收获了属于她的荣誉和幸福。2013~2016年,王秀萍连续3年当选为江西省高安市优秀民营企业家,2017年又当选为宜春市第四届人大代表、高安市第六届政协委员。

/ 投身粮食天高地宽 /

20世纪90年代,聪慧的王秀萍开始经营个体批发生意。接下来的十几年中,她把批发事业做得风生水起,成为方圆周知的"大批发商",这也为她今后转投粮食行业积累了丰富的经验和一定的资金。

随着批发规模的不断扩大和人脉的日渐积累,王秀萍的视野也变得越来越开阔。看到当地农民大多仍靠种田的微薄收入过着清贫的生活,她认识到,如果单纯从事个体批发,就不可能取得更大的社会效益和经济效益。一个人富裕不算富,只有带领附近农民共同富裕,才能实现人生的价值,履行企业家的社会责任。

"带动附近农民致富,不是我有多伟大,因为我是农民的女儿,了解农民种粮的辛苦和卖粮的艰辛。"王秀萍坦言,高安是江南鱼米之乡、全国粮食生产大县,土壤质地肥沃,气候条件优越,适合水稻集约化、规模化种植。随着近年来党中央对"三农"工作的日益重视,从事永远都是朝阳行业的粮食加工"天高地宽"。

2007年，39岁的王秀萍怀着"带动一方百姓致富，为当地经济和社会发展尽绵薄之力"的社会责任感，毅然放弃经营稳定、利润丰厚的批发生意，转营投资大、利润薄的粮油加工业。

然而，美好的理想并不能掩饰现实的残酷，特别是创业初期的艰辛。资金紧张、技术滞后、人才断层、原粮紧缺、销路不畅，困难如永不停止的海浪，一波接一波地考验着这个娴静温柔但又无比坚强的女企业家。

没资金，王秀萍硬着头皮向银行软磨硬缠寻求借款，甚至不惜放下身架把亲朋好友借了个遍；缺技术，她亲自带领员工跑遍周围几十公里甚至几百公里，向周围的粮油企业学习；无人才，她不惜开出丰厚的待遇，甚至"三顾茅庐"请来；缺原粮，她以质论价，凭借从不向当地百姓打一分钱白条的信誉，与各级粮管部门、当地村委和粮农建立了良好的合作关系；没销路，她三番五次南下广州、北上武汉，以稳定的质量、优惠的价格、完善的服务去赢得客户的青睐。

不忘初心，方得始终。如今，高安市盛发粮油有限公司已从成立之初一家籍籍无名的小粮油加工厂，发展成集水稻绿色生态种植、收储、大米加工、研发、贸易及物流为一体的省级农业产业化龙头企业，并相继推出绿色食品大米、富晒大米产品，包括金特莱、皇花黏米、纯正相丝黏、贵妃香米、农夫山田、好娘子、飘香米等七个系列数十种规格。公司旗下"金特莱"糯米成为广州等华南市场最受消费者喜爱的高端品牌和热销产品。

/ 打造籼米金字招牌 /

高安是农业大县，长期以来，种植强加工弱制约着当地农业产业的发展。由于资金、规模、经营思想等条件的限制，当地多数大米加工企业只顾埋头生产，而忽视了品牌建设的重要性，只能靠较低的市场价格在市场竞争中挣扎浮沉。

王秀萍认识到，品牌可以从很大程度上影响人们的生活，秉承和传播企业本身的价值。如果没有过硬的品牌，靠"价格战"只能为企业带来暂时繁荣的"假象"。从长期来看，没有好的品牌不仅使企业无法在市场立足，也不能给企业带来产品黏性和品牌溢价，最终使产品走进量大利薄甚至无人问津的"死胡同"。

在稻强米弱、价格倒挂、进口冲击等多种因素的影响下，国内大米企业格局正面临重建，米企只有更加重视品牌建设，把品牌作为立企之本和发展之基，才能迅速扩大产品的知名度和美誉度。市场发展的经验也证明，好的品牌犹如一块"点金石"，给企业产生实实在在的效益。

盛发粮油是江西省农业产业化龙头企业，把旗下产品打造成高安、江西乃至全国的知名品牌，为消费者提供安全、营养、健康、清香的有机和绿色大米，建设国内一流的农业产业化品牌公司，替国家和政府分忧是企业应尽的社会责任。

事实上，早在建厂之初，王秀萍就把品牌作为企业参与市场竞争的王牌和砝码。在实施品牌战略过程中，王秀萍利用当地土壤肥沃、气候适宜、水土污染较小的优势，通过"公司+农业合作社+农户"模式建立稻谷种植基地，从种植端开始把控产品质量。绿色、健康、营养的大米产品一上市，就以质量和口碑赢得了华南、华东等市场客户的信任，"金特莱"晚籼米一直保持着较高的市场份额，成为消费者心目中的著名品牌。

2011年11月，在第十届中国优质稻米博览交易会暨第三届中国（衢州）农博会粮交会上，"金特莱"晚籼米荣获"金奖大米"和"江西省著名商标"称号；2012年3月，盛发粮油被评为江西省"放心粮油"企业；2012年9月，公司被评为"江西省省级龙头企业"；2015年10月，公司产品又被授予"2014年度全国百佳农产品品牌"荣誉。

虽然"金特莱"晚籼米光环满身，但居安思危的王秀萍并没有满足。她认为，知名度高的品牌同时也是质量"好"的代名词。一个品牌要想立足于市场，除可靠的质量外，还必须具备各自的独特性，才能在市场上立于不败之地。

在王秀萍团队倾心打造下，"金特莱"已成为国内籼米市场备受消费者喜爱的大米品牌。品牌建设不仅给盛发粮油带来了稳定的市场销量，也为企业的发展带来了源源不断的资金支持，成为盛发粮油在市场竞争中脱颖而出的秘密武器与核心竞争力。

/经营创新稻米飘香/

近年来,随着种子、机械作业费、土地流转价格以及人工等种植成本的逐年攀升,农民种粮收入下降趋势明显。

不仅如此,国内经济持续下滑、粮食行业矛盾叠加等因素,也给粮食加工企业带来了前所未有的困难。

如何突破粮油企业初级加工产能过剩、精深加工能力不足的困局,为消费者提供优质、营养、健康的产品,既是供给侧结构性改革的要求,也是粮食加工业深化产业转型升级,提升市场核心竞争力,做强"大品牌"的必经之路。

盛发粮油同样经历着从量变到质变的大考验。面对困境,王秀萍积极创新"公司+农业合作社+农户"的经营模式,引导农民种植市场适销对路的优质稻,通过统一供应良种、统一技术指导、统一供应环保农药化肥、统一收购储存、统一精深加工、统一品牌销售举措,保证了原材料的安全性,也增加了企业的加工效益和农民收入,提高了农民种粮的积极性。

同时,王秀萍又引进原装进口日处理稻谷240吨的全自动加工生产线,通过对稻谷的精深加工及副产品的综合利用,闭合"从农田到餐桌"粮食全产业链条。目前,盛发粮油年推广优质水稻种植面积2.2万亩,收购优质分类品种原粮5.5万吨,年加工稻谷6万吨,销售优质大米3万吨,在稳定粮食生产、调整农业产业结构、提高农产品的附加值、实现农民增收企业增效等方面发挥了"领头羊"作用。

"盛发粮油将一如既往地本着为老百姓米袋子着想,坚持'质量立企、科技强企、品牌兴企'的发展战略,为消费者提供安全、营养、健康、清香的有机和绿色大米,把公司建设成国内一流的农业产业化品牌公司,替国家和政府分忧。"谈起盛发粮油的未来发展,低调的王秀萍豪情满怀。

从个体批发商到掌舵一家省级农业产业化龙头企业,王秀萍用她的智慧和实力,诠释着女性企业家的柔韧和坚持。未来,盛发粮油还将建设优质稻种植全国示范合作社,打造1万亩以上的绿色有机原粮基地,并借助"互联网+粮食"实现原产地与消费者的无缝对接,开辟国内大米行业新"蓝海"。

魏建功：

打造面粉界的百年老字号

□ 郝瑞

魏建功，1957年生于内蒙古巴彦淖尔，内蒙古自治区粮食行业协会副主席，中国粮食行业协会理事，现任内蒙古恒丰食品工业（集团）股份有限公司董事长兼总经理。2007年，他被评为"中国面粉行业十大领军人物"；2008年，被中国粮食行业协会评为"优秀创业企业家"；2012年，被评为"全国轻工行业劳动模范"。

人物语录

◎ 做企业，如果仅仅想着盈利，是有问题的。

◎ 做企业不能考虑自己太多，要为员工、客户、经销商、消费者等与企业相关联的所有人着想。

◎ 企业品牌就像人的脸面。

◎ 产品要做精，宁缺毋滥。

◎ 哲学能让人时常反思自己，重新审视自己。

如今，年近花甲的魏建功仍然经常出差，跑销区，看行情；下产区，看质量；飞国外，学经验。为了恒丰集团，为了"河套"品牌，为了企业800多名员工，为了消费者，魏建功一直在坚持，从不言弃。

＊＊＊

美丽富饶的巴彦淖尔大地养育了无数勤劳智慧的河套儿女，素有"塞外粮仓"之称的河套平原位于内蒙古自治区西部，黄河"几"字弯顶端的巴彦淖尔市境内。这里南临黄河，北依阴山，人杰地灵，物产丰饶，盛产小麦、玉米等粮油农副产品，并且品质优越，享誉全国。

1957年，魏建功出生在这片美丽的土地上。1975年，响应"广阔天地，大有作为"的号召，18岁的魏建功下乡当了知青。由于父亲是老粮食人，1981年，24岁的魏建功自然而然地进入了粮食行业。这一干，就是33年。

/临危受命/

33年来，魏建功走遍了巴彦淖尔市粮食行业十几个单位，从基层粮库到粮油公司，从粮油购销到生产加工；无论是市场经济时期，还是计划经济时期，他所在的单位没有一个出现过亏损。

2005年，始建于1958年的国营老厂内蒙古恒丰食品工业（集团）股份有限公司处于风雨飘摇中，濒临倒闭。为了保住老厂，保住老品牌，魏建功临危受命，于2005年6月底进入恒丰集团。7月6日，已经停产的恒丰火速恢复生产。

在日本，有个谚语，翻译成汉语大概意思是：你对谁有意见，你想把他整死，就给他一个企业吧！一句话，反映出做企业的艰难。

恒丰一位工作人员告诉记者："魏总进恒丰前，非常年轻，仪表堂堂。历经11年的辛苦，如今刚刚60岁，就已两鬓苍苍，他付出了太多的心血，非常操劳。""来恒丰之前，我喜欢打网球。到恒丰后，再也没有碰过球拍。太忙了，没时间。"魏建功笑着说，"不管在哪，混日子不难，但是要想认真做好一件事，真没那么容易。对我个人来说，物质条件好一点、差一点都没有太大区别，人一生，能花多少钱？大多时候，我们不单单是为自己或者为一个小家庭活着。"

为了支持魏建功的工作，他的女儿，一个"80后"，放弃国外的优厚待遇，回国来到恒丰集团工作，负责企业的销售工作，为父亲分忧。

付出总有回报，在魏建功的带领下，2005年，"河套"被评为中国驰名商标；2008年，恒丰被评为北京奥运会粮油产品优秀供应商；2009年，恒丰集团被评为国家级农牧业产业化重点龙头企业；2010年，被评为中华老字号企业；2011年，被评为全国绿色食品示范企业、全国"放心粮油进农村、进社区"十周年50家标杆企业。这些荣誉，凝聚着魏建功大量的心血与汗水、辛劳与智慧，他也因此受到社会各界和广大员工的高度评价，多次荣获市、自治区和粮食行业的表彰奖励。2006年，魏建功被评为自治区深化粮食流通体制改革先进个人；2007年，被评为中国面粉行业十大领军人物；2008年，被中国粮食行业协会评为优秀创业企业家；2010年，被评为支持妇女儿童工作先进个人；2012年，被评为全国轻工行业劳动模范。

此外，他还是临河市第十一届、十二届、十三届、十四届人大代表，临河市第十届党代会代表，政协巴彦淖尔市第二届委员会委员，内蒙古自治区粮食行业协会副主席，中国粮食行业协会理事等。

/ 蓬勃发展 /

2005年7月，经过企业改革和重组，魏建功出任恒丰集团董事长、总经理。当时，恒丰集团处于全面停产、资不抵债的困难局面。首先要开工，机器不能停，经过大刀阔斧的整顿，企业恢复生产。因为时间耽误不起，只能是一边行动，一边查问题。

随后，魏建功认真分析恒丰集团在生产经营中的优势和不足，创造性地提出了"延长产业链条，打造全产业链企业"的战略构想，促进基地建设和深加工项目的开发。

2008年，恒丰集团投资1.98亿元，建设河套绿色食品产业园，一期工程主要建设项目包括年产9000万包多功能营养型杂粮新食面项目、年产

7500吨富硒手拉面生产线项目和年产1.4万吨低温挂面生产线项目，二期工程主要项目包括年产1万吨膳食纤维生产线项目、年加工30万只肉羊项目和年产5600吨谷朊粉项目等。

目前，集团已建成标准化厂房1.8万平方米，办公、研发等辅助设施4000多平方米，各项配套工程基本完成，2条年产12000吨低温挂面生产线和年产500吨富硒手拉面生产线项目已经投产，馒头、挂面、面包、蛋糕等产品已经上市，通心粉等生产设备正在安装调试中。这些项目的推进和实施，有力地延伸了集团公司的产业链条，优化了全产业链经营格局，带动企业经济效益和社会效益显著增强，促进企业早日实现"年产高端面粉100万吨，各种产品产值100亿元"的"双百"目标。

我国著名的拉面大师厉恩海，曾用1公斤"河套"牌雪花粉（不使用任何添加剂）拉出200多万根面条，总长度5200公里。一个针眼可以穿过39根面条，4次创造吉尼斯纪录。这充分证明了"河套"雪花粉的品质。

在魏建功的带领下，恒丰集团逐步发展成为西北地区最大的国家级农牧业产业化重点龙头企业，形成了种、养、加一条龙，科、工、贸一体化的产业化经营发展模式。集团公司现拥有10个二级公司，净资产5亿元。公司的"河套"牌小麦粉系列产品畅销全国26个省、市、自治区的130多个地区，高端产品市场占有率居全国同行业前列，并出口到蒙古、菲律宾、马来西亚等国家，深受国内外消费者青睐。

/ 回馈社会 /

魏建功从事粮食工作30多年，他深知，粮食工作和农民朋友打交道，要时刻不忘"以民为本，以农为本"，他也常常教导员工，要努力强化为"三农"服务的意识，不断提升为"三农"服务的本领，大力提高为"三农"服务的质量和效率，为老百姓多做实事，为社会多做贡献。

随着企业的发展壮大和生产经营工作的不断改善，魏建功一边投入企业经营，一边投入服务"三农"。

2006年以来，恒丰集团年加工小麦15万吨，生产面粉12万吨左右，产值5亿多元；年加工挂面1万吨，产值6000多万元；年产各类附产品4万余吨，产值5000多万元。各项生产经营指标均创恒丰集团组建以来的最好水平。

集团同时还加大了服务"三农"的力度。近年来，恒丰集团积极开展基地建设，发展富硒小麦，对于符合标准的富硒小麦，每公斤加价0.1元，仅此一项，就带动当地1万多农户年增收4000多万元。

2010年12月，魏建功着眼于国家粮食安全和保护河套地区特色粮油产品品牌，按照国家有关粮食政策，以及国家新增1000亿斤粮食产能和内蒙古自治区100亿斤粮食增产计划，提出了在内蒙古河套地区建设实施1000个千亩连片优质强筋春小麦保护性开发种植项目。该项目拟在河套地区通过土地流转、承包租赁、投资入股、土地整理等多种途径，整合土地100万亩，集中连片种植优质春小麦，以保护河套春小麦这一稀缺资源，造福河套农民。

目前，该项目得到了市、自治区政府和有关部门的高度重视和大力支持，已上报国家发改委和农业部，申请在政策、资金、土地等方面的支持。与此同时，魏建功没有坐等观望，而是积极行动，通过承包、租赁等土地流转形式，发展种植基地10万亩、订单种植基地30万亩，为农业增效和农民增收做出了积极贡献。2016年，魏建功又签订小麦订单23万亩，2017年预计达到30万亩。

此外，魏建功还积极组织实施社会公益事业，在企业发展的同时，不忘回报社会。近年来，恒丰集团先后为扶贫助学、光彩事业、地震灾区、妇女儿童项目等活动投入资金500多万元，其中个人投入60多万元。

与此同时，恒丰集团积极吸纳农村剩余劳动力，先后解决农村剩余劳动力就业3000多人（次），为他们提供长期或短期的劳动就业机会。企业员工人均工资年增长20％以上，2011年达到了月平均工资2300元，比2005年翻了一番。同年，恒丰集团被评为"内蒙古自治区创建和谐劳动关系示范企业"。

吴玉芝：

擎起京粮市场"半边天"

□ 王影影

吴玉芝，1965年生于北京，曾任北京江浦源粮油制品有限公司总经理，现任北京盛华宏林粮油批发市场有限公司总经理。2008年、2012年两次被北京粮食局、北京人力资源和社会保障局评为"北京粮食行业先进个人"。

人物语录

◎ 只有断了回头路，才能好好干下去。
◎ 批发市场和经销商之间不仅仅是租赁关系，更是鱼水关系。
◎ 我不喜欢复制别人的模式，我希望盛华宏林拥有自己的特色。
◎ 现货市场实现信息化管理是一个漫长的过程，并且是未来的发展方向。如果你不去做，别人就会去做；你不转型，早晚要被边缘化。
◎ 答应别人的事就要全身心投入，不能半途而废。

很难想象这样一个温柔的女子，如何白手起家创办粮食加工企业，又用10年时间把京郊一块荒地发展成为粮油交易量占京城近半的综合性批发市场。吴玉芝，就是这样一位让人想要探寻答案的商界巾帼。

* * *

商界，在大多数人看来，属于男士专属俱乐部，在充满风险而又传统的粮食行业，女士更是少之又少，吴玉芝便是其中一位，她是北京盛华宏林粮油批发市场有限公司的总经理。

见到吴玉芝之前，记者猜想她应该是身着西服套装，风风火火的女强人范儿，然而此刻坐在办公室里的吴玉芝，却多少有些让记者出乎意料：利落的短发，精致的妆容，得体的衣着，眼神明亮，笑容温婉，北方人的她倒颇有些江南女子的神韵。

看着眼前这位时尚的职业女性，记者一开始很难将她与传统保守的粮食行业联系起来。

/ 下海创业："没有后路才能全力以赴" /

一说起自己的事业，吴玉芝骨子里那股"皇城根"下的霸气和不服输的性格便不自觉地流露出来。

"我是子承父业走上了粮食这条路，十几岁就在北京东郊粮库接了父亲的班。工作虽然稳定，但没有变化，总想自己做点什么。"就是因为"不安分"，不到20岁的吴玉芝办理了停薪留职手续，开始下海经商。

"离开粮库后，我就去卖服装，生意很红火。卖了一段后，粮库主任发现我很有经营头脑，适逢粮食体制改革，主任就让我回粮库带着业务科的十多个人去做经营。"吴玉芝说，自此，自己才算是真正入了行。

偶然一个机会，吴玉芝从同事那里看到一份调研报告，发现粮食加工行业的利润相当可观，吴玉芝"不安分"的心又开始悸动起来，她决定自己开一家大米加工厂。由于没有启动资金，家人也不支持，吴玉芝就从一个通过工作关系认识的个体户那里借了1万元，把厂子办了起来。

1992年，吴玉芝辞去了粮库的工作，全身心投入茫茫商海。回忆起当初的选择，吴玉芝笑着对记者说："我也不知道当时哪里来的勇气，就想着先干着，可没想到一干就是几十年，更没想到这是一条如此艰辛的路。"吴玉芝开的这家大米加工厂，全套机器价值仅2万元，而且是人工装料。条件虽然简陋，但是由于当时市场上的大米质量普遍不是很好，而吴玉芝的加工厂生产出来的大米，外观和质地都很好，经销商、代理商闻讯而来，销售量很快就上去了。

随后，吴玉芝发现有客户在北京六里屯村组建了一个粮食批发市场，而且销售利润更高，于是，吴玉芝也租赁了一个摊位。"我们的产品卖得特别快，有了钱我就到处去买原粮。"虽然那个时候全北京只有吴玉芝的一家大米加工厂，但是原粮依然不好收。凭借在粮库工作时建立的关系网，吴玉芝在东北郊粮库拿到了一批粮，有了这批原料，吴玉芝一个月就赚了几十万元。

随着业务量不断增加，粮食周转加快，吴玉芝开始跑东北收粮食。

"当时我手里有的是钱，还胆大，但其实并不懂真正的经营，东北秋收的时候，粮食价格很高，我没考虑就收购了一批，没想到隔年粮价就直往下跌，赔进去40多万元。"这是吴玉芝第一次遇到这么大的挫折，她仔细反思后，不服输的劲头又上来了，继续去东北调粮食。

"当时我背着现金，又不舍得坐卧铺，就在火车地板上躺了一天一夜。到建三江去调货，天气特别冷，戴着口罩，脸上冻得都是红印子；在五常，每天凌晨2点多就要出去搬粮食。"回忆起那段艰辛的经历，吴玉芝感慨万千。

就这样，吴玉芝在东北一待就是一年，条件艰苦不说，还经常受骗。但也正是经过了这样的历练，吴玉芝越来越成熟，也越来越有经验，生意像滚雪球一样越做越大。2000年6月，吴玉芝创办了北京江浦源粮油制品有限公司，成为北京规模较大的大米加工民营企业之一。江浦源系列大米远销新疆、西藏、云南、广州、贵州、上海等地，2012年，企业被中国粮食行业协会评为"全国放心粮油示范企业"。

转换跑道:"答应别人的事就要全心投入"

在近十年的时间里,吴玉芝身兼两职,既是北京江浦源粮油制品有限公司负责人,又是北京盛华宏林粮油批发市场有限公司总经理。

2012年7月,她正式离开粮食加工业,专心投入盛华宏林的管理工作。

之所以做出这样的选择,源于吴玉芝与盛华宏林批发市场之间的那段不解之缘。

时间回到2002年。北京六里屯粮油批发市场已颇具规模,吴玉芝早年结识的很多客户仍然在这里销售粮油产品,当时有消息说六里屯市场要拆除,这些商户就找到了吴玉芝,提议由她组建一个新市场,他们都搬过去。

起初吴玉芝没有把此事放在心上,可后来经不住经销商们的一再鼓动,又恰巧听说北京东四环王四营村有一块地,大小位置都特别好,吴玉芝这才动起了心思,直接找到了王四营村的领导,说出了自己的想法。"他问我有多大把握,我说,六成,没想到这位领导当场就拍板决定上马。"眼见着原本没抱太大希望的项目马上要动工了,吴玉芝压力陡升。

"毕竟批发市场对我来说是个全新的开始,完全没有经验可循,但答应别人的事情不能半途而废。"万事开头难。批发市场开工后,吴玉芝就搬到工地上班,从前期的设计、施工她就开始全面参与,直到2003年7月,盛华宏林市场正式开业。

在市场建设的同时,招商工作也在同步开展,吴玉芝没想到,这才是一场真正的战争。

当时北京较具规模的粮油批发市场有4家,六里屯的商户犹如一块诱人的肥肉,人人都想吃,竞争异常激烈。凭借个人魅力和关系网,吴玉芝先招到了一批商户,随后竞争者们开始各出奇招争夺资源。

吴玉芝则认为,要留住客户必须用真心和服务换取。为了更好地为入驻商户服务,同时也对投资方负责,吴玉芝开始24小时连轴转的工作,一旦有客户提货,哪怕半夜,她也要亲力亲为。

直到2006年,这场争夺战才尘埃落定,盛华宏林成了最后的赢家。此时,吴玉芝判断时机已经成熟,开始收取费用,市场发展慢慢走上正轨。

/创业易守业难:"没有远虑,必有近忧"/

市场步入稳定发展期后,吴玉芝开始着手打造企业文化和发展思路。"我不喜欢复制别人的模式,我希望盛华宏林拥有自己的特色。"在这种思想的引领下,盛华宏林不断进行改造、升级和完善,影响力越来越大,吸引了近千家大中型粮油集团、民营粮食企业、农副产品经销商在此投资经营。随后,盛华宏林根据客户的需要不断升级改造,逐步形成了粮油交易、综合食品交易和水产品交易三大交易区。

在吴玉芝眼里,批发市场和商户之间不应该仅仅是租赁关系,而是鱼水关系。"既然商户选择了我们,我们就要担起这份责任,帮助他们做强做大,逐步引导他们从传统经营方式到现代化的经营方式转变。"经过十几年的发展,盛华宏林已成功实现了由"专业粮油批发市场"向"现代化大型粮油综合农副产品批发市场"的战略转移,确立了在北京粮油行业不可动摇的地位。

近年来,盛华宏林始终没有停下和时代同步的脚步,为丰富首都市民的"菜篮子""果盘子",让首都市民吃到物美价廉的生鲜产品,依托粮油"王牌"优势,2016年8月28日,盛华宏林又精心打造"一站式"生鲜集配中心批发超市、果蔬交易区——果蔬惠民"金牌"经营项目盛大开业。

目前,根据疏解非首都功能相关规定,盛华宏林正逐步疏解国际酒店用品城、烟酒等非民生经营项目,拓展更多的民生项目,使市场更加符合首都新时期的发展。

"时代在变,市场在变,我们也要不停地跟着变,通过'抓大放小',保留专业性强、业务量大,对首都农产品供应起保障作用的商户,培育他们做大、做强、做优;清理小而全、储存、加工、大宗农产品中转等与首都发展不相适应的商户。"吴玉芝表示。

经过13年的稳健发展,北京盛华宏林粮油批发市场已形成了较大的无形资产和品牌效应,取得了较好的经济效益和社会效益,为首都百姓生活提供源源不断的农产品,在丰富首都农产品供应等方面发挥了积极的作用。

徐凯：

打造菜籽油"第一品牌"

□ 彭明霞　张广普

徐凯，1975年出生，湖北省荆州江陵人，现任湖北宏凯工贸发展有限公司董事长，荆州市政协委员，江陵县私营企业联合会会长，荆州市油脂协会会长。他创办的企业被评为"湖北省农业产业化省级重点龙头企业"。

人物语录

◎ 守株待兔的人，只会馈赠给那些风雨无阻的前行者，空谈和阔论从来不会让你梦想成真。

◎ 鼠目寸光难成大事，目光远大可成大器。

◎ "跑单帮"难成气候，"抱成团"才能打出一片天地。

◎ 很忙不代表有生产力。

◎ 人生最好的礼物就是小挫折。

◎ 事情以结果为向导，市场以结果论英雄。

作为在中国油菜籽主产乡成长起来的年轻人，湖北宏凯工贸发展有限公司董事长徐凯认为，菜籽油是我们的民族产业，振兴菜籽油义不容辞。虽然道路或将充满艰难，但前途一定会一片光明。

＊＊＊

武汉农博会似乎是农副产品加工企业的福地，诸多知名行业品牌从这里诞生。

继精武鸭脖和新农牛肉等品牌之后，下一个或许就是"天助"。去年的武汉农博会上，湖北宏凯工贸发展有限公司的主打产品"天助"牌系列菜籽油销售火爆，一举签下了3千万元的订货合同。

"'天助'牌菜籽油已成为武汉市民家喻户晓的知名品牌，现在我们正持续推进天助产品销售网络覆盖全国，打造中国优质'双低'菜籽油品牌。"湖北宏凯工贸发展有限公司董事长徐凯说。

数据显示，2012~2015年以来，"天助"逐渐形成了以武汉、荆州为核心的湖北内环市场，在全国范围内形成了以湖南、重庆、四川、陕西、江西、浙江、广东等地为主导的外环市场，并逐渐形成全国性的销售网络。到目前为止，"天助"品牌在全国25个大中城市的3500多家中型超市卖场均有销售，入驻商超占领品牌制高点，大幅度提升了品牌影响力和知名度。

/ 涅槃之路 /

叛逆、执着、聪明、好强，勾勒出了一个年少的徐凯。

16岁那年，他以优异的成绩考上当时许多学子梦寐以求的湖北省重点高中——荆州市江陵中学，然而，徐凯放弃了该校选择了普通高中。更令人感到不解的是，高中3年学习成绩优良的他在即将毕业的时候，又选择了辍学做生意。

众人当然不知道，好强的徐凯早已萌生了自己要当老板的梦想。父亲徐振柏执拗不过儿子，无奈地答应了徐凯的选择。

初生牛犊不怕虎。那几年，出租车运营在当地比较红火。徐凯看到这一点后，没有任何经验的他执意要经营这一行业。即便知道这事儿并不怎么靠谱，徐振柏还是给予了徐凯最大的支持。1994年，从事粮食收购的徐振柏花了20多万帮徐凯买了一辆汽车，其中的20万为贷款。

本想快点挣钱，可不到半年时间，徐凯不仅没赚到一分钱，而且将本亏完……回忆起这段伤心的往事，徐凯的声音有些哽咽。"从那以后，父亲的话就少了，经常会一个人在窗前发呆，我觉得心里特不是滋味，那个重重的跟头，也让我醒悟过来——做事绝不能盲目、冲动，一定要干适合自己的事。"为了安慰父亲，徐凯写下保证书，其中有这么一段："爸，对不起，我太让你失望了，请原谅儿子这么不争气，不过，请你放心，我既然把钱弄赔了，我就一定会想办法把它挣回来。"那一年，徐凯还不到20岁。

这件事也让徐凯对自己进行了重新认识，经过认真思考，他意识到，适合自己的事情还是粮食经营。而此时，生活已捉襟见肘的家庭再也经不起徐凯折腾了。他背着父亲，从亲戚朋友那里借了2万元钱，再次踏上了创业之路。

1997年，天助大米加工厂在江陵县诞生了。"说起来特别寒酸，看是加工厂，其实也就是一个小作坊，工人只有五六个，连最基本的财务都没有，如果看一年是否盈利，那就看年初投入多少，年底总账有多少。"徐凯说。

不过，不到一年时间，他不仅还清了所有外债，而且实现了盈利。

1999年，来自湖南的几大粮食巨头到江陵寻找优质粮源，以及有能力组织大批货源的合作伙伴。徐凯的加工厂在当地虽算不上规模最大，但两年多以来，凭借过硬的粮食质量与灵活的营销模式，徐凯把天助大米加工厂经营得有声有色，在江陵县已具有了一定的影响力。再加上他果敢、仗义、重情的性格，以及他守信、处处替他人着想的做事风格，湖南粮商选择与徐凯合作也成了顺理成章的事。

徐凯介绍说，除了整个江陵县之外，那时周边县市的大米也全部运输到他那里，以此为大本营汇聚在一起，然后集中运往湖南。"那时，那些粮食经纪人只用把货放在我们这里，然后等待我们和湖南那边的老板结完账，把钱款再打到他们卡上，其他的就不用操心了。"跟随徐凯多年的助理说。

在1999~2002年期间，徐凯统一调配和组织，平均每天往长沙运2~3船大米，每船至少500吨。那时，运米的车辆在江陵码头边一排就是数公里，场景很是壮观。

"组团货运"这一营销模式不仅为丰富天助米业的粮源开拓了广阔的渠道，让徐凯获得了较为可观的利润，也为更多的粮食经纪人提供了便利和实惠。"那时候，让大家和我一起赚钱，是最开心的事。"徐凯高兴地说。

已到花甲之年的老父亲看着儿子如今的成就，满是欣喜："这孩子从小就特别好强，脾气倔，总有自己的主见，他认定的事谁都劝不了，总让人操心。现在他有出息了，我也就放心了。"

/ 口碑的力量 /

话说"世界油菜看中国，中国油菜看湖北，湖北油菜看荆州"，作为在中国油菜籽主产之乡成长起来的年轻人，徐凯发现了一个奇怪的现象，那就是家乡的油菜籽大部分流往了湖北省枝江市七星台，成就了七星台菜籽油名利双收，而本地成规模的油脂加工厂几乎没有。油菜籽产地却不是菜籽油之乡，这一现象让徐凯觉得遗憾和惋惜。为了让本地的油菜籽资源不再外流，徐凯决定进军油脂加工。他在心里暗暗发誓，力争在3年之内击败对手。"我为什么有这个信心，其实道理很简单，枝江市非油菜主产区，它的所有原料都从荆州地区购入，而我所在的荆州有着独特的区位和资源优势，一旦条件具备，实行规模化经营，我就可以实现。"

尽管已经完成了初步的资本积累，但要与枝江七星台抗衡，必须要有一笔庞大的资金做后盾，徐凯深知，他差得还远。

而在2002年，由于银根紧缩，在江陵县贷款是一件非常难的事。不过徐凯经营大米业务已经树立起了良好的口碑，积聚了粮食圈内非常旺的人气，甚至赢得了整个江陵县信贷部门的极大信任。基于这种信任，徐凯所遭遇的资金瓶颈也被不断破解。

江陵县农业银行的行长得知徐凯的想法后，深受感动和启发，遂想帮助徐凯。然而，贷款不是行长一人就能拍板解决的问题。于是，这位热心的行长号召员工伸出援助之手，帮徐凯筹集了50万元。"虽然钱数不多，但他们对我的这种信任和支持给予了我无尽的动力和勇气。"徐凯说，与此同时，他的另一位朋友也凑了400多万元。

这样，徐凯成功地收购了江陵县一家几乎濒临破产的国有粮油加工企业——江陵县油脂厂，重新组建了湖北宏凯工贸发展有限公司，业务范围扩大为大米加工、油菜籽收购及加工。

在徐凯的带领下，宏凯工贸通过建基地、联农户，推广双低油菜品种，加速农业科技推广应用，仅仅用了一年半的时间，就成功抢占了油菜籽市场，使本地大部分油菜籽实现了本地生产本地加工。

/紧握市场脉搏/

2005～2007年，整个油脂加工行业开始进入鼎盛时期，散油价格几乎每周一涨，持续标高，同样，这3年对宏凯工贸而言，更是发展势头强劲、突飞猛进的3年。不过，宏凯工贸在获取巨额利润的背后，并不是仅凭市场机遇那么单纯，它的擎旗人——徐凯才是真正的幕后"推手"，他以一个企业家特有的敏锐与市场预见性让宏凯工贸实现了跨越式行军。

2006年，徐凯突然发现了国内粮油巨头——中粮的"秘密"行动。当时，中粮在大范围大批量地收购油菜籽，经过多方观察与了解，他发现中粮竟然还放宽了对水分和杂质的收购要求。"我以此判定食用油将会大幅涨价，中粮是国内粮油老大，从某种程度上讲，它可以说是政策的参与者，所以我认为，这不会是一种假象；再者，中粮不会轻易降低标准进行大批量收购，这也使我更加坚定自己的判断。于是，我将资金全部回笼，用两个礼拜的时间，将全县以及周边的油菜籽高于市场价0.05～0.1元/斤全部收购到位，当时，好多人对我的做法很不理解，并有同行说，等着看笑话吧。好多经纪人都劝我，你是不是再慎重考虑一下，我说，没关系，看谁笑到最后嘛。"说到这，徐凯也情不自禁地笑了。

仅仅过了两个礼拜，油菜籽就涨价了，平均每斤涨0.3～0.5元……

到了2008年，在经历了一段时间的油菜籽价格持续飞涨之后，全行业遭遇了金融风暴冲击，整个市场开始急转直下，一周内期货3次跌停，大批油脂加工企业损失惨重，不少企业就此破产。而宏凯工贸不但没有亏损，反而实现了盈利。

之所以再次创造奇迹，依然在于徐凯的超强预判能力。"以当时我掌握的情况来看，我认为价格很快就要往下掉，如果大量收购的话，风险太大了。我还给两位副总开玩笑说，如果你们非要做，我就尊重你们的意思，要是按照你们的思路，这批货不赔反赚的话，那明年公司就全部交给你们打理。但前提是，必须快进快出。"

果然，没过多久，油菜籽价格急剧滑坡，几乎所有囤积油菜籽的油脂加工企业都受到重创。但在价格下落之前，宏凯工贸的油菜籽已基本销售完，盈利上千万。

如今，为了更加准确地掌握市场行情，宏凯工贸还专门成立期货部门，使信息预判逐渐走向科学化、规范化，增强公司规避风险的能力。

/ 专注品牌建设 /

在历经了几年的无限风光后，宏凯的经营一度变得非常被动。为打破僵局，不甘受制于人的徐凯决定抛弃单纯的浅加工即出售的模式，开始做起终端营销。

徐凯称，油菜是湖北省最具优势的大宗农作物，总产量和优质度率已连续15年位居全国第一。宏凯工贸地处荆州这一中国油菜籽主产区，占据了原材料产地这一独特的区位优势。然而，油菜种植大省却没有一个真正叫得响、卖得好的菜籽油品牌，当地居民也很少吃菜籽油。

"其实，菜籽油本身的营养价值是相当高的，而且菜籽油不存在转基因。然而，因为前些年国内大部分菜籽油加工厂规模小，经营分散，小作坊随处可见，菜籽油整体生产力较为落后，导致菜籽油色泽暗，不好看。"徐凯称，"改进加工工艺，提升产品质量成为当务之急，同时，得投其所好，生产出客户喜欢的产品。"

为了迎合消费者的口味和消费习惯，宏凯工贸更新设备，改进加工工艺，在不断促进产品升级方面做了很大投入。2009年，成功推出的"天助"牌菜籽油系列小包装产品，迅速占据了本地菜籽油市场的大部分份额。当年实现销售收入6亿元，被评为湖北省名牌产品。

"要打响品牌，还得双管齐下。除了内抓品质，外塑形象也很重要。"徐凯表示。2010年初，徐凯特意聘请了专业的营销管理团队和形象设计团队，对企业整体形象以及产品形象进行重新包装和定位，为企业制定了全新的营销体系。

2010年7月，湖北宏凯工贸有限公司武汉营销中心正式成立。与此同时，宏凯工贸与中商平价、中百仓储、武商量贩等各大连锁超市正式签订合同，使公司生产的"天助"牌新一代菜籽油全面集中铺向武汉乃至整个湖北市场，形成了以武商量贩、中商平价等大型商超为重点的密集型销售网络，开启了品牌化营销之路。

经过不断的努力，2016年"天助"被评为"湖北优质菜籽油品牌""十佳好年货"，湖北宏凯工贸有限公司也获得"农业产业化国家重点龙头企业""湖北省军供食用油定点加工企业"等荣誉称号。

"菜籽油是我们的'国油'，作为土生土长的油菜主产地的粮油企业家，振兴菜籽油义不容辞。尽管这条路很艰难，但我会一直坚持往前走，我相信它的美好未来！"徐凯满怀信心地说。

闫子鹏：

中国粮油机械行业的"领跑者"

□ 彭明霞　朱振华

闫子鹏，1966年出生，河南省滑县人，高级工程师，河南省政协委员、中国粮油学会油脂分会常务理事、河南滑县青年联合会副主席、河南滑县工商联副会长、河南华泰粮油机械股份有限公司董事长，曾荣获"河南省优秀民营企业家"等荣誉称号。

人物语录

◎ 把简单的事做好就是不简单，把平凡的事做好就是不平凡。

◎ 财聚人散，财散人聚。

◎ 我不比别人聪明，但我善于坚持，一旦我认准目标，就不会轻易放弃。

◎ "三分之一工作法"方便就地选才，就近工作，各尽所能。

◎ 永不满足才会收获更多的"创新"。

> 他不是学者教授，也没有显赫的教育背景，却累计斩获国家发明专利16项，多项专利在国际发明展览会和全国发明展览会上获奖，成为我国油脂机械行业、粮油机械制造行业唯一一位获此殊荣者。

* * *

走进河南华泰粮油机械股份有限公司厂区，一派热火朝天的繁忙景象呈现在眼前，一台台大型粮机"排队"等候装车，它们即将被运送到祖国大江南北，以及日本、美国、俄罗斯、印尼……

办公区内，各种奖牌、奖杯、荣誉证书和发明专利证书等吸引着人的眼球。其中，16项专利都是河南华泰粮油机械工程有限公司董事长闫子鹏带领公司研发团队获取的，多项专利还在国际发明展览会和全国发明展览会上获奖。闫子鹏本人也荣获全国第五届"发明创业奖"，这也是我国油脂机械行业唯一的获奖者。

闫子鹏只是粮油机械行业民营企业家中普通一分子，可他始终站在粮油机械行业的前沿，在他的带领下，公司发展成为一家集研发、设计、制造、安装为一体的大型粮油机械生产制造企业。2016年7月26日，河南华泰粮油机械股份有限公司挂牌上市敲钟仪式在北京金融街全国股份转让系统公司隆重举行。

/ 在体制阵痛中华丽转身 /

计划经济时代，河南省滑县粮机厂在整个粮机行业堪称龙头老大。然而20世纪90年代，市场经济的冲击使那些曾风光无限的粮食机械行业丧失了赖以生存的土壤，出现了全行业性的经营滑坡、亏损，甚至破产倒闭，河南省滑县粮机厂也未能幸免。

"当时，工资发不下来，养老保险没有人交，同志们天天去上访。"滑县粮机厂一位50多岁的老职工回忆道。

企业终究要靠自己寻找出路。这时，由基层业务员逐步成长为技术骨干的闫子鹏挺身而出，将这个千疮百孔、负债累累的摊子接了过来，担任厂长。那一年，闫子鹏刚刚22岁。

年纪轻轻的他背上这么沉重的包袱，压力之大可想而知。但他的激情和与生俱来的求新求变思想以及超前的经营意识，使他很快带领滑县粮机厂实现了脱胎换骨。

"我认为粮机行业远不至于是夕阳产业，因为人们要吃饭，需要粮油加工，现在的问题只是粮机企业没有在技术研发、产品创新和市场导向上下功夫。"闫子鹏一针见血地指出。

闫子鹏把目光转移到了河南工业大学（原郑州粮食学院）掌握着粮油行业最前沿、最尖端技术的专家教授身上。在历经多方辗转和周折后，闫子鹏用诚意和执着打动了教授们，最终与河南工业大学建立了友好合作关系。企业与高校进行科研合作，在20世纪90年代还算个新鲜事。

注入了高科技的基因后，滑县粮机厂的生产技术和产品迅速得到转型和升级，产品质量受到了客户的广泛好评，粮机的销量也与日俱增。所有债务还清了，更新设备的愿望变成了现实。闫子鹏决定开足马力加大生产。

滑县粮机厂不再是一个没落的贵族，而成为一个新时代个性鲜明的符号。河南华泰粮油机械工程有限公司应运而生，开始了公司化运作，闫子鹏担任董事长兼总经理。经过多年发展，现公司总占地面积$100\,000\,m^2$，其中车间制造面积超过21 600平方米，总部配有规范专业的生产车间8个、机加工车间2个和12个工程安装部等。

华泰机械拥有各种先进的生产加工设备120台，其中车床、刨床、铣床、钻床80多台，剪板成型设备10余台，焊接设备有埋弧自动焊机6台，直流焊机、交流焊机80多台，还配备有各种高质量的辅助设备和检测设备。公司发展为国家级高新技术企业，被中国粮油学会评为"优秀会员单位"，被河南省委、省政府授予"优秀民营企业"，省级"重合同、守信用"企业，省级企业技术中心等荣誉称号。

/ 破解人才瓶颈 /

近年来，华泰粮油机械不断加大技术创新力度，狠抓生产管理，生产规模不断扩大，产值效益连年递增，逐渐发展成为我国中西部地区规模最大的油脂机械生产基地。

在公司发展壮大的过程中，闫子鹏清醒地意识到，只有留住人才，并进一步引进高层次人才，充分发挥人才优势，才能促使企业实现跨越式发展。

然而，在河南滑县这样一个国家级贫困县，引进、留住高层次人才谈何容易。为此，闫子鹏进行了多方调研，并向行业多位专家请教，在结合自己实际情况的基础上推出了"三分之一工作法"。

"三分之一"工作法即将企业办公场所一分为三。在北京海淀区中关村北京大学科技园设立北京华康希望生物科技有限公司，充分利用北京大学等高等院校的人才资源，负责油脂机械新产品、新技术研发和专利申请工作；在郑州农业路设立河南华泰粮油（郑州）技术研发中心，充分利用郑州粮油机械专业技术人才，聘请16名油脂机械专家进行工艺设计、新产品研发等；将原河南滑县粮机厂、河南华泰粮油机械工程有限公司作为企业生产和销售基地，专门进行生产加工、产品销售等，对在河南滑县本地工作的高级技术人才，实行年薪制、重金奖励政策。

同时，企业人员也被一分为三，1/3的人员从事研发、技术创新，1/3的人员从事生产，1/3的人员在外从事销售安装。

"如果我仅仅停留在滑县，不走出去的话，别说获得这些发明专利奖了，就连搞研发都不一定能实现。人家本来看好我们公司，可是一听说在一个县城里，他就犹豫了。打个比方，同样的一个岗位，我在滑县发给他5000块的工资，没有我在郑州或者北京给3000块的工资有吸引力。"闫子鹏打趣道。

"三分之一工作法"方便了公司就地选拔人才，使各类人才就近上班，各尽所能，最大限度地发挥了他们的主观能动性，这不但有效地解决了人才瓶颈这一难题，还使华泰公司的现有资源得到最佳配置。工贸结合，拥有自己的专业研发团队、生产团队、项目安装团队、国内外销售团队及物流团队，各个团队部门之间相互合作，配合默契，为客户提供从设计到售后的一条龙服务。

/ 重金打造科研团队 /

在闫子鹏的率领下,华泰粮机的经营业绩实现了"三级跳"。2009年,华泰公司产值突破7000万元,2010年达9000多万元,2011年突破1.2亿元……所有这些成就的取得,当然离不开闫子鹏多年来潜心研发的多个科研成果。

华泰粮油机械副总经理张国馥介绍,闫子鹏不但自己刻苦钻研业务,还多方引进人才,共同进行科技攻关,在研发新产品上舍得投入资金,坚持每年拿出利润的10%用于科技研发,累计投入科研资金900余万元。

据了解,闫子鹏研发米糠一级油精炼及成套设备生物柴油技术获国家发明专利,利用地沟油加工生物柴油技术,变废为宝,为国家节省大量能源。这两项技术也给华泰粮油机械带来巨大的经济效益和社会效益,成为闫子鹏做大做强企业的"撒手锏"。

华泰粮油股份机械在不断推出高科技含量产品的同时,日益取得良好的效益并得以稳定发展,这使闫子鹏能够有足够的精力和财力去从事生物科技的深入研究。

据介绍,闫子鹏所带领的团队研发的棉籽脱酚蛋白技术,不仅获得国家发明专利,更填补了世界空白,以致有国外的同行欲以1亿元的代价买断这项技术,但被闫子鹏拒绝。

科技发明只是迈出了第一步,关键是如何使发明专利转化成生产力。据了解,进行每一项发明之前,闫子鹏和他的研发团队都要进行市场调研,预测一下这个项目是否具有创新性、实用性、市场性,以及它的经济效益如何。超前意识使闫子鹏的发明专利转化率达到100%。产品畅销国内30多个省、市、区,并出口至爱沙尼亚、俄罗斯、哈萨克斯坦、乌兹别克斯坦等近20个国家和地区。

/ 心中有爱,惠泽他人 /

看上去有些严肃的闫子鹏其实既健谈又热情,是一个极富爱心的人。熟悉他的人都用四个字来形容他:有情有义。

不仅对员工关照有加，从2009年至今，闫子鹏一直照顾着17位孤寡老人；2010年8月，他资助了从河南滑县一中走出的3名贫困大学生。

对此，闫子鹏称，他自己也是从苦日子熬过来的，他深知穷人的苦，他知道还有很多人需要他去帮助，现在条件允许了，他做这些是应该的！闫子鹏还有一个特殊的身份是河南省政协委员。每次开"两会"，他都紧紧围绕如何关注民生、惠及民生的话题提交建议。在河南省"两会"期间，闫子鹏"关于加强地沟油管理，避免流向餐桌，利用地沟油提炼加工生物柴油，鼓励企业从废弃油脂中提炼加工生物柴油，变废为宝"等提议受到了河南省委、省政府的高度重视。

"在政协这个平台上，能够为百姓做点事，这是我的责任。"闫子鹏说。

对于一个民营企业家来说，比那些发明专利更值得钦佩的，是那份沉甸甸的爱心和高度的社会责任感。

闫子鹏表示，未来公司发展将以登陆资本市场为契机，不断提高企业的融资能力和自身抗风险的能力，增强企业的发展后劲，通过市场培育，发展成为一个资本社会化、管理现代化、市场国际化的优秀企业。

杨扬：

直面困难　闯出粮机的未来

□ 万佳怡　朱振华

杨扬，1964年8月出生，1987年武汉粮食工业学院毕业，1999年获华中科技大学硕士学位，现任湖南省湘粮机械制造有限公司董事长。

人物语录

◎ 做企业不应该是胜者为王，而应该是剩者为王。
◎ 对员工只有两点要求：诚实和努力。
◎ 作为企业的老板，不应做太多太细的事情，越超脱越好。
◎ 企业的生命永远是产品和市场，企业发展应掌握在自己手里。
◎ 最好的营销之道就是影响力营销。

世界上没有不沉的船，也没有不垮的企业。湘粮机械董事长杨扬认为，做企业不应该是胜者为王，而应该是剩者为王，湘粮的目标就是要做长寿企业，要有抵御各种风险的能力。

* * *

走进湘粮机械董事长杨扬的办公室，首先映入眼帘的是墙上挂着的一幅毛主席像。不仅如此，他和办公桌上也摆放着一尊毛主席的雕像，其余的空间堆满了各种文件和资料。这位湖南的企业家，对毛主席有着深厚的情感。毛主席"直面困难、群众路线、实事求是"的理论和方法，一直潜移默化地影响着杨扬的企业经营。

/临危受命/

"湘粮机械是湖南省乃至全国知名的粮机生产企业之一，去年实现销售收入5000多万，今年有望突破8000万，甚至一个亿都有可能。"脸上洋溢着自信的杨扬，微笑着介绍了湘粮目前的发展状况。

访谈中，杨扬说，他与湘粮的故事要追溯到20世纪末期。

1999年年底，时任长沙面粉公司副总经理的杨扬正在华中科技大学攻读硕士研究生学位和参加市委党校培训。学习结束后，上班的第一天，长沙市有关领导找杨扬谈话，希望他能接手已经开始走下坡路的湘粮机械厂，改变湘粮"半死不活"的窘态。

时势造英雄。那一年，杨扬临危受命，担任湘粮机械厂厂长一职。

来到湘粮后，杨扬才发现，这家1956年就建立起来的老牌国有企业，已经是老态龙钟，处于半停产状态。粮机产品单一，企业离退休职工数量巨大，管理费用比销售收入还高，企业发展面临着种种难题。

"直面困难，敢于担当"的性格给了杨扬坚守的勇气。当时的他只有一个信念，就是一定要把湘粮做下去，并且要做好、做大。否则，就对不起自己的良心，自己就是湘粮的罪人，将来也无法在粮食行业立足。

但是，一个企业几十年的沉疴能在朝夕之间获得解决吗？该如何下手，从哪里下手？这是摆在杨扬面前一个巨大的难题。经过很多个不眠之夜的深思熟虑，已经成竹在胸的杨扬决定，从产品开发和企业的品牌两方面着手工作。

为了解决问题，杨扬开始了大刀阔斧的改革。他一方面拓展产品的产业链，在产业链的中下游另辟蹊径，生产具有独特竞争力的产品；另一方面着力于打造品牌，他开始在平面媒体和纸质媒体上积极投放广告，先后在中央二套、湖南卫视、中央七套、《粮油市场报》等相关媒体中大量投放广告，投放力度在全国粮机行业也是名列前茅。同时，他还组织全国各地经销商、粮机企业等200多人在湘粮召开业务洽谈会，满足客户需求，营造湘粮声势。

经过公司上下的一致努力，湘粮的业务慢慢开始好转，效益逐步提高。

发展的机会总是属于善于创新的勇者。杨扬并不满足于小富即安，他一直在考虑企业如何获得更好的发展。

当时的湘粮地址在市中心，厂区较小，交通也不是很便利，办公楼还是20世纪50年代的木办公楼。面对这种状况，杨扬再一次做出一个大胆的决策：搬建新厂，进行改制。

2003年12月，湘粮机械正式搬迁到位于长沙经济开发区的新址。

2005年改制结束，湖南湘粮机械厂更名为湖南省湘粮机械制造有限公司。

改制之后的湘粮迈上了新的发展步伐，然而，依旧面临着一些尚未解决的疑难问题。其中，最凸显的就是改制时职工的利益问题和改制之后的员工去向问题。作为一直在国有企业工作、"吃大锅饭"的湘粮老员工，突然让他们进入市场经济体制，许多人都感到非常不适应。

"我当时采取了两种做法，一个是留住员工。员工是企业发展的生命，留住骨干员工就是留住了企业未来发展的基石。另一个就是加大宣传力度，不断拓展企业的产品市场。"杨扬说道，如今的湘粮已改制完成，并走上了良性发展道路。

铸造团队

"湘粮能够发展到现在，品牌影响力功不可没。"杨扬说，品牌需要打造，品牌需要推广，但是一个金字品牌的形成不仅仅是宣传那么简单，而是要企业各方面的协调助力。

"业务员去找客户谈业务，如果业务没谈成，你不能说是业务员水平不行，要透过现象看到本质。这其中的原因可能有很多，可能是产品的售后服务没有做好，给客户留下了不好的印象；也可能是产品的创新和技术不够，也可能是价格不合理等，但归根结底，就是因为企业的品牌没有打响。"杨扬认为，企业的产品、售后服务、业务员的能力、组织机构、管理团队都是企业品牌的重要组成部分。

为此，杨扬开始重新组建湘粮机械的核心管理团队，拓展自己产品的产业链，并构建高素质的服务团队。

在湘粮改制以后，随着企业的不断发展壮大，公司逐步成立了农机事业部、国际贸易部、油脂化工机械事业部、稻谷碾米机械事业部、仓储物流机械事业部5个部门。部门间的团结形成了湘粮品牌中的团队价值。杨扬骄傲地说，经营班子很团结，他只需要在大的方面进行宏观把握就行了，而不需要为企业的具体事务过分操心，事必躬亲、连谈业务都得自己亲自出马的老板是搞不好企业的。老板主要的工作是管人，以事管人，以人理事，让人有效地做事。"正确决策，有效定位才是一个老总应做的工作。"杨扬说。

高素质的售后服务团队是为湘粮建立稳定客户群的重要保障，也一直让杨扬津津乐道。"在我们企业，售后服务人员比业务员还多。"杨扬曾经做过一个实验，企业改制时，业务人员流失很严重，两年之内基本没有业务员，但是每年仍然实现了两三千万元的销售额。这一方面显示了湘粮品牌在业内的影响力，也反映了售后服务团队对企业客户的优质服务。目前，湘粮有80％的客户都是上门来谈业务。

深耕产业链

作为一个以粮机立足的机械企业，拥有具有市场竞争力的产品是企业品牌的产品价值。湘粮机械一直都很注重企业产品的创新和产品上下游产业链条的拓展。湘粮机械以碾米机械为主，向相关领域延伸，油脂机械则是在稻米深加工的下游产业链上深耕细作，仓储机械也是碾米机械领域的延伸。

对于一个企业来说，短期赚钱很容易，长期赚钱很艰难。杨扬认为，做企业不应该是胜者为王，而应该是剩者为王，湘粮的目标就是要做长寿的企业。在产品的研发方面，湘粮在建立自己的技术研发团队基础上，还与外界积极合作。2008年，湘粮参与国家863计划，杨扬担任"稻米绿色供应链技术创新及设备制造"关键设备研制项目组组长。

另外，企业和中南大学、中南林业大学、湖南农业大学、长沙理工大学都建立了良好的合作关系，利用高校的专业技术人才和专利来增加企业的技术实力，拓展不同粮油领域机械产品的产业链。

谈起做长久企业之道，杨扬有着自己的看法。"许多企业并不是死在创业的初期，而是死在发展壮大的阶段。"他认为做企业要踏实，要一步一个脚印。"湘粮今年发展势头比较好，但是我并不希望企业发展太快，一旦脱离轨道，造成资金链断裂，将会给企业带来灭顶之灾。"他说，能对企业的长远发展做出准确决断才能体现企业家的水平。企业家要时刻把握企业的定位，找准企业的发展方向。

湘粮发展到现在，杨扬没有伸手向政府部门要过钱，也从来不逃一分钱的税。"企业的生命力永远来源于市场和自己的产品，要让企业发展壮大，企业必须自力更生，如果企业要垮的话，政府再怎么给钱也会垮的，只不过早晚的问题。"有些农业产业化企业没有做大，可能就是因为对政府过多的依赖，丧失了自我发展的能力。"相当一部分农业产业化龙头离开了银行和政府的支持就会破产。"杨扬说。

/善待员工/

对自己的员工，杨扬有着别样的包容。"我对我的员工只有两点要求，诚实和努力。只要做到这两点，即使他们有一些小的失误，我也不会怪他们。"善用员工，把每一个员工都当作人才来看，才能发现员工的独特才能，发挥员工自身的最大价值，这是杨扬始终如一的用人法则。

在湘粮改制时，在职员工有300多人，加上已经离退休的员工370多人，整个工厂的工人达到700人。企业改制后，近400名离退休和内退职工的养老和福利怎么办？杨扬的回答是，离退休和内退职工依然由湘粮机械负责。抱着对员工负责、对企业负责、不给国家增加负担的原则和决心，湘粮一直对这批离退休和内退职工进行无微不至的关怀。这种做法让员工对企业的未来充满信心，把员工的心凝聚到了一起，增强了企业的核心竞争力，为企业下一步的发展奠定了坚实的基础。

转眼间，杨扬来到湘粮已经有十几个年头。湘粮已经成为他坚守的一个梦想，一个不变的坚持。

"我来湘粮就只有一个想法，就是一定要让湘粮从我手中永远活下去。"湘粮已经成为国内粮机行业的佼佼者，杨扬认为，企业的领导者不要一味钻在钱眼里，不要一味的利益至上。企业做到一定阶段，赚钱不是第一位的，企业的名誉、品牌应该放在第一位。

姚行权：

粮油世界的行者

□ 付嘉鹏　张广普

姚行权，1963年1月生，现为湖北随县天星粮油科技有限公司总经理，先后荣获湖北省"回归创业者先进个人"、随州市"十大杰出农民"、随县经济开发区"优秀企业家"等称号，并荣选随州市人大代表及食品协会副会长，2017年当选为中国粮油学会油脂分会副秘书长。

人物语录

◎ 企业能够发展，是因为赶上了国家发展的大机遇。

◎ 企业不分大小，都要抓好管理；客户不分大小，都要真诚对待。

◎ 无论做什么，我都不会离开粮食行业。

◎ 做企业有如培养自己的孩子。

◎ 事情是做起来的，不是说出来的。

他，在粮食行业摸爬滚打了大半生，不仅实现了自己的粮食梦，还带出了十多个粮界翘楚。他，起家于稻谷加工，做过贸易，涉足过面粉加工，还钻研过农业技术。如今，他重金"砸"向稻米油加工，期望打造国内稻米油第一品牌。他，就是天星粮油总经理——姚行权。

＊＊＊

2017年3月初，经中国粮油学会实地严格评审，因"产业发展基础牢固，取得了显著的社会经济效益，符合评审标准"，"中国稻米油之乡"这一殊荣花落湖北随县。县内县外、行内行外都知道这一荣誉来之不易，全靠一家民营企业——随县天星粮油科技有限公司。

以一家企业之力，为一县挣来一个"国字号"招牌，这样的企业老总，该是怎样的一个人？见到姚行权之前，笔者做了种种猜想；可见到姚行权之后，眼前这个寡言罕语之人，实在让笔者无法把他和称雄湖北粮食贸易界的大佬这一身份联系起来。

他，在粮食行业摸爬滚打大半生，不仅缔造了自己的粮食帝国，还带出了十多位业界翘楚。他，起家于稻谷加工，涉足过面粉加工，钻研过农技开发，如今在知天命之年再举战旗，进军稻米油加工领域，耗资亿元成立随县天星粮油科技有限公司，致力于打造国内稻米油第一品牌。

/看似寻常最奇崛　成如容易却艰辛/

面对采访，姚行权说自己其实很平淡，创业很平淡，经历很平淡，一切都很平淡。

不过，当他的故事在记者面前逐渐展开时，记者意识到，他之所以可以波澜不惊地讲述每一件事，是因为他经历过太多的风霜雨雪，正如搏击大海之后的勇士面对泳池的从容。

"我出身于农村，家庭条件不好，兄弟姐妹又多，自己文化水平也不高，不比别人付出更多的努力，就不能做成任何一件事。"姚行权说，家庭环境培养了自己独立的个性,从小,他不仅不能依赖父母,相反还要肩负起帮助父母养家糊口的重任。

"我家虽是农村的,但我很想做一些事。"一句朴素的话语,映射出姚行权不甘平庸的内心世界,他渴望走出农村,去开拓一片自己的天地,渴望证明自我,赢得别人尊重。

20世纪90年代,伴着改革开放的春风,农村掀起一股创业潮。但当时的致富途径非常单一,无非是"北方的农民承包果园,南方的农户承包鱼塘",姚行权很自然地成为养鱼大军中的一员。

回忆起这段经历,他连说"惭愧"。在他看来,第一次创业完全是出于年轻人的冲动,既没有潜心学习专业知识,又没有前辈可以请教,纯粹是靠一腔热情,还有所谓的运气。

然而,好运气并没有眷顾姚行权。鱼塘承包没多久,一场大雨倾盆而降。寄予他人生希望的鱼苗,要么被冲走,要么被冲死。雨过天晴,姚行权的一切也随着这场暴雨东流而去。

司汤达说:"一个人只要强烈地坚持不懈地追求,他就能达到目的。"姚行权正是如此。残酷的现实没有击退他对成功的渴望,跌倒了,爬起来,再前行。

左思右想,反复权衡,姚行权决定开餐馆。创业需要资金,他已经一无所有。于是,家里养的那头猪引起了他的注意。他挽起衣袖,撸起裤腿,跑进猪圈,把猪杀了,卖了130元钱。不要小看这130元钱,这是如今这位粮界大佬的"第一桶金"。

第一次创业失败,姚行权有了很多感悟:创业不仅要有胆识,更要有知识。进入一个行业,需要有耐心,勤奋学习,深入钻研。对于好不容易开起来的小餐馆,他不敢怠慢,不仅专心学习业务,还注重资金积累,精心地为日后的"大事业"打基础。

/ 人生就像一条抛物线　不经意间就会回到原点 /

小餐馆,大社会。每天形形色色的客来客往,姚行权也从中掌握了大量第一手的各种信息。

20世纪80年代末90年代初，我国农业生产连年丰收，粮食积压严重，即使粮食销区也是仓盈库满，农民面临卖粮难的问题，出现了粮贱伤农的情况。

"当时，很多农户在我的饭馆吃饭时在议论，听意思是他们想请粮站的收购员来收购粮食，可很多时候还请不到。"姚行权看在眼里，心里开始盘算开一个米厂去收购稻谷，既可以赚钱，又可以帮助农民卖粮，岂不是一举两得？

说干就干。1987年，姚行权拿出自己开餐馆赚来的所有积蓄，又向亲友借了2000元钱，租用随县厉山镇三合乡政府的一处小院，购买了一台日加工15吨稻谷的碾米机，正式踏上了粮食加工之路。

购买设备、租赁厂房之后，姚行权手中又没有多余的钱了。没有钱怎么收购稻谷，怎么开工？左思右想，他尝试向身边的农户"赊"稻谷。在当时，姚行权的加工设备与周边乡镇相比，算是最先进的了，"全县也找不出几台。"虽然暂时拿不到钱，但对于正发愁卖粮的农户们来说，至少找到了一个销粮之地，加上姚行权一直以来的良好信誉，农户们纷纷将自己的粮食拉到他的粮食加工厂。

靠着"诚信"二字，姚行权与当地的农户在购销上形成了默契，大米市场的辐射范围也越来越广。随着销售半径的扩大，他开始将触角从随县周边延伸到了湖北省省会武汉。

"最开始的时候，我们将大米拉到武汉的汉南粮油批发大市场。后来，一些经销商发现我们的大米销路很好，就开始主动联系我，去加工厂拉大米。"姚行权说。

1991年，姚行权迎来了自己的"丰收年"。他以每斤1角多钱收的稻谷，还没有来得及加工，疯狂的行情已经把这些稻谷的价格推升到了每斤3角钱左右。

这是他的"第二桶金"。姚行权说："机会从来只留给有准备的人。"

姚行权的成功让当地人看到了致富途径，许多农民开始参与进来。姚行权则通过不断拓宽眼界，延伸其市场销售半径，来保持米厂的竞争优势。

然而，命运却再次捉弄了他。在平日的贸易往来中，姚行权给予了当地生意伙伴足够的信任，他要求外地的采购企业必须支付现金，而本地的小粮商经常会登记欠账。

有一次，他的一位非常熟悉的生意伙伴，要求他先发两车皮粮食，随后再把钱打过来。想都没有多想的姚行权，直接将两车皮货发了出去。若干天之后，姚行权感觉到不对劲，他四处联系此人，杳无音讯。后来，他终于明白，自己受骗了。人无影，货无踪，10多万元货款打了水漂，姚行权积累的资金赔了个精光。

/ 山重水复疑无路　柳暗花明又一村 /

又是一次从零开始。1992年，姚行权从亲友们那里东借西凑了8000元钱，只身南下，做起了大米经销生意。

"我们这里品质好的米大部分都销往南方。那时候，国营米厂的米卖不出去，我就想到去广州找市场。"为了打开市场，姚行权不仅在广州客户那里推销自己，还要到武汉周边地区的稻谷加工企业去发货。

辛勤的付出，终于换来了回报。几年下来，姚行权的腰包又鼓了起来。敏锐的姚行权此时也发觉，相比粮食加工，自己或许更适合做粮食贸易。

"我发现，其实做大米贸易比做稻米加工要强，加工一个星期的稻谷，才能发一车皮大米，总共才几千元钱，利润太低。但是在广州，我从外面给他们发一车皮米，就能赚1200元的代工费，一个星期就能发好几个车皮。"于是，他把自己的米厂交由弟弟打理，自己一心扎根广州，开始将大米贸易的触角伸向广州各地。

成功的人，总是能在细微之处发现新的机遇。一次，姚行权去深圳玩，他发觉，江西大米在深圳市场比较紧俏。于是，他决心把深圳市场也拿下。"当时，深圳刚刚起步发展，我们卖米的货场还没有水泥路，全部是泥土路，而现在已经发展成一个大市场了。"凭借多年积累的市场推广经验，姚行权的大米迅速打进了深圳市场，并且越来越受欢迎。他回忆说，由于当地缺少仓储设施，自己拉过去的大米基本上就是直接卖掉，有时候甚至在车皮上就销售一空。

随着行业竞争的日趋激烈，南方大米贸易市场的各种问题逐渐暴露出来。一直在行业中默默前行的姚行权灵敏地判断，随着养殖户数量的不断增加，南方市场对饲料的需求必将大增。

又是一次说干就干。姚行权的贸易重点开始转向饲料贸易。两年多的打拼，他开始成为广东小麦、菜粕贸易的标杆人物。

"天津一个郝姓老板专卖麸皮，我则经营小麦、菜粕。时间久了，当地几乎所有小的经营户，都要看我们的'脸色'报行情。"姚行权笑言。

/ 脚下良田千万亩　只爱家乡一寸土 /

由于市场需求旺盛，供货能力不足逐渐成为姚行权的软肋。1998年，他回到襄阳，寻找货源，找到了万宝粮油。

在姚行权来之前，大型综合性粮油龙头企业——万宝粮油公司的菜粕早已为没有销路所苦。姚行权以高出市场不少的价格收购了企业已经没有空间存放的菜粕，由此一下子成为众多粮食加工企业的"救世主"，迅速在襄阳安下了营，扎下了寨。

2009年7月29日，共和国最年轻的县——随县正式挂牌成立了。报着回报乡梓的热望，响应随县党委政府的号召，2010年，姚行权将在外打拼赚来的1.2亿元积蓄全部拿出来，兴办了随县天星粮油科技有限公司，公司总占地面积8万平方米，集粮油收购、储存、加工、销售、农业技术开发、推广与应用等业务于一体，填补了整个随州地区食用油加工业的空白。

凭借多年的经验，天星粮油的市场迅速打开，目前公司产品已经发展到6个品种、21个系列，实现年销售收入过亿元。

同时，天星粮油加大了在科技方面的投入力度。2011年5月，公司与武汉工业学院建立了"校企合作科研基地"和"食品学院毕业生科研实习基地"；2012年3月29日，公司与武汉工业学院联合开发研究的"油茶籽深加工研究与副产品利用"项目通过了湖北省科技厅的鉴定。

"现在我国进口的食用油越来越多，而发展稻米油是解决食用油自给的一条重要途径，我们将把天星粮油打造成国内稻米油品牌的代表！"目标在前，姚行权正重整行囊，再次出发。

张立新：

中流击水铸强企

□ 付嘉鹏　赵倩

张立新，1959年5月出生，1982年2月毕业于南开大学中文系汉语言文学专业，历任河北省赞皇县副县长、河北省政府办公厅调研员、河北省粮食局办公室主任。2010年1月至今担任河北省粮食产业集团董事长，2013年5月起兼任集团党委书记。

人物语录

◎ 企业的政治就是效益，不讲效益就是不讲政治。

◎ 粮食本身既是资本，也是资源。

◎ 谁要想当官，就不要到企业。

◎ 作为一个企业领导人，没有一点牺牲精神，没有一种冒险精神，是做不成大事的。

◎ 一个企业领导人，没有思想是可怕的，没有思路是可悲的。

张立新是个睿智之人。他说，读一百本书的人和读一千本书的人，气质肯定不一样。张立新就是那个"读了一千本书"的人。这一千本书如同一个个台阶，张立新踏着它们拾阶而上，与冀粮集团同发展，共进步。

***

"一定意义上讲，企业家也是冒险家，风险与效益成正比，冒险与成就成正比。经营企业就是经营风险，经营与风险如影随形。没有风险，飞机上不了天；没有风险，汽车上不了路。企业家要敢于冒险并善于防控风险。"坐在记者对面的张立新——河北省粮食产业集团董事长、党委书记，谈吐儒雅，思想笃定，岁月并没有在他脸上留下太多痕迹。

这位"50后"，不谈养生，却崇尚冒险。对此，你或许会感到诧异，不过，很快你就会被他那铿锵有力的言语迸发出来的激情所吸引。或许，只有用现在流行于"80后"群体当中的那句话才能诠释这位企业家——再不冒险我就老了。

/ 书香门第出英才 /

张立新出身于书香门第。母亲当过老师，父亲当过兵。由于当年被认定为"右倾机会主义"，毕业于南京军事学院炮兵系的父亲，20世纪60年代被发配到北大荒。

"父亲从山东武训师范学校毕业之后，就选择了当兵。他所在的南京军事学院炮兵系，院长是大名鼎鼎的陈锡联，父亲给这位将军做保密员。之后他还参与组建河北宣化炮兵学院。父亲为人耿直，说话易得罪人。他当时被处理，是因为为彭德怀鸣冤，直至1979年才平反。"在张立新的记忆中，虽然和父亲聚少离多，但父亲依然是他心目中的英雄。

那时，年纪尚幼的张立新与母亲相依为命，生活在农村。从记事起，他就随母亲一起下地干活。张立新确实遗传了父母的优良基因，学什么都很快。至今，他还记得自己当年犁地、扬场、赶车、撒粪的情形。"别小看这些农活,这些可都是很复杂的技术活,很多人一时半会儿可学不会。"张立新回忆说,撒粪的时候,平均多长距离卸一堆,包含了运筹学理论。只有运用好这门理论,才能节省体力,撒得匀实。在粮食估产上,张立新也是一把好手。当年,农民种粮,估产全凭经验,收前看长势,收后估粮堆。即使如此,张立新也能短时间掌握,俨然一个庄稼"老把式"。

"即使现在,我在收储企业看见一堆粮食,就能估摸出重量;在手里一攥,就大概知道水分多少,能不能入库。"张立新自信地说。

/ 上任连打"翻身牌" /

2010年1月,张立新正式履新河北省粮食产业集团,任董事长一职。那时,冀粮集团的净资产不足7000万元,集团母公司的流动资金更是少之又少,外债缠身,包袱沉重。

"头几个月,连总部员工的工资都要发愁。"上任之后,张立新从容、自信、果断地打出了一连串"翻身牌":实施"环境重塑工程",一举打破了原来几近"闭关锁国"的状况,迎来了贸易伙伴,赢得了支持与合作;确立全产业链发展战略,推进"扩规模、转方式、增效益工程",理清思路,搭建框架,明确了发展措施和目标;投建油脂精炼加工、京西粮食物流等项目,培育一个又一个新增长点;抓资本运作和资产运营,低效无效资产、股权得以盘活利用,亏损源、出血点一个个减少,直至消除……此后,冀粮集团逐步走出低谷徘徊、举步维艰的境地,经营规模、经济效益、经济实力连年上台阶。

如今,冀粮集团总资产已达32亿元,净资产增长5倍,利润增长2倍,经营规模达到200多万吨,人均创利达7万元;并吸引了中粮集团、中储粮、北京粮食集团等产业巨头纷纷与之合作,为日后的持续发展奠定了坚实的基础。

几年间,为了拓展业务,张立新带领团队,披星戴月,早出晚归;为了与业务伙伴增进感情,他捋起衣袖,与对方在酒桌上叫板,书生意气挥洒得淋漓尽致。为了攻克一个个难关,他带领团队冲锋陷阵,大有"不破楼兰终不还"之势。

如今，冀粮集团位于怀来县的京西物流项目蒸蒸日上。但把时间指针拨回到2010年初，这个项目可以说是"惨不忍睹"。

"项目做了五六年，几次剪彩挖的小坑已被风沙吹平，十几个人守着一片荒地，耗着不菲的费用，大块的地闲置着。"张立新回忆说。

理思路，定规划，调班子，定责任，抓管理……那一年，张立新把重新启动京西项目作为一个必须攻克的堡垒。正是这股拼劲，京西项目当年迅速启动，第二年就获得了丰硕的成果。

在这几年冀粮集团的改革发展中，熟悉张立新的人看来，他确实是"人如其名"。这位出身书香门第、南开大学中文系毕业的大学生，张扬着"挥斥方遒"与"中流击水"的豪迈，新思想、新点子层出不穷，经常会让他的同事甚至是年轻人屡屡发出"跟不上趟"的感慨。

一次，在和一位银行行长的交谈中，张立新得知，这家银行有一笔700万元的贷款贷给了石家庄郊县的一家面粉厂，这家面粉厂的总经理因病去世，厂子陷入危机，700万元的贷款很难收回。听说此事后，张立新决定由冀粮集团代偿700万元银行贷款，并由银行牵头协调，收购了这家面粉厂。

在张立新看来，其实这件事是"双赢"的。其一，帮银行解决了难题，加深了冀粮集团和银行的感情，由此银行又增加了7000万元的信贷额度给冀粮集团。其二，这家面粉厂的土地、厂房、仓库都能以最低价收购，集团所属的一家粮食经营公司也由此摘掉了"皮包公司"的帽子，获得了贷款资金。

/ 腹有诗书气自华 /

张立新是个非常聪慧的人，从他的一言一行就可以看出来。他说，读一百本书的人和读一千本书的人，气质肯定不一样。

张立新就是那个"读了一千本书"的人。在他的回忆里，小时候家徒四壁，唯有书多。在他的印象里，自小学开始，父亲就逼着他背诵那些难懂的词典，所以，他至今都能辨识多种繁体字，上大学之后还总纠正老师的错误。

"夏天天晴的时候，别人家都是趁机晒粮食、晒衣物，而我家却是晒书。"张立新回忆道。

腹有诗书气自华。由于涉猎广泛，张立新对很多事情持有独特的看法，即便是跟自己所从事行业一点也不沾边的医学。

张立新曾在一次中医研讨会上发表过一个演讲，题目是《论〈易经〉和中医的历史渊源》。在他看来，大家对中医的定义并不准确。"大多人认为，中医就是中国医学的简称，这种解释没有点到本质。中医是哲学，讲究中庸，阴阳失衡取其中，核心就是平衡。某种意义上讲，中医还是社会学，是一种处世态度和生活方式。比如嘴上起泡，西医说是病毒，中医说是上火、心性浮躁、修为不够。"学无止境，不进则退。来到冀粮集团后，张立新告诉大家，粮食市场具有特殊性，因此，必须懂得行业规律才能更好地驾驭工作。他号召员工要多学习，同时自己也挤出时间不断学习和接受先进理念。

通过学习，并结合工作实际，张立新在集团提出一个理念——粮食经营一定要遵循所经营对象的本性。

现在粮食又多了一个金融属性，就要发挥这个金融属性的功能，按照粮食自身的规律来找市场规律。

"把各种资源变成资产，资产变成资本，资本变成资金，资金还可以变成资源。企业的运转无非是这几个要素的循环，循环得越快，企业的效益就越高。作为企业领导，我需要做的就是加快这几个要素的变现。粮食本身既是资本，也是资源，还可以变成资金，这是粮食企业的优势。"对粮食行业，张立新有一套自己独特的理论。

对于未来发展，张立新依旧有着清晰的目标："十二五"期间，冀粮集团将坚持以《"十二五"改革发展规划》为引领，秉承"勤勉敬业，团结共事，诚信高效，争创一流"的企业精神，加快把企业打造成为省内领军、国内一流，具有较强市场竞争力的现代化粮食企业集团，实现总资产30亿元、销售收入50亿元、利润5000万元的战略发展目标。

张锁根：

稻米加工要坚持"都得利"

□ 郝瑞

张锁根，1965年10月生于江西省新余市渝水区观巢镇上汾村，经济师，现任新余市百乐工贸有限公司董事长兼总经理，先后担任江西省粮食行业协会副会长、江西省食品行业协会理事、新余市人大常委会委员，曾获得"江西省劳动模范""江西省优秀粮油企业家"，被国家农业部、共青团中央授予"全国农村青年致富带头人"等荣誉。

人物语录

◎ 创业需要激情，需要吃苦，更需要勇气，要敢于吃"螃蟹"，敢为人先。

◎ 生意以和而隆，诚信能招天下客。

◎ 人活着要有精神，爱拼才会赢，敢闯就会红。

◎ 天高任鸟飞，海阔凭鱼跃，好的环境就是舞台，只要政策好，环境优，没有创不大的业。

◎ 宁做赚50元的老板，不做赚100元的打工者。

10年时间，张锁根将一家年销量只有几千斤大米的小作坊，发展成为年销售额逾5亿的农业产业化国家级重点龙头企业并已成功挂牌新三板及筹备2019年成功上市，他靠的就是：坚持各方都得利。

* * *

犹记得第一次见到张锁根是在2010年，这位农业产业化国家重点龙头企业——江西省百乐米业股份有限公司的董事长，披着旧外衣，懒散地拖着名牌皮鞋，带领众人参观百乐的厂房和员工食堂。但见他昂首信步前行，即便一脚踏进泥泞，也不以为意，把鞋子拖出来后，继续大步朝前走。

不修边幅、不拘小节，是张锁根给人的第一印象。

/天生我材必有用/

1987年，张锁根高中毕业，因几分之差与大学无缘，走在了人生的十字路口。面对人生的第一次重要抉择，张锁根很是犹豫、彷徨，但最终他选择坚信"天生我材必有用"，人生需要奋斗。

榜上无名，脚下有路。经再三思索，张锁根决定一人闯荡社会。

几番尝试，张锁根先后做过木工、泥工，搞过养殖，做过油豆腐。

1990年3月，一个偶然的机会，张锁根与粮食结缘，率先在新余市城北农贸市场开办了一家私营粮油店——"都得利"粮油门市部（厂家、商家、消费者各方都得利之意），从此，张锁根开始了他的粮油经营之路。

风里来雨里去，肩挑手提，一个黑瘦的年轻人足迹踏遍全市楼道巷口，经过一年的精心经营，"都得利"粮店略有盈利；第二年，张锁根把积攒下来的钱开办了第二和第三家粮油店。那时，订货送货、开票守店，大事琐事都得自己做。张锁根回忆说："那些既当老板，又当店员和搬运工的日子，有时累得站着都要打瞌睡，不知道走了多少路，爬了多少级台阶，流了多少汗，我至今刻骨铭心，创业之艰辛非常人所知。不过由于我出身农民家庭，经历过贫困潦倒的岁月，吃苦耐劳是我的本性，在我的记忆里，从来没有休息日，没有节假日，没有上下班时间，经常是起早贪黑，披星戴月，有时累得筋疲力尽，连路都走不动。"功夫不负有心人，经过两年积累，张锁根终于掘到了他人生的第一桶金。1992年，张锁根邀两个朋友，自筹资金2万元办起了日产15吨的新余百乐大米加工厂。

工厂创办之初，由于粮源、资金、业务等各方面的问题，张锁根一度陷入困境，每天的大米销量只有4000斤左右，面对困难，张锁根没有动摇，他横下一条心，又开始独自一人跑粮源、筹资金、钻市场、引进技术和人才。为了调粮，当时张锁根踏遍了周边县、市多个角落；为了销售，张锁根跑遍新余市内每一家粮店，绞尽脑汁、苦口婆心，以自己的真诚换取顾客的信赖。

由于张锁根的诚实守信和经营有方，新余百乐大米生意越做越红火，各项指标以每年翻一番的速度增长，实现了跨越式发展。至2001年，新余百乐已拥有三条成套大米加工成产线和两条副产品处理生产线。2002年8月，百乐大米加工厂变更为百乐工贸有限公司，创业之路愈走愈宽，迎来了新的发展春天。

/ 扶摇直上九万里 /

江西省百乐米业股份有限公司，原名为新余市百乐工贸有限公司，成立于2000年，注册资金4200万元，是一家集粮食收购、加工、销售、储备及贸易为一体的集团公司，已于2016年3月17日成功挂牌新三板，股票代码836499，证券简称百乐米业。公司经过十多年的发展，已成为农业产业化国家重点龙头企业，中国大米加工50强企业，全国主食示范加工企业，全国最大规模的粮食加工骨干企业之一，江西省先进民营企业，国家农业综合开发办重点扶持的龙头企业，全国放心粮油示范加工企业，江西省绿色食品"十强企业"，江西省质量管理先进企业，新余市十佳食品生产加工单位等。

据公司办公室主任庄小春介绍，江西省百乐米业股份有限公司主导产品为大米和米粉。大米生产线两条，年加工能力为20万吨，产品有5大系列50多个品种，覆盖全省及南方多个城市；米粉生产线三条，年生产能力

6万吨，米粉共有两大系列10多个品种，畅销全省，并成功出口。公司产品先后通过绿色食品A级、ISO9001、ISO22000认证及食品卫生出口注册备案，先后获得"中国驰名商标""江西省名牌产品""江西省名牌农产品""江西省放心粮油""江西省著名商标""质量信得过产品""中央电视台上榜品牌"等荣誉称号。

张锁根说："企业能有如此快速的发展，得益于政府的扶持，领导及朋友的帮助，客户的信赖，各方面缺一不可。"2004年年初，百乐米业投资8000万元，在新余市高新技术开发区征地160亩，新建了百乐粮食工业园。同年9月，随着年产6万吨优质大米生产线的竣工投产，百乐米业实现了新的飞跃，公司在职职工由最初的3个人增加至500余人，厂房面积由当初的10多平方米扩建到5万多平方米，拥有固定资产6800万元，销售收入突破5亿元，每年纳税600余万元。

百乐品牌逐渐在新余地区家喻户晓，当地很多顾客一进粮油店，直接要求购买百乐大米，百乐大米在新余的市场占有率达80%，并远销广东、浙江、广西、海南、福建、上海等地，产品供不应求。米粉出口占50%，国外市场有东南亚、欧美等地区。

近几年，百乐米业在促进农业和农村经济结构战略调整，带动农民增加收入，农业增效，提高农业竞争力等方面起到了举足轻重的作用。公司通过"公司+基地+农户""公司+农民专业合作社+农户""公司+粮食经纪人+农户"的农业产业化经营模式，充分发挥了龙头企业的资金优势、品牌优势、市场销售渠道优势。公司坚持发展订单农业，大力推广优质稻种植，走农业产业化、集团化的发展之路，用优质产品生产示范基地来推广新品种、优质品种，以订单方式联合农户，带动示范区的水稻种植，以产中技术服务帮助农户进行农业的现代化生产，以名牌加工和现代化营销物流带动农民的农副产品生产，达到促进农业产业升级，促进农民增收、农业增效，推动农村经济发展的效果。

张锁根讲，百乐米业在推进农业产业化、增加农民收入的过程中，大力发展基地建设，在新余市29个乡镇建立优质稻示范基地20个，面积11万亩，同时在新余市周边地区（高安、峡江、安福、樟树等）开辟原粮基地8个，面积5万余亩，间接带动农户30余万户。

基地的建设，保证了公司原粮的稳定供应，同时公司在种植过程中实行规范化管理，严格按绿色食品相关标准组织生产，保证原粮质量。

张锁根坚持"政府牵头，企业出力、农民得实惠"的理念，与新余市种粮大户合作，成立了种粮大户协会。同时，在分宜县、渝水区、仙女湖区、经济开发区77个村委组建了102个粮食专业合作社。采取"公司＋专业合作社＋农户"的农业产业化经营模式，实行多种形式的粮食订单模式，与粮食专业合作社建立了紧密的合作关系，实行了"六个统一"，即统一供应良种、统一生产标准、统一农资供应、统一技术指导、统一产品收购、统一价格结算。

与此同时，他还与合作社签订生产合同，明确落实品种、种植面积、收购粮质、数量及承诺种植服务，收购价格、付款方式等，让社员吃上了"定心丸"，订单履行率达95％以上。

/千金散尽还复来/

百乐大米销售以江西省省内为主，在新余市有上千家直销店，在全国各省多家粮油及食品批发市场上货。2016年，百乐米业年销售额已超5亿元。因为公司米粉市场良好，前景广阔，公司规划扩大米粉生产规模，正积极征地300亩，建设直条米业生产基地，建设5～7条米粉生产线，成为全国乃至全世界最大的米粉生产基地。

企业发展迅速，盈利日益增多，从财富的占有量上来说，张锁根不再是当年的张锁根。同时，张锁根又仍旧是当年的张锁根：地地道道的农民出身，淳朴憨厚的个性，"都得利"的做人做事风格。

用现在的网络流行语，张锁根不是"吃货"，他对饮食并不挑剔，管饱就行，张锁根不赌博，不抽烟，不得不喝酒的时候才喝一点，他唯一的爱好，就是对事业的执着追求。他每天都在思考，如何让企业做得更大更好，如何让百乐品牌更受消费者认可，如何让百乐工贸的几百名兄弟姐妹过得更好。思考的同时，他在做，在行动，在落实。

张锁根对人才极为重视，他曾说："人力资源是企业最大的财富，调动员工的工作积极性、能动性极其重要，要多注重员工的思想和生活，要有足够的工资保障，要让员工快乐地劳动，安稳地生活。"这些，张锁根都落到了实处。

张锁根很重视对公司领导层素质和领导能力的培养，公司出资，第一批送4位高管去北京大学EMBA学习，第二批计划送数位中层领导去江西财经大学、南京大学等知名院校去参加培训。

张锁根非常热爱学习，他看过有收获的书后，就会推荐给大家看，比如《向财务要利润》《做人做事做生意》以及名人自传类书籍等。张锁根说，公司正筹备上市，高管必须学习。

据悉，每年年中，百乐米业都会组织一次大聚会——聚集全市1000余名粮食经纪人及种粮大户，举行返利分红大会。凡是积极为百乐米业卖粮的经纪人或大户，都可得到不同数额的回报。据公司有关负责人介绍，2014年154.3万元，2015年134.4万元，2016年则是168.5万元。

同时，百乐米业每年在收稻时期，都是坚持"敞开收购"的原则，不压级压价，不坑农伤农，让农民自觉种粮，愿意种粮，确保强农惠农政策落到实处，实实在在让农民得到实惠，极大地调动了农民种粮的积极性。加上每年每月依法积极纳税，张锁根真正地做到了让国家、企业、员工、经纪人及种粮大户、农民和消费者"都得利"，张锁根本人也得到了他自己真正想要的东西。

张锁根说，展望未来，百乐米业将遵从集团化、产业化的方针和战略，秉承"发展粮业，造福大众"之理念，做大做强，走精深加工、可持续发展之路，全力打造粮食加工航母，铸就百年企业，为农业增效、农民增收做出更大的贡献，形成大米、米粉、油脂等多项产品加工的综合性企业，通过2～3年时间成功上市，将公司打造成为中国知名、世界有影响的现代化粮食加工企业。

张文才：

从"园丁"到"金茶王"

□ 胡增民

张文才，1949年1月生于辽宁省辽阳市，曾任广西粮食学校办公室主任、副校长，广西壮族自治区粮食局购销处处长；2002年至今，任广西金茶王油脂有限公司董事长，兼任广西粮食行业协会副会长、中国植物油行业协会常务理事、广西油茶产业协会理事长。

人物语录

◎ 作为一个决策者，自己的思路能得到管理层的支持，这是最大的动力。

◎ 在工作中能得到领导的支持和信任，是最大的鼓舞和鞭策。

◎ 对伙计要像亲弟兄一样，绝不能搞"窝里斗"。

◎ 用人格的魅力感染别人，使大家愿意与你合作、共事。

◎ 用人要先看人品，再看能力。

> 他本是条东北汉子,却在南国演绎着"半生粮缘";他曾是辛勤的园丁,却半路出家与油茶产业为伴,并在短时间内把"长寿之乡"广西巴马的油茶基地发展到1万多亩,建起年产3万吨的油脂精炼加工生产线;他创下的"金茶王"品牌被评为广西著名商标,成为中国-东盟博览会指定粮油产品。

＊＊＊

2016年12月8日,首届全国油茶文化节在浙江省常山县启幕,笔者在这里偶遇广西金茶王油脂有限公司董事长张文才,此时他又多了一个头衔,把原来的广西油茶产业协会副理事长的"副"字去掉了。

几年不见,已近七旬的张文才还是那么精神矍铄,走起路来大步流星,穿得并不厚的他还不时擦擦额头微微的汗珠。

追求健康,拥有长寿,这是从古到今世人所苦苦探索和追寻的课题。

广西西北部的巴马县,有旖旎的盘阳河风光,有碧波荡漾的赐福库区平湖,有如诗如画的龙洪山光水色,有千姿百态的岩溶洞群,有浓荫蔽日的原始森林,有惊心动魄的陷谷石林……特别是作为世界五大长寿乡之首,当地生产的特色农业食品被誉为"长寿食物"。巴马长寿老人长期食用的油就是巴马油茶籽油。

许多媒体采访广西巴马长寿老人时,往往离不开饮食话题。长寿的原因是多方面的,但可以肯定的是,巴马长寿老人有吃山茶油的习惯,巴马境内的所略、那社、燕洞等乡镇是山茶油原料——油茶籽的主产区。

2004年,张文才就是看中了这块"风水宝地",才来到这里,奏响了他的"金茶王"畅想曲。

/"文才"升"将才"/

初冬,北方的树木已经凋零,天气寒冷,而此时,南国的南宁依然如夏,火辣的太阳,郁郁葱葱的树木。在广西金茶王油脂有限公司花园式厂区内，董事长张文才和笔者开始了对话。

张文才的祖籍是辽宁辽阳，自幼跟随父母在广西壮族自治区粮食局的大院里长大。他的前半生也和他的名字"文才"有关，多与教育打交道。1969年，张文才告别父母回到东北老家，血气方刚的他因为思想红、根子正，加上干活肯下力气，被评为辽宁省知识青年上山下乡先进代表，被保送到鞍山师范学校就读，后到辽阳市当中学语文老师，曾任书记兼校长。

光阴荏苒，时隔16年后，张文才在1985年重返广西，调到广西粮食学校，先是任学校办公室主任，后任副校长。

1992年调自治区粮食局购销处任处长，6年后的粮食流通体制改革中，他主动要求到当时叫广西植物油公司（后为广西植物油库）的企业，主要负责油脂方面的储备、进口和贸易，并从此开启了他"弃文从商"的经历。

为发展广西的特色资源油茶产业，2002年，自治区粮食局党组安排，以广西植物油库为国有企业参股，组建了广西农乐油脂有限公司，后改为广西金茶王油脂有限公司，张文才出任董事长。

/从寿乡"放飞"梦想/

2003年，在广西壮族自治区粮食局的力挺下，张文才做大做强油茶产业的梦想开始放飞。

但是，企业刚成立时并非一帆风顺，可谓困难重重，资金也比较紧缺，大家的思想不是很统一。然而幸运的是，自治区粮食局党组非常重视企业的发展，时任局长梁雨祥果断决策，把发展油茶产业列入当年的工作重点。

"广西缺油，过去都是依靠进口和区外调拨，而广西的油茶在全国居第三位，应该好好利用这一特色资源，一是可以提高自给率，二是油茶有东方橄榄油的美誉。"当时自治区粮食局领导与张文才语重心长的谈话，让他感慨万分。

万事开头难。为了解决资金难题，公司发动员工集资，张文才采用房产抵押的方式向银行贷款，向亲戚同事借款，短时间内一人凑了50万元。

2004年7月6日中午，阳光明媚，碧空万里。在巴马所略乡坡晚村六加屯背后山坡上，彩旗飘扬，人头攒动，数百名脸上洋溢着喜悦的男女群众，将一个临时搭建的主席台围得水泄不通。

主席台上方有一条幅——广西农乐油脂有限公司巴马县万亩优质油茶示范基地启动仪式，两边的红布银字对联特别抢眼——实施产业经营带动老区人民奔小康，创建特色品牌融入东盟"农乐"展风采。仪式由原广西壮族自治区粮食局副局长、现任广西壮族自治区林业厅厅长黄显阳主持，广西壮族自治区粮食局局长梁雨祥和河池副市长银景生、巴马瑶族自治县县长罗光勤等到场祝贺并分别做了讲话。广西壮族自治区发改委、财政厅、农业产业化办公室、绿色食品办公室、林科院等部门的领导也亲临现场。这一幕幕感人的场景张文才至今仍记忆犹新。

张文才满怀深情地说："当时的想法是在巴马按照市场化导向、区域化布局、专业化生产、标准化管理、产业化经营和社会化服务的发展思路，采用优质品种，改变耕作方式，科学种植方法，提高油茶产量，带动农民致富的发展思路，计划3年内在巴马投资600万元，首期建设规模为1万亩的高产优质油茶种植示范基地。"

为了完善产业化，张文才和同事们从2005年开始筹备在省会南宁市购置土地，2007年筹建工厂，在原来小规模生产线的基础上改扩建，先后投资3400万元，建立起3万吨精炼生产线、规范化的中小包装生产线和标准化的研发中心兼化验室。

一次，张文才陪同广西壮族自治区梁雨祥局长在北京与希腊一个油厂总裁会面，对方把他带的茶油样品放在手中搓搓，称赞茶油质量非常好，不饱和脂肪酸高于橄榄油，希望有机会双方合作。其实，当时他的巴马基地因为投资大、见效慢正处于徘徊期。良好的市场前景更加坚定了张文才把茶油做下去的决心。

/ 在金色茶道"称王" /

"金茶王油脂公司之所以叫'金茶王'，就是从一开始确立以油茶为发展方向。"张文才称，但凡事有一个过程，油茶生产周期长，考虑到以后的发展，当时就注册了"金茶王"商标，不过经过几年的发展，现在已发展成为系列产品，还被评为了广西著名商标，成为中国-东盟博览会指定粮油产品，企业也成为广西最大的油脂加工企业之一，从成立时注册资金只有200万元，发展到2016年注册资金增加到6200万元，总资产1.53亿元，全年销售额近4亿元。

长期从事教育工作的张文才，深深懂得科学技术是第一生产力。他主持倡导公司多年来密切与广西粮油科学研究所、广西林业科学研究院合作，共同建立"油茶产业化研发中心"，进行油茶良种培育及茶油产品深加工的研究，积极研究开发广西油茶的综合利用和科技成果转化。2015年，在广西科技厅的大力支持下，他们的研发中心升格为自治区级的"广西油茶工程技术研究中心"。

提起张文才重视科技研发，广西金茶王油脂有限公司总经理莫子成随口举了两个例子：公司投资与科研院所共同承担完成了国家林业局重点科学技术计划"红山茶新品种及茶油精加工技术引进"项目，研制出化妆品级油茶籽油，并通过国家验收，被认定为"国家林业局重点科技项目成果"；公司与广西农林蜜蜂开发研究所等单位完成了"蜜蜂授粉对油茶增产的关键技术研究"课题，通过了广西农科院组织在巴马的现场查定。

公司常务副总经理黄麟锋补充说，在张总的重视下，他们还与广西粮油科研所等单位承担了自治区质量技术监督局下达的油茶籽推荐性广西地方标准的制定工作，以及自治区科技厅下达的科技特派员服务企业行动项目（外用型精油的研发和生产项目）；公司承担的"广西油茶良种推广及深加工高技术产业化示范工程"项目，还被列入2007年度国家"星火计划"。

令张文才引以为豪的是在巴马的10 260亩优质油茶种植示范基地长势喜人，且早已开始挂果、喜获丰收，并于2014年1月通过"有机食品"认证，成为巴马县"百里油茶开发长廊"高昂的龙头；公司以"公司＋基地＋农户"的模式进行优质油茶产业化项目建设，既保证了企业加工原料，也带动了农业增效、农民增收，加快广西贫困山区农民脱贫致富奔小康。

人都有不顺心的时候，何况是企业老总。每当不顺时，张文才都会看看放在办公室内的一个大鱼缸。里面，各种各样的小热带鱼在游玩嬉戏。"什么时候心情不好了，看看鱼心里就舒畅一点。"张文才说。

已过花甲之年的张文才，有着一个幸福的家庭，老伴退休在家，女儿在广西高检任职，儿子作为清华留美博士在上海任职。其实他完全不必再在充满风险的市场中拼杀，在家颐养天年就行，但他的心，此刻还在事业上。

从2007年开始，金茶王首期投资3500万元，在南宁市江南区壮锦大道旱塘路10号购置土地，通过技改扩建"广西优质油茶籽油精深加工项目工程"，引进全套"迪斯美"进口的油脂精炼设备，建设年产3万吨的精炼油脂生产线，包括4000㎡精炼车间和包装车间，10 000吨油罐区，2200㎡综合楼，6380㎡成品仓库以及与工程相配套的设施。

经过两年多的建设，2009年精炼油脂厂已顺利投产。近期公司又投资500多万元，在南宁厂区内通过技改新建日压榨30吨的清洁冷榨工艺原味油茶籽油车间。至此，公司的优质油茶开发项目从种植开发到精深加工，及产品包装上市形成了完整的产业化链条。

目前，公司主要以绿色食品油茶籽油提升"金茶王"品牌，再以"金茶王"品牌拉动其他不同品类产品的销售，形成产品品牌与产品品类的良性互动。公司的产品线完整，产品品类多，主要包括各类油茶籽油、花生油、花生调和油和食用调和油、大豆油、棕榈油等。公司的油茶籽油通过外贸出口到日本、韩国等国家，内贸主要销往北京、上海、西安、哈尔滨等一二线城市。

谈到下一步的打算，宝刀不老的张文才心潮澎湃，用纯正的东北普通话说，金茶王将把握国家新政策，计划在老区百色市再建设一个优质油茶种植基地及油茶加工、仓储基地。

他雄心勃勃地展望，积极做好油茶产品研发，加强与广西林业科学研究院、武汉工学院以及广西粮油科研所等科研部门的科技合作，在原有食用精制茶油生产的基础上，近期完成润肤油、润发油、按摩油等外用油和茶皂素等综合利用产品以及学生和中老年等特殊人群的系列专用保健油的研发和生产。

"力争2017年批量生产绿色环保、无公害污染的高端产品，增加油茶的高附加值，让广西的油茶产品尽快走向全国、走向世界。届时，我们将成为名至实归的'金茶王'。"张文才说话掷地有声。

张新友：

执着于花生的院士

□ 付嘉鹏　唐恒

张新友，1963年生，河南省农业科学院院长、研究员，中国作物学会油料专业委员会副理事长、花生学科组副组长，河南省作物学会理事长。他选育的豫花7号、豫花15号、远杂9102在多省市得到大面积推广，分获2000年、2006年和2011年国家科技进步二等奖。2015年12月，当选为中国工程院院士。

人物语录

◎ 农业是永不衰败的产业，扎实搞农业的人永远不必担心失业。

◎ 虽然有助手，但是科研的关键环节必须自己亲自做才觉得踏实。

◎ 做育种是要根据市场需求确立方向，而且要具有预见性。

◎ 对于一个科研人员来说，做研究才是最幸福的事，我会把花生育种一直做下去，做一辈子。

◎ 搞农业很辛苦，但是真正爱上这行以后，再苦也是甜的。

"八五"以来,张新友率领课题组,相继育成25个花生新品种,其中12个通过了国家审定。多少个日日夜夜,他吃住在试验田中,奔波在南繁育种的路上,一门心思沉浸在他的"花生王国"中。

***

执着于花生育种研究30余年,张新友被业界亲切地称为"花生大夫"。他带领的团队在花生品种改良、育种理论与前沿技术研究方面成绩卓著:创新集成了花生早熟、高产、高油协同改良技术,育成"豫花""远杂"系列花生品种33个,推动了黄淮海地区小麦、花生一年两熟种植制度的发展,极大缓解了粮油作物争地矛盾;创建了花生远缘杂交育种技术体系,创制出一批聚合了野生花生优异基因的新种质,开辟了野生种质利用的有效途径;在花生产量、品质等重要性状遗传及其分子标记发掘、转基因等育种理论与前沿技术研究领域取得了重要进展。据不完全统计,"豫花""远杂"系列品种累计推广1.05亿亩,最大年度种植面积占黄淮海地区花生面积的23%、河南花生面积的55%。其团队育成品种数量之多、质量之高,在全国众多花生育种团队中名列前茅。

在搞好育种研究的同时,张新友还积极推动育种领域的国际交流与合作。他作为主要发起人,参与组织实施了中美花生基因组联合测序项目;还作为牵头人,促成了我国花生育种单位与跨国食品企业玛氏公司的合作;担任国际花生基因组联合会执行委员会委员,连续七次被推选为国际花生基因组与生物技术大会组委会副主席(第二至五届、七至八届)、主席(第六届),极大提高了我国花生研究在国际上的影响力。

/肩负重任 远赴印度做科研/

1986年,张新友以优异的成绩考取了著名花生育种专家、河南省农业科学院经济作物研究所研究员刘恩生的研究生。当时河南省农业科学院花生研究课题组只有5位技术人员,最年轻的同事也比他大20岁,学科梯队已经出现了严重的年龄断层。

两年后,在导师刘恩生的推荐下,张新友只身来到位于印度的世界著名的花生研究中心——国际半干旱热带作物研究所,主攻花生野生种的利用潜力、利用途径及种质创新的研究。他研究的"野生种的细胞遗传和远缘杂交",就是要把野生花生抗病性转育到栽培品种中去,以达到改良栽培品种的目的。

该研究所的科学家对这个难题已经进行了数年研究,但进展十分缓慢。很快,张新友在英籍导师的指导下投入了研究试验——对数百种野生种进行筛选,选出最有应用价值的野生种与栽培种进行杂交。

每到周末,研究所两万亩大的园子里只剩下二三十人,而花生实验田里也常常只有张新友或蹲、或趴、或跪地在那儿观察记录。印度洋上空的烈日晒黑了他的脸,晒脱了他的皮。每天晚饭后,他立即进入实验室,把白天采集的叶、花、茎、根进行分析化验,对停止发育的杂种胚进行体外人工培养。

不断的实验和研究后,张新友调整了研究策略,采用细胞遗传学的方法,分析对比野生种与栽培种的染色体结构,借助细胞和染色体工程手段解决研究中遇到的难题。

又一轮花开花落后,当张新友蹲在试验田里,双手拔起花生秧,看见泥土中籽粒饱满的果实,泪水和着汗水滴落在异国他乡的泥土里:他终于筛选出了高抗花生叶斑病和锈病的种子。

张新友的研究解决了该所多年来一直未能解决的技术难题,为野生抗原的利用开辟了新途径,被英籍导师誉为"新突破"。导师挽留他在此攻读博士学位并承诺提供优厚待遇,但被他婉言谢绝了。

/ 勇于创新　花生育种结硕果 /

花生是我国重要的油料作物和经济作物,是许多地区农村经济的支柱产业,也是我国加入世贸组织以后具有竞争优势的重要出口农产品之一。河南作为农业大省,在我国花生生产和供应中具有举足轻重的地位。

在张新友看来,做育种是要根据市场需求来调整育种方向,而且要具有预见性，因为品种培育需要较长周期，如果缺乏对市场需求的把握和预见性，育出的品种可能还没有走上市场就已经被淘汰了。

他带领花生团队为了多出品种、出好品种，提高花生产品的质量和效益，紧紧围绕生产需要，以市场为导向，致力于花生新品种选育、育种技术创新及良种良法配套技术的研究与推广工作。

在课题组刻苦攻关下，相继育成25个花生新品种，分别通过了河南、安徽、湖北、辽宁、北京等省市的审定，其中12个通过了国家审定。

早熟品种的育成与推广，促进了黄淮海地区花生种植制度的变革，实现了小麦、花生一年两熟，有效地缓解了粮油作物争地的突出矛盾；高油、出口型等优质品种的育成，解决了我国花生品质差、专用性不突出的问题，显著提高了花生产品的竞争力和综合效益；"远杂9102"等远缘杂交品种的育成，实现了育种技术的重大突破，推动我国花生远缘杂交育种跻身于世界领先行列。

多年来，张新友在花生基础研究方面取得了重要进展，系统研究了花生属种间的亲缘关系，为全面理解花生属的演化史和有效利用野生种提供了重要的理论依据；研究建立了利用近缘野生种改良栽培品种的技术体系，创制了一批优异新种质，有效弥补了栽培种优良基因型的不足；建立了花生高效植株再生体系和农杆菌介导的遗传转化体系，为花生规模化转基因育种奠定了研究基础；构建了花生栽培种的分子连锁图谱，获得一批与产量、品质、抗性相关的DNA分子标记，朝着花生分子设计育种方向迈出了坚实的一步。

他主持的科研项目先后有10项获得省级以上科技成果奖励，其中国家科技进步二等奖3项，河南省科技进步一等奖2项、二等奖5项；在国内外刊物或学术会议上发表花生遗传育种方面的学术论文40余篇，出版科技著作8部，在花生科技界产生了较大影响。

/默默奉献　一片赤诚只为农/

在中国，大凡和"农"字有关的产业，几乎都是微利的，这就决定了从事农业的人们都将经历一段艰难困苦的漫漫过程。

张新友认识到，农业科技成果推广是较为复杂的技术普及活动，需要政府部门、农民群众及涉农企业的广泛参与。在豫花4号、7号、15号、远杂9102等品种的推广过程中，张新友非常重视与地方政府、农业推广部门、农业院校及企业的合作，积极探索公司加农户及育、繁、推、加、销一体化的产业化经营模式。2001~2003年，张新友主持实施了国家农业科技跨越计划项目——优质花生新品种豫花14号、15号生产技术体系试验示范。

在项目执行过程中，他带领团队建立了有效的推广协作组织，并进行了明确的分工。在相关单位的共同努力下，豫花14号、15号不仅在示范区得到普及，而且迅速辐射到全省乃至周边省份，在河北、山东、北京、湖北也得到了大面积应用，受到了农业部的充分肯定。

针对"三圃制"良繁体系存在的繁种速度慢、种性难以维持、不利于知识产权保护等弊端，张新友积极改进良种繁育技术，率先将先进的四级种子生产程序引入花生良种繁育。由他主持制定的《花生四级种子生产技术规程》，已被批准为河南省地方标准，对我国花生良种繁育技术进步及品种推广产生了持久而深远的影响。

每一个新品种审定之后，张新友总是率领课题组认真开展品种特性及配套栽培技术研究，为品种的大面积推广提供技术保障。多年来，在国家成果转化资金及高技术产业化示范工程项目的资助下，他们不仅为每一个新品种制定了具体的栽培技术规程，而且研究制定了油用型、食用型和出口型等各类品种的布局及栽培管理的指导性意见，对品种的合理推广发挥了重要作用。

每年7~8月份，是花生生长的关键时期，也是天气最炎热的季节，更是张新友繁忙的时期。张新友带领课题组人员，紧张地奔波于各花生主产区，开展技术培训、现场观摩和技术咨询。他们的足迹遍布河南省18个省辖市的50多个县，召开现场观摩会20余次，培训农民和基层技术人员8000余人次，发挥了良好的示范作用。

他们在延津县创办的豫花7号高产示范田，曾经创下亩产663.5公斤的河南花生单产最高纪录；他们将具有野生种血缘的优质抗病品种远杂9102引入正阳县，比当地品种普遍增产20%以上，在短短的几年内种植面积达到近百万亩。

"对于一个科研人员来说，做研究才是最幸福的事，我会把花生育种一直做下去，做一辈子。"张新友这句话很好地诠释了他对花生遗传育种研究近乎"偏执"的追求。在丰功伟绩面前，张新友并没有满足，而是带领团队向"高油酸"品种的育种研究发起了攻坚。

"高油酸是我们重要的育种目标，目前已审定两个高油酸品种。用不了多久，'十三五'期间，我们推出的相当大一部分品种都是高油酸品种，可能到'十四五'，我们推广的所有品种都将是高油酸品种。"张新友信心十足。

2015年12月7日，是张新友值得铭刻的日子，中国工程院公布了2015年院士增选结果，张新友脱颖而出，成为农学部新当选院士中最年轻的一位。

在张新友看来，能够成为院士是对科技人员一生科研追求的极大激励，是科研事业的新平台、新起点，所担负的责任更大、任务更重，所承载的社会期待也会更多。张新友又给自己订下了新的目标，争取成为一个优秀的院士团队，在保持原有研究优势的情况下，尽量弥补团队自身的短板，努力取得更大的科研成就，为农业发展多做贡献。

张学昆：

跨界操刀油菜机械化

□ 付嘉鹏　唐恒

张学昆，1968年生，作物遗传育种学博士，研究员，博士生导师，中国农科院博士后，曾留学日本信州大学，现任中国农业科学院油料作物研究所副所长。

人物语录

◎ 钻研农学必须要有坚强的毅力。

◎ 如果你坚持了，一定会有所收获。

◎ 人活着，刚开始为生活，再往后为职业，最终是为事业。

◎ 只有让农民种植油菜赚钱，才能激励农民种植的积极性。

◎ 科研人员必须站在整个产业高度考虑问题。

◎ 科研方向错误会严重冲击整个产业。

张学昆的科研成果已经得到了业界的认可。而他正在坚持的油菜全程机械化直播生产技术，更是得到了各方赞赏。他自嘲自己现在更像一个种植大户，但他认为，也正是站在了种植大户的角度考虑问题，他的那套机械化农艺技术才不断成型。

* * *

多年来，张学昆从事油菜抗逆性状的遗传机理研究及分子标记辅助育种技术研究、高产优质高效油菜新品种的选育和推广等工作，先后主持了国家"863"计划、国家自然科学基金、"948"项目、国际合作、农业成果转化资金等近50项课题；他利用传统育种技术、小孢子培养技术、分子标记辅助选择技术等，先后选育出"阳光2009""阳光198"等一批突破性的超高产、高油分、双低常规新品种。其中，长江中游地区审定的"阳光2009"品种在2009～2011年全国区试中游组产量达到177.94公斤/亩，比区试平均值对照增产3.82%，比杂交对照品种中油杂2号增产5.17%；产油量达到78.4公斤/亩，连续4年被农业部列为主导品种，推广面积达到1800万亩。

我国双季稻区180天生育期的高产品种极度匮乏，普通品种生育期不能满足茬口需求，导致我国近5000万亩冬闲田利用困难。张学昆团队利用分子标记辅助选择等组配成功极早熟高产抗病抗倒油菜新品种"阳光131"，该品种在双季稻区平均亩产145.56公斤，比对照增产21.3%，生育期平均173.2天，菌核病田间发病率2.00%，病情指数0.50，病圃诱发鉴定结果为低抗，对促进我国双季稻油菜生产具有十分重要的意义。

张学昆的科研成果已经得到了业界的认可，而他正在坚持的油菜全程机械化直播生产技术，更是得到了各方赞赏。成名之后的他，依然日日忙于科研。

张学昆自嘲，自己现在更像一个种植大户。他认为正是站在了种植大户的角度考虑问题，他那套机械化农艺技术才不断成型并最终得到广泛推广。

城乡接合部的农业之子

张学昆出生于昆明的一个普通工人家庭。但在他看来，自己从小和在农村长大并无区别。

父母的工作单位在昆明城郊，家不远处就有大片大片的农田。由于距离乡村较近，一到收获季节，张学昆和他那帮城里出生的小伙伴，就会跑到不远处的晒场玩耍。在那里经常玩耍的农村小伙伴们，并不排斥他们的到来，反而慢慢和他们成为好朋友。

在这个城乡接合部，张学昆不仅亲近着大自然，还亲身感受着农业的发展和农村的变化。

时间流淌到20世纪90年代，这是一个农业并不受社会尊重的时代。

高中毕业时，张学昆第一志愿报考了西南农业大学（现西南大学）农学专业。虽然原西南农业大学是1978年国务院正式确定的88所全国重点大学之一，为当时国家农牧渔业部（现国家农业部）直属重点大学，西南地区规模最大的农业大学，但得知张学昆希望选择西南农业大学作为自己的第一报考志愿时，好不容易从农村走出来、艰难晋升为"皇粮户"的父母，表示了极大的不理解，当即投出"反对票"。不仅张学昆的父母不支持他学农，在那个人人争吃"商品粮"的年代，拥有一个城镇户口，是很多农家人梦寐以求的事。而从城里再回到乡下，张学昆的这一举动在熟悉他的人眼中变成了另一种"傻"。

四年大学生活转瞬而逝。20世纪90年代，国内迎来全民下海的潮流。"造导弹不如卖茶叶蛋，拿手术刀不如拿剃头刀"，一度成为社会现象。

当身边同学每月拿到200元工资时，留校的张学昆每月只能拿到78元钱。生活的窘迫，时时困惑着想要战天斗地的他。在几年苦行僧一般的生活之后，张学昆的科研成果逐渐显现。在评选职称时，他所发表的论文数量和得奖情况令评审吃惊，因此，他顺利过关。

人活着，刚开始为生活，再往后为职业，最终是为事业。张学昆凭着对油菜产业的热爱，先后主持选育了"阳光2009""阳光198"等高产中早熟油菜品种，参加选育了"中双12号""中油杂7819""中油杂898""中油杂6212""中油5628""中油6766""渝黄1号""渝黄2号"等十多个高产高抗国审油菜新品种，他也先后获得重庆市科技进步二等奖、湖北省科技进步一等奖、教育部科技进步一等奖等奖项。

/油菜专家变身"种植大户"/

由于比较效益低，劳动强度大，近几年国内农户种植油菜的积极性不断走低。为了振兴国内油菜产业，2006年，张学昆调到中国农科院油料作物研究所油菜轮选课题组担任组长，先后选育出"阳光2009""阳光198"等一批突破性的超高产、高油分、双低常规新品种。其中，"阳光2009"是目前全国唯一一个比对照增产超过5%的国家审定品种，连续4年被农业部列为主导品种，推广面积达到1800万亩。

为了使科研成果落地推广，更好地促农增收，2011年，张学昆租赁300亩地，进行自己的育种工作。一年后，张学昆在核算种植收益时，他发现不仅没有赚钱，反而亏本了。

如果连自己都亏损，如何保证农户的种植油收益？2012年，他的租赁规模扩大为1300亩，上年的亏损压力像魔咒一般，压得他喘不过气。

作为一名作物遗传育种学专家，他的主要业务能力，并不用以农艺推广来证明。对张学昆而言，只有激发农民的种植积极性，让农民从种植油菜中获益，他的工作才有意义。

张学昆的思想开始出现转变，不再把自己简简单单看作一个"育种"人。他开始计算各种成本，并考虑如何将各类先进的技术集成起来，在压低生产成本的同时，寻找可以提高所种植油菜的产量、产值的技术。他始终强调，科研人员必须跨界，只有站在产业高度考虑问题，整个产业才有出路。

2013年，张学昆的田地租赁规模再次扩容，达到了3500亩，为油菜新品种的研发推广和机械化提供了最好的示范基地。张学昆认为，自己还需要进一步改变，必须从一个单纯的科研人员转化为一个产业人士。正是在这份信念的推动下，他踏实前行在跨界科研的征程中。

/跨界操刀油菜机械化/

长期以来，我国油菜生产各个环节技术相互脱节，品种、栽培、土肥、植保、机械装备各领域各自研究、各自示范，无法形成合力。

张学昆凭着对油菜产业的热爱，坚持科研项目为产业服务才算成功的信念，开始将各类先进的技术集成起来，带领团队攻关油菜生产全程机械化难题，从实验室育种专家变身成为油菜生产机械化专家。

他深知，尽管我国已研制出含油高、抗倒、抗病的高产油菜品种，但由于近年来农村劳动力价格上涨，油菜生产周期长、耗工多、效益低、技术环节复杂等原因，长江流域种粮大户几乎都不敢种植油菜，种植面积下滑明显，严重制约着我国油菜规模化生产。而要提高我国油菜的国际竞争力，促进我国油菜产业的持续发展，就必须解决油菜生产水平和比较效益低、机械化水平不高、农艺农机融合度差的问题。

2013年，化育种、联合机械播种、机械联合收获等核心技术进行集成和优化，使湖北省云梦、公安、襄阳、黄梅等地大面积油菜实现了"五化"（优良品种为主的机械化、轻简化、集成化、规模化、产业化）生产示范，我国油菜机械化生产技术不断成熟，产品竞争力逐年提高。张学昆带领团队开展了"油菜绿色增产增效技术集成研究与示范"研究，将油菜机械生产成本从每公斤超过5元下降到2016年的1.75元，基本接近加拿大等主要出口国的直接田间生产成本（1.5~2.0元），促进了在夏收油菜主产区湖北、云南、湖南、江西等得到大面积应用。

2015年，湖北全省机播水平从2011年的不足5%提高到26%，机收水平从3%提高到41%，江汉平原、云南罗平等地区机播机收达到80%以上。

2016年10月，在湖北省武穴市刊江办事处高湖村，由中国农科院油料作物研究所和湖北省农业机械工程研究设计院联合研制的2BFDN-9油菜新型联合播种机正式下地作业。这种新型联合播种机旋耕、播种、施肥打药、开沟一气呵成，既解决了堵种现象，也把机器播种从原来的6行提高到了9行。同时，种肥错位同播技术还实现了肥料深施，使肥料利用率显著提高。

2BFDN-9油菜新型联合播种机不断成型并最终完成，是中国农科院油料作物研究所副所长张学昆及其攻关团队，从油菜育种研究到油菜生产全程机械化研究的一次成功。

此外，张学昆团队还将已研发的油菜品种"阳光2009"、机械精量耕播技术、配方施肥、防渍、草害防控、一促四防、机械分段收获7项技术成果集成组装，形成了油菜全程机械化生产技术，取得了较好效果。

与2011年相比，2015年湖北全省机播水平从不足5%提高到26%，机收水平从3%提高到41%，居全国冬油菜主产区第一。江汉平原、云南罗平等地区机播机收达到80%以上，机收实现了从云南到湖北的跨区作业，以农机合作社的机收组织模式基本成型。

张长发：

挥之不去的"老知青"情结

□ 胡增民

张长发，出生于1959年12月，福建省顺昌县城关镇人，中共党员，老知青集团有限公司董事长，南平市人大代表、政协委员，顺昌县人大常委会常委。

人物语录

◎ 自己对产品要求高，产品才有生命力。
◎ 在发展上笨鸟不仅要先飞，还要快飞。
◎ 每件事都要用发展眼光来看，否则要吃亏。
◎ 诚信与细致，苦干加巧干，才能成就更大事业。
◎ 不为过去错误而懊恼，把握当下，命运在手。
◎ 看准的事情就去做。

谈起老知青，说到山茶油，张长发总有说不完的话。在张长发眼中，"老知青"就像一个茁壮成长的孩子，虽然在成长之初充满着挑战，但他坚信只要选择了正确的道路，它的发展必然前途无量。

* * *

张长发，当年的回乡知青，如今的成功人士。几十年时光，弹指一挥去。回顾年轻时的那段知青生活，群峰叠峦景色秀，山湾幽雅溪水流。张长发抬头仰望云外天，不尽往事涌心头。而这些涌上心头的往事，都与一个东西有关，那就是山茶油。

/ 看准的事情就去做 /

1959年张长发出生在福建省南平顺昌，这里素有"林海粮仓果乡"的美誉。

中学毕业后，还是十五六岁的年龄，张长发就随"上山下乡"运动到农村插队，做了一名普通的知青。

张长发回忆道："我是最后一批知青。1969年去插队，那真是最苦的10年，放过牛、种过菜、赶过牛车、种过稻子，农活基本都干过。"当时知青只有3条出路：当兵、念大学、回城。张长发一心想去当兵，却几次被拒，只好作罢。后来"四人帮"被打倒，张长发回到了顺昌县城，比较顺利地进入了供销社上班。

进供销社仅一个月的时间，因为张长发灵活、肯干、业绩出众，被领导看重，破格提拔当上了门市部主任。1980年张长发入了党，成了供销系统一名正式职工。两年后，张长发被提拔到中高层领导职务，至此一待就是10年。

20世纪90年代初，张长发停薪留职离开了供销社，开始"下海"创业，他投资服务业，很快挖到了第一桶金。就这样"下海"打拼了10年，张长发积累了雄厚的原始资金。

做了多年服务业，张长发深感这个行业进入门槛低，竞争激烈，就有了企业转型的想法。至此，他开始了企业转型的诸多尝试。

2001年，张长发出人意料地收购了顺昌啤酒厂，先后成立天泉啤酒公司和天泉矿泉水公司，欲从庞大的中国饮料市场中分一杯羹。

2003年，福建的啤酒市场不景气，许多啤酒企业亏本，濒临倒闭。张长发的天泉啤酒公司也不例外。"那时候大型啤酒企业的年产量有上百万吨，而天泉啤酒却只有几千吨。高成本、低市场，今后企业肯定没有生存的空间。"在企业生死存亡的一瞬间，张长发果断地决定放弃啤酒市场再转型。

"山上茶果竹，田间瓜菜米，栏内畜和禽，水里特种鱼。"张长发是个土生土长的闽北人，对于闽北的各种资源了如指掌。在他看来，一个企业要成功，就要做自身有优势、别人还没有发掘的潜力产品。

闽北自古就有山茶油的历史文化和优势，是我国山茶油的盛产地。

在山茶油的生长过程中少有施肥喷药，营养成分完全来自天然无污染的空气和高山土壤，是一种难得的纯天然绿色食品，周恩来总理曾经到闽北的政和县视察，将其命名为"油茶之都"。

山茶油素有"东方橄榄油""油黄金"的美誉，不仅可以外敷内食，而且市场价值极高，产业发展潜力大、前景广，对张长发而言无疑是座沉眠的"金矿"。

"对！山茶油！"兴奋的张长发开始地毯式地搜集关于山茶油的资料。

但，从啤酒行业转战油脂行业的决策遭到公司自上而下的反对：一是当时山茶油产品在市场上并不为人所熟知，虽然民间普遍使用，但是大多为农村油坊生产，还未形成产业；二是公司的技术骨干对茶油生产工艺一无所知；三是山茶油的销路一片渺茫。

然而，这些困难却更加坚定了张长发进军油茶产业的信念：没有产业就创造产业，没有工艺就研发工艺，没有销路就开辟销路，没有品牌就树立品牌！据张长发回忆，当年放弃啤酒行业是对的，不仅厂房可以做茶油加工车间，啤酒罐可以做油罐用，啤酒罐还可以自动冲洗，自动控温。44个罐子，一共3000多吨的容量。

打造茶油第一品牌

背倚青山，草长莺飞。日加工30吨茶油的生产线和按照制药标准设计的无菌灌装生产线"气势磅礴"，无论是室外还是室内保存的茶油全部是低温储藏，产品陈列室内数十种包装各异的茶油琳琅满目。这是笔者在位于福建顺昌县的老知青集团有限公司所看到的。

张长发告诉笔者："加上我们在湖南衡东的日加工30吨生产线，年加工能力达到1万多吨，可以说'老知青'无论是生产规模、产品质量、品种品牌等，不仅在福建，在全国茶油界都应该是'数一数二'的。""老知青"是我国专业从事山茶籽、山茶油加工及油茶（茶粕、茶皂素）综合利用的自产自销型企业，总投资1.5亿元，可日处理原料100吨、年产1万多吨精炼山茶油及2000吨高纯度茶皂素，其生产规模为福建省最大、全国名列前茅。

"老知青"在顺昌、湖南衡东两地新扩了生产线，其精炼山茶油的能力可达万吨。精炼后，既秉承了传统茶油的色亮、味香、功效，又保持了其纯正品质，产品先后通过了QS、ISO、HACCP、绿色食品、有机产品认证。

凭着独特的技术与高品质，"老知青"拥有了巨大的市场发展空间，在北京、上海、浙江、江苏、山东、厦门等地都设立了销售分公司，销售规模位居全国行业前茅。2010年年底，山茶油产品开始漂洋过海，打入东南亚市场。

"只有把好质量关，把质量放在至高无上的地位，企业才会有市场竞争力，才能拿到畅销五湖四海的通行证。"张长发称，"我可以自豪地说，'老知青'的山茶油保质期可以达到24个月，比国标延长半年。"质量铸就品牌，荣誉造就信任。

如今，老知青集团公司是"福建省农业产业化重点龙头企业"。2011年被评为"中国百佳粮食企业"，首批"全国油茶产业重点企业"，中国农业发展银行2011年度黄金客户；2013年被国家工商总局评为全国守合同重信用企业，茶皂素提取技术荣获国家知识产权局认定的发明专利；2014年被国家林业局认定为国家林业重点龙头企业，被评为中国油茶籽油加工企业10强；2015年成为中国林业产业联合会木本油料协会副理事长单位；2016

年被第六届粮油榜评为中国十佳粮油集团。

张长发本人继2011年当选"中国粮食经济十大人物"后，2015年第五届中国粮油榜又荣膺"中国十佳粮油创业风云人物"。

/让知青文化薪火相传/

"老知青"乐于和高等院校、科研部门"攀亲结缘"，先后与福州大学、福建农科院、同济大学、复旦大学产业学院、江南大学、武汉大学等多所高校进行产、学、研合作，山茶油、茶皂素和山茶籽粕综合利用新技术荣获2010年福建省科技进步三等奖、国家科技部科技创新奖。

我国专业生产茶皂素的企业少之又少，具有规模性的企业更是屈指可数。高扬创新旗帜的"老知青"又一次尽显英雄本色，建成了我国第一条食品级茶皂素生产线，并于2011年1月批量生产，其提纯工艺技术——食品级茶皂素提取技术申请国家生产专利，茶皂素引气剂申请行业标准。与此同时，"老知青"还申请参与制订我国茶皂素行业的内控指标。一般厂家茶皂素提取量为60%，而老知青达到了95%。

张长发不好意思地说，为了保密，"老知青"提取茶皂素的车间，外人不让参观，就连生产的设备也是分段制作，同时，3年内不允许厂家做第二套设备。

科技创新让企业保持着旺盛的活力。如今，"老知青"与福州大学合作研发的食品级茶皂素提纯技术已通过省级科技成果鉴定，被认为项目研究深度深、品种多、加工工艺先进，是国内首条生产线。

与同济大学共同研发的茶皂素水泥添加剂、引气剂项目是国家"九五"攻关课题，产品可用于国家重点工程，如核电站、机场跑道、高速公路、跨海大桥、海底隧道、铁路无轨轧板等工程的水泥混凝土添加引气剂，提高抗冻、抗盐、抗酸能力，使工程寿命延长5~10倍。

当笔者问张长发，公司当初为什么叫"老知青"时，他回答：一是当年顺昌是知青县，福州第一批知青就下到顺昌，2003年县里举办一个知青回乡恳谈会，很多知青回来到插队过的地方，看看老房东，看看老支书，有的捐款建希望学校或修路，当时就萌发了叫"老知青"的念头；二是从销售来讲,当过知青的这一代人进入中老年了,对茶油有需求;三是当年的知青了解山茶油,种过油茶树,用过山茶油;四是从品牌角度讲,便于记,很多广告词容易忘记,但"老知青"一看就过目不忘,还令人产生联想,从相识到相知;五是从现代社会来看,对知青是信赖的,我们要做品牌,让消费者信赖。

他意味深长地说:老知青这代人生活阅历丰富,在国内外产生了深远影响,甚至影响了整个国家的几代人;勤俭朴实、吃苦耐劳、待人真诚、正义扬善的知青精神,如今已不是2000万的老知青在传承,受其影响的高达2亿人之多;通过打造老知青品牌,在整个社会弘扬真诚、纯朴、吃苦、耐劳,富有责任感的良好风尚,可以促进中华民族传统美德风范的形成和整个国家和谐社会的构建。

"知青精神,是中华五千年文明的传承和继续。"张长发果断提出了挖掘老知青文化、山茶油文化和企业文化,把三种组合一起形成"老知青"的品牌文化。

"2009年,'老知青'品牌经北京亚事资产评估有限责任公司评估,价值为1.16亿余元。"张长发说。笔者在现场看到,汇聚全国众多油茶品种的油茶植物园正在建设,仿古建筑的老知青博物馆已完工,若再加上由香港《中华人物》杂志社社长、中国作家协会以及作家寒北星为编剧的28集电视连续剧《老知青》即将投拍,张长发作为制片人,其主要人物是以他为原型,《老知青》已列入国家爱国主义教育丛书,那么,"老知青"品牌的含金量无疑将会大大提升。

令人刮目相看的是,年近六旬的张长发还将"老知青"带上了互联网的高速列车。2016年10月15日,经过半年考察后,"老知青中汇"平台上线运营,其独具特色的"分享经济"模式颇受关注,短短两个月,就吸收了1万多名会员,遍及福建、江西、浙江等地,2017年计划发展到20万人。

"我们走在大路上,意气风发斗志昂扬!"在张长发的率领下,老知青集团有限公司立足于油茶产业,在建设油茶基地的同时,引领现代生态农业、大健康产业、养老养生、旅游休闲、电子商务、影视文化等产业发展,带动我国贫困山区农民增产增收。

赵欣培：

我做"农管家"并非演员跨界

□ 郝瑞

赵欣培，1977年生于北京，1986版《西游记》中"红孩儿"的扮演者。1999年毕业于北京大学计算机科学技术系，取得学士学位，随后又在中国社科院研究所取得硕士、博士学位，现任北京农管家科技有限公司首席技术官。

人物语录

◎ 娱乐圈并不吸引我，我喜欢找一些志同道合的朋友，做一些自认为有意义的事儿。

◎ 农业是每个人都离不开的产业。

◎ 未来，农业是蓝海，也是互联网发展的处女地。

◎ 新农人没有想象中那么先进或落后，他们同样都需要农业知识。

◎ 我挺享受研究点东西的状态，尤其是自己喜欢的东西。

从少年成名开始，赵欣培的每一次角色的转换，都有其必然性，但也有着偶然性和传奇性。自从做农业之后，赵欣培受到很多媒体和相关人群的关注，大家都认为，"红孩儿"不做演员，竟然改行做农业了。其实，他现在所做的工作，正是自己的对口专业。

* * *

"谁说我是娱乐圈人？谁说我喜欢演戏？我从小喜欢计算机，上学一路也是计算机专业，而我现在所从事的，也正是互联网+农业。"北京农管家科技有限公司首席技术官赵欣培表示。

从少年成名开始，赵欣培的每一次角色的转换，都有其必然性，但也有着偶然性和传奇性。

/"红孩儿"/

1984年，赵欣培因饰演电视剧《西游记》中"红孩儿"角色一举成名，那聪明刁钻、神通广大、手挺长枪、口吐火龙的小男孩，不知道赚取了多少观众欢喜的目光。

"演电视剧纯属偶然。"赵欣培说，"5岁时，有剧组到幼儿园选角儿，我因为不怯场，有幸被选中参演一个节目，因此结识了当时的场记于虹女士（后来于虹成为六小龄童的妻子），她对我印象较深。"赵欣培接着说，"到我演《西游记》时，《西游记》已经在电视上播放，而'红孩儿'一角，缺少一个小朋友扮演，那时，于虹女士想到我，找到我，把我带到杨洁导演家，看我唱歌跳舞，又带我剧组一试镜，就算定了。"

"至于演戏，当时完全是因为觉得好玩，导演告诉我该怎么做，我就怎么做，优势就是不怯场。""演戏是在暑假，我一共进剧组28天，拿多少薪水不记得，因为当时剧组把钱给家长了。"谈起待遇，赵欣培哈哈大笑。

/IT 男/

对于演戏,赵欣培家长采取的是"不支持、不反对"的态度,演《西游记》成名后,第二年暑假不到,赵欣培又有片约。如果说前两次参演,赵欣培是抱着好奇、好玩儿的态度,此后的片约,赵欣培都直接拒绝了。原因出在哪儿?

赵欣培说,因为那年暑假前,家人为他买了属于他自己的第一台 Z80 型号的计算机,事情在 20 世纪 80 年代,赵欣培的欣喜着迷可想而知。

"一见计算机误终身。"赵欣培开玩笑说,"从 Z80 到 Apple II,再到后来的 286、386、486,我都有,我家都可以开计算机展览了。"家人在赵欣培兴趣方面的大方投资,为他学习计算机提供了便利。

后来,赵欣培考取了北京大学计算机系,又被保送进入中科院软件所念了计算机专业的硕士、博士。

"稍稍不修边幅,对不感兴趣的事沉默寡言,讲起计算机话匣子才算真正打开,神采飞扬、滔滔不绝,一个标准的 IT 男,在这个领域里钻研多年、浸淫很深,一辈子是离不开了。"这是赵欣培留给《粮油市场报》记者的深刻印象。

终于谈到农业,赵欣培说:"我做农业以来,受到很多媒体和相关人群的关注,大家都认为,'红孩儿'不做演员,竟然改行做农业了。其实,我现在所做的工作,正是本专业对口,我是计算机专业。""虽然现在主要工作是技术指导和管理,但闲暇时我仍然很喜欢编程。写程序很有趣的,能锻炼思维,与同行分享其中的一些小技巧,特别有成就感,就跟你们文艺青年写小说、搞点创作的感觉差不多。"赵欣培表示。

/"农管家"CTO/

前几年,计算机专业的赵欣培,与很多 20 世纪 70 年代末的同龄人一样,跟朋友们喝酒聚会闲聊时,难免提及"创业"二字。对于创业,朋友们都显示了极大的兴趣。

首先是大家做什么？经过多方提议、探讨、论证，最终选定——做农业。

大家都意识到，未来，农业是蓝海，也是互联网发展的处女地，包括联想、恒大、东方集团等多家"高大上"企业纷纷进军农业，也让赵欣培团队更加坚定了创业的决心和信心。

2014年4月，北京农管家科技有限公司成立，赵欣培担任首席技术官，国际化些叫作CTO。企业高技术高起点进军"互联网＋农业"，成立之初，便着手在东北三省、河北、山东等农业大省建立分公司。

"我们选择做农业，不单单是为了赚钱。一位前辈曾经说过一句话，我非常认同。他说，人这一辈子可以做成很多事情，但是要做成一件有意义的事情，是很不容易的。而且，要做就要做能够产生一定的社会效益的事业，促进多方共赢。""我们生在城市长在城市，远离土地和农民，但是大家谁也离不开粮食。当了解到某些地区的农业落后面貌后，我们更是决心扎根农业做点实事儿。"赵欣培谈到创业初衷，感慨而发。

据了解，农管家服务模式为"金融＋农资＋农技＋农产品流通"，而首先发力的则是"农业金融"，为何会以农业金融为切入点，赵欣培给出了答案。

赵欣培说："我国传统农业都是小户经营，这是非常有局限性的，种植成本高，缺乏国际竞争力，就比如这两年的玉米价格。所以我们亟须从小户经营向规模经营转变。而在这个转变过程中，农民合作社、种植大户等，最缺的是资金。土地流转、盘活，农机购置等，都需要使用大量资金。我们以金融为切入点，通过对接银行、P2P平台等金融机构，将农村土地流转的物权融资担保与农业供应链服务结合在一起，为合作社、种植大户、家庭农场等新型农业经营主体提供土地经营权贷款和增信服务，解决融资难等问题。"

"解决了农业资金问题，接下来最重要的就是种植问题，一个是种植的生产资料，一个是种植技术。先谈生产资料问题。我们看到，农药化肥种子经过各级代理商，再到零售商，再辗转卖到农民手里，价格已经被抬高许多。而且，配套服务特别差，很多农民朋友甚至不知道如何使用。"于是，农管家团队为农民合作社、种植大户牵线搭桥，对接国内顶级农资厂商，为经营主体引入农资滞销模式。减少中间商，降低了采购成本。

"我们再来说说怎么种的问题。"谈起农管家的业务模式,赵欣培马上来了精神。"很多农民朋友种地,都是靠自己的种植经验,没想过如何做到高产高效。而农技推广人员,去开一场一场的现场会,覆盖面又太少,等着一项新的农业技术到农民手里,恐怕好几年都过去了。所以我们要为农户提供一个时效、实用、简单方便的学习方法。所以就有了农管家APP。"赵欣培说:"我们通过对接专家,走进田间地头,一边现场示范,一边口头讲述,这就是很好的农技课程。我们做成视频,上传APP,让更多的农民朋友学习到农业知识。同时,这种学习方法,即使一些农民朋友不识字也可以看明白。"

"除了农技视频,我们还有实时问答专区。我们线上已经上线了几千名农技专家,都是来自农科院、农业大学、农技推广中心的老师们,农民朋友有什么问题,都可以在线提问,还能上传作物的图片,几分钟就能得到专家的解答,非常方便。"在工作中,赵欣培发现一些趣事。他说,一开始认为农业及种粮人落后,赵欣培带领团队研发的APP,选择的是安卓系统。结果,走进农村,走进田地,农管家团队发现,很多种粮大户、合作社成员,用的都是iPhone6。吃惊之余,他们急忙回来研发苹果IOS版本的APP。这些新农人没有想象中那么先进,也没想象中那么落后,但是他们同样都需要农业知识。

"前面解决了资金问题、农资问题,以及怎么种的问题,剩下的就是怎么卖了。这个问题是个大问题,也是农民朋友,尤其是经营主体最关心的问题。"提到农管家的最后一项农产品流通服务,赵欣培表情稍显凝重。"农产品流通问题太严重,每年看着他们辛辛苦苦种出来的东西卖不出去,甚至烂在地里,真的很心疼。所以我们还要帮助他们解决怎么卖的问题。我们通过对接各地区的农产品收购商,引入了生产者—收购厂商的大宗农产品安全直供模式。今年我们就要和鲁花集团合作,在吉林松原地区开展花生订单,解决花生的种植、销售问题,这是一方面。另一方面,就是消费者层面,一边是农民卖不出去,一边是消费者买不到好的农产品。所以我们还把原产地的优质农产品直接对接到百姓餐桌,比如现在在做的五常稻花香米,就是直接从五常龙凤山乡发到消费者手里,让大家尝尝纯正的五常大米到底是什么味。说实话,五常大米是真好吃,我也是去年第一次吃到。现在嘴都被养刁了,只能吃五常大米了。"赵欣培笑着说。

"农业里边的学问太多了，很不好做。我们这一两年也仅为初探，发现首先是散，其次种粮人知识结构参差不齐，还有让用户认识、接受我们，再把这四项业务打通，真是需要一个过程。"赵欣培说，"2016年，是'农管家'极其关键的一年，这一年具有承前启后的意义，公司和行业所处的环境面临着供给侧改革的机遇和挑战，关系到企业以后能否站稳脚跟、快速发展。"谈起未来，赵欣培说："我们会利用好'互联网'这个现代化的工具，为这条产业链上的经营者提供更多、更优质的服务。让农民朋友真的做到，下田之外，都交给'农管家'。"

周建华：

演绎贡米新传奇

□ 徐文正　胡增民

周建华，1961年生，贵州省湄潭县永兴镇流河渡村人。17岁高中毕业后到云南当兵；1983年转业后分配到粮食行业，先后任粮站站长、粮管所所长、粮食局副局长等职务，现任贵州茅贡米业有限公司董事长，贵州省粮食行业协会副会长，贵州省优秀民营企业家，遵义市第二届人大代表。

人物语录

◎ 企业是我一手创立的，但是只要对企业发展有利，我能接受企业由别人来掌管。

◎ 在某些时候，100万是可以和1000万画等号的。

◎ 看到公司现在的发展，我很高兴，在这同时，我也失去了很多：别人在玩的时候，我在工作；别人在聊天的时候，我在思考。但我从不后悔。

◎ 只有亲身体验过艰苦的生活，人生才会更加精彩。

◎ 质量是企业生存之本，只有提高产品质量，才能在残酷的市场竞争中处于不败之地。

> 20年前,他创办了永兴粮食加工厂;20年后,他一手带大的贵州茅贡米业公司已经是国家级农业产业化经营重点龙头企业,生产的"茅贡"牌大粒香米连续多年获得"中国稻米博览会十大金奖大米""中国地理标志保护产品""中国状元米"及"中国驰名商标"等称号。

* * *

时光回转到2011年12月8日,隆冬的贵州省湄潭县,天空飘着毛毛细雨,室外温度已经滑落到了5℃以下。在室外说话时,每个人面前都会升腾起阵阵"白雾"。

"我今年已经50岁了,怎么?看着不像吗?"在茅贡米业的厂区内,在这个冬季,看着眼前这个只穿着一件衬衫,精神倍棒、干劲十足的周建华,笔者怎么也没有把他和"50"这个数字扯上关系。

严肃而又显正气的外表,沉稳、谦虚的处事风格以及活跃的思维,乐观、坚定、充满智慧的周建华,带领茅贡米业从小到大,逐步发展成为国家级农业产业化龙头企业,并向着"中国第一米"品牌发起冲击。

/ 兵哥转业"恋"粮 /

由于家庭环境差,打周建华记事起,一家人的日子就很困难。作为长子,家里的很多事自然而然也落到了他的头上。除了完成每天的学业之外,家里的体力活基本都是他包干。

1979年,18岁的周建华没有去参加刚刚恢复了两年的高考,而是选择了走进军营。

"当时家里比较贫困,我们兄弟姐妹6个,作为老大,我必须考虑走什么路才能及早减轻父母的负担,当兵在当时被很多人认为是一条捷径。"周建华坦言。

就这样,周建华来到云南,成为一名守卫祖国西南边疆的战士。在部队的日子里,周建华不但积极学习文化知识,还练就了一身过硬的军事技能，在多次评比中获得了技术能手的称号。他的勤奋努力，为自己赢得了一个好的机遇——从部队进入军校学习。

"当时，从部队进入军校上学成为很多人的梦想，并且也不是太困难，再加上我的军事技术比较好，所以成了热门人选。"但最终，周建华还是放弃了这次深造的机会，原因很简单，因为父母没有正式的工作，他必须早一点挣钱，来帮助父母照顾一家人的生活。

1983年，周建华退伍回到老家，被分配到了湄潭县茅坪镇粮管所工作。在当地这个偏远的乡镇，周建华正式开始了自己与粮食打交道的工作，而他在部队近4年的经历，也给他今后的工作和创业奠定了坚实的基础。

1984年，仅仅工作了1年之后，周建华明显感觉到自己在粮食专业知识方面的欠缺，导致在工作中力不从心。于是，他背起行囊，来到了贵阳市，成为贵阳粮食技校机械加工专业的一名学生。

时隔5年，再次进入学校，异常兴奋的周建华对这次机会倍加珍惜。

1986年，进修两年的他以优秀的成绩毕业，然后直接就被分到了永兴茅坝粮站任站长，继续着与粮食行业的缘分，这一干就是6年。

这6年中，周建华与茅坝结下了不解之缘。茅坝，是湄潭茅坝米的原产地，茅坝米因为在清嘉庆年间作为贡品进奉朝廷而美名远扬，故称为茅贡米。茅贡米色泽光亮，晶莹饱满，做出来的米饭油亮黏润，天然清香，入口松软有弹性，回味香甜悠长，为米中精品。抗日战争时期，浙江大学西迁至湄潭办学时，校长竺可桢先生曾给予茅贡米高度评价，誉之为"黔中之宝"。对当地大米资源的认知，为周建华后来的创业打下了基础。

1992年，当时的永兴镇粮管所处于最困难的时期，共有职工和离退休人员84人，负债170多万，职工工作积极性不高。用周建华自己的话来说，就是人员多而杂，负担重，亏损大，属于全县最差、最穷的粮管所之一。面对这样的现状，周建华临危受命，被调往永兴粮管所任所长。

到任后，了解情况的周建华坐不住了，再这样下去，不要说职工福利，连基本工资也保障不了。与其坐以待毙，不如早谋出路。善于收集信息的周建华从邓小平南行讲话中捕捉到了市场经济的信息——计划经济将会被打破，吃大锅饭的日子将渐去渐远。

说干就干，周建华根据粮管所的实际情况，利用当地茅坝米的资源优势，与当时的省粮食局工业处联营成立了永兴粮管所精米厂，对方出设备，他进行资金投资，对大米进行深加工。

功夫不负有心人。1993年，在周建华的努力下，永兴镇精米加工厂创办成立，当年就成为全县第一家扭亏为盈的粮管所，在当时的湄潭引起了轰动。

1997年，永兴粮管所精米厂在改革中单独分离了出来，组建成了湄潭县茅贡米业有限公司，产品质量大大提高，公司效益更是逐年上升。

周建华坦言，从高中毕业到现在，当兵、当粮官、搞改革、办厂，再到后来成立茅贡米业公司，这些都离不开他坚定不变的毅力，而这样的毅力除了自己不服输的性格，更来自几年当兵经历的磨炼。

/ 舍官从商创业 /

在周建华的所有经历中，有一段经历不得不提，这其中充满了戏剧性，也正是这个戏剧性的经历，让他开始了真正意义上的创业。

"说起这段经历自己都觉得好笑，我当县粮食局的副局长才1个月就辞职了。不但位子没暖热，连工资都还没来得及领。"说起自己当年的这段小插曲，周建华还是忍不住乐了。

原来由于在永兴粮管所的出色表现，周建华被提拔为县粮食局副局长。但是随着改革开放的逐渐深入，周建华从许多成功的民营企业家身上得到启发，这使他改变了抱着"铁饭碗"不放的思想观念，于是在上任不到1个月的时间内迅速辞职，投身商海。

2004年，湄潭县茅贡米业有限公司改制。经过一番思想斗争，周建华在与同在粮食行业工作的妻子商量过后，夫妻二人双双辞职，拿着两人辞职后得到的8万元，开始到处筹钱准备买下茅贡米业公司。

"许多员工还将自己的血汗钱全部借给了我。如果不是公司所有员工的帮助，我也不会有今天的成就，茅贡米业也不会走得这么顺畅。"谈及此事，周建华充满感激。在拍卖会当天，周建华以340万元的高价，将生产设备都已经临近报废边缘的茅贡米业公司成功买下，将公司更名为贵州茅贡米业有限公司。

而周建华对茅贡米业所投入的心血，从改制前就可见一斑。2000年，为了扩大规模和寻求更大的发展，在周建华的领导下，公司对机器设备进行了第二次技改，并且注册了"茅贡"品牌商标。

面对市场的风风雨雨，周建华认真总结经验教训，他意识到，质量是企业生存之根本，只有提高产品质量，才能在残酷的市场竞争中处于不败之地。为了追求品质，他走出湄潭，到全国大专院校、科研机构寻求合作，寻找适合在当地种植的水稻品种。于是，农业专家来了，带来了先进的技术和合适的品种。

通过跑市场，访专家，周建华拟订了茅贡米业未来几年的发展战略目标，即充分利用当地得天独厚的自然资源、"订单农业"实施经验、"中国第一米"的品牌效应，积极争取政府的支持，利用好各种因素，抢抓机遇，创新发展，致力于打造精品农业，在取得绿色食品的基础上，探索有机栽培技术。

俗话说"万事开头难"。在成功买下茅贡米业成为企业法人之后，周建华在创业过程中也吃尽了苦头，遭受了不少挫折，但最终苦尽甘来。

为了迎合市场需求，周建华在全省率先推出了小包装精制大米，稻谷分品种存放的理念。仅2005年，营业额就达1000多万元；2006年，公司成功搬迁到湄潭县绿色食品工业园区，又站上了一个崭新的台阶，当年实现营业额3000多万元。

稻米加工是一个微利行业，为了提高产品附加值，茅贡米业重点开展了米糠副产品的精深加工。

2010年7月，茅贡米业新建一条年产2000吨茅贡牌精制米糠油生产线，成功开发出来"米胚油"，这不仅填补了西南市场的空白，也为消费者献上一个健康营养的产品。2011年5月，"茅贡"品牌被国家工商总局认定为中国驰名商标，成为贵州省第三个获此殊荣的农产品类品牌。

从办精米加工厂、建立茅贡米业有限公司到现在的十多年里，茅贡米业的迅速崛起，不但给当地农民带来了实惠，而且还辐射了周边地区。2015年，茅贡米业和上万农户签订种植合同，订单种植面积达2万亩。

/茅贡香飘天下/

资料显示,到2016年,"茅贡"牌大米在贵州省的市场占有率达15%以上,在贵州省遵义市的市场占有率达30%以上。

在茅贡米业办公楼内的一面墙上,挂满公司曾获得的种种荣誉:2001年全省首家通过"绿色食品"认证;2004年通过"无公害认证";2007年通过"ISO9001:2002国际质量管理体系认证";2008年被评为"国家级农业产业化经营龙头企业";2011年获"中国驰名商标";2012年获国家地理标志保护产品;2013年被评为"全国守合同重信用单位";2013年"茅贡大粒香"获第十一届国际农产品博览会金奖;2014年获全国稻米产业大会最高奖——状元奖。

这其中有一个奖项让周建华很是自豪,从2003年到2007年,"茅贡米"连续五届获得"中国十大金奖大米"荣誉称号,成为全国唯一连续五届获此殊荣的企业,"茅贡米"也因此被誉为"中国第一米"。

发展到2016年,该公司现有年产18万吨精米加工生产线和年产4.2万吨米粉生产线及5万吨储备库的生产规模,目前是西南三省最大的一家粮食加工企业。

随着贵州茅贡米业有限公司的不断发展壮大,鲜花和掌声接踵而至。在许多人眼里,周建华是一位成功的企业家,但他始终保持着冷静和谦虚,他一如既往地做他应该做的事情。他常年奔波在省内外洽谈业务,和农技人员工作在田间地头,在烈日炎炎的夏季,他每天都要步行30公里以上,认真检查每一块秧苗的长势,给群众耐心讲解有关技术。

"古为贡米进献朝廷,今朝茅贡香飘天下",把"中国第一米"推向全国,让更多的人分享贡米,这是周建华的最大目标与愿望。

周亚刚：

投身打造"周大黑"黑米品牌

□ 周郸宁　郝瑞

周亚刚，大专学历，高级工程师，1960年生于洋县，1993年开始从事黑米加工，现为陕西双亚有机农业集团董事长，兼任洋县电子商务协会会长、汉中市人大代表等。

人物语录

◎ 做农业就是做"粮心"的经营者。

◎ 优化育种、改良品种，让好米"卖上高价"。

◎ 黑米中花青素含量高，利用好了，对黑米产业发展和农民致富都有好处。

◎ 喜欢敢于创新的年轻人，愿意为年轻人创造绽放青春的舞台。

◎ 大家相信买品牌的黄金买不到假货。买"周大黑"产品，也一定能买到真品。

现在，无论走到哪里，周亚刚都是"周大黑"的宣传大使，他总是随身带着黑米和水壶，将优质的黑米和黑米茶送到客人面前。

* * *

"我们的产品叫作'周大黑'，原因并不复杂。因为我看到金银首饰里有'周大生''周大福'品牌，大家都相信买品牌的黄金买不到假货。而我们正好做黑米，我姓周，于是取名'周大黑'，也是告诉大家，买'周大黑'产品，也一定能买到真品。"陕西双亚有机农业集团董事长周亚刚如此诠释"周大黑"。

周亚刚从事黑米加工生产23年来，全心投入黑米事业，他带领洋县最大的黑米加工企业——陕西双亚有机农业集团，发展成为集基地种植、加工、销售和产品深加工研发为一体的陕西省省级农业产业化重点龙头企业。除黑米产业外，公司还涉足大米、挂面、食用油等领域，产品辐射大江南北。

/让好米"卖上价"/

洋县位于秦巴腹地，汉水之滨，古称"汉上明珠"，这里气候温和，雨水充沛。据考证，黑稻米在洋县种植，距今至少有3500多年历史。而洋县的空气质量常年保持在国际二级标准以上，世界珍禽朱鹮在此栖息，被誉为"中国的肺脏"和"世界天然物种基因库"。

受此优越自然条件影响，洋县种植出的黑米"老黑谷"营养及味道为最佳，但若移植至其他地区种植，则不再是原来的模样。这就保障了洋县黑米的独特性和唯一性。但这么好的黑米，在20世纪八九十年代，却仅为家庭式种植及食用，哪家农户多种一些，想卖都卖不出去。

身为洋县人的周亚刚颇有眼光和远见，他坚信小黑米里一定孕育着大商机。为了帮当地农民解决"卖黑米难"的问题，1993年，周亚刚毅然从单位辞职，在当地政府的扶持下，成立陕西双亚粮油工贸有限公司，也就是今天陕西双亚有机农业集团的前身和控股公司。"我们的公司叫'双亚',黑米品牌一开始也叫'双亚',是因为我和我妻子的名字中,各有一个'亚'字,用以纪念创业过程中,我们夫妻携手同行,为企业发展战胜各种困难的往事。"周亚刚说。

随后,周亚刚开始大量收购本地优质黑谷,加工成黑米,申请商标,打造"朱鹮"牌黑米品牌。产品很快就占领了汉中周边及西安、成都等地市场,出现了供不应求的大好局面。但是接下来,由于"需求大而产量小",市场风向标明显,黑米造假、勾兑等开始在洋县及汉中市场上盛行,出现了一批冒充"朱鹮"品牌的劣质黑米,用较低的价格争夺市场。

面对"朱鹮"大米造假严重,加上传统的洋县黑米受品种相对落后、种植产量偏低、蒸煮时间较长等的制约,出现了农户种植意愿不高等各方面不利情况,周亚刚反复思考:能不能通过优化育种、改良品种来提高黑米产量,提高农民种植的积极性和收入?如能成功,则是对黑米造假的沉重打击,从而将假黑米踢出市场。

随后,周亚刚经过多番考察,邀请到洋县黑米研究所高级农艺师何瑞林负责公司黑米育种的研发工作。育种需要长期而反复的实验,对年过六旬的何瑞林的育种工作,周亚刚给予了极大的尊重、信任和支持。多番成败后,何瑞林终于研制出了高品质、高产量的多个黑米新品种。

新种育出来,又面临推广的艰难,挨家挨户去讲,终归不是办法。面对这种情况,2007年,周亚刚成立"双亚优质特异米研究开发中心",带头发展了500亩双亚稻米种植基地,亲自带队指导农户种植。最终,这些农户的收益比种植原来的黑米品种显著提高,也引得外地的一些种植大户纷纷过来"取经"。

2014年,双亚集团成立了由何瑞林及原洋县种子站站长、研究员李成德等人组成的良种培育中心,进一步加大了以双亚黑米为代表的良种培育推广工作。

双亚集团育种工作成果喜人,新产品不断更迭,现已研发并大面积种植了第三代产品,而第四代优良品种已在培育中。同时,集团在洋县已拥有5000多亩双亚稻米有机种植基地。

黑米卖上了好价钱,农户种植的热情逐年高涨,农民脱贫致富有了可靠保障,周亚刚在实现自身企业发展的同时,也为当地经济发展和农民增收起到了积极作用。

到此,陕西双亚集团的产品品牌,也完成了从"双亚""朱鹮"到"周大黑"的华丽转身。

/ 苦心研发"黑米茶" /

依靠产量而提高的收益毕竟有限,随着健康理念的普及,蓝莓、黑枸杞等作物中的花青素价值不断受到人们的追捧,卖出了比肩药物的价格。一直致力于黑米事业的周亚刚也在不停地思索,花青素含量同样较高的黑米为什么就不能在这一领域大有作为呢?在普通人的传统观念里,黑米大多用作煮粥,高温加上长时间的熬制,使得不耐高温的花青素被破坏殆尽。那么有没有一种方法能较多地保留黑米中的花青素成分而同时食用起来方便快捷呢?这个念头一经产生,周亚刚就抓住不放。这时,一个名叫周佳的南昌大学毕业生进入了周亚刚的视野里。

周佳把黑米加工成饮用茶水的想法与周亚刚不谋而合,于是,2013年,刚走出校园的周佳被盛邀加入周亚刚的公司,并立即开展了实验室黑米炒茶的探索。由于黑米中淀粉含量较高,炒制过程中无数次出现了爆花开裂的现象,但是周佳、周亚刚及研发团队都没有气馁。终于,历经半年的时间,这款命名为"周大黑"的黑米茶成功问世,并在2014年成功申请了国家专利。

黑米茶研制的成功与周亚刚放心大胆使用年轻人这一做法是分不开的。周亚刚坦言,自己非常喜欢敢于创新的年轻人,也愿意为年轻人创造绽放青春的舞台。

顺势而为,紧接着,周亚刚将黑米糊、黑米巧克力系列产品推向市场。

/ 拥抱电商做特色 /

在汉中市洋县梨园大道旁,有一处非常显眼的店面,房顶"特色中国洋县馆"几个绿色的大字很是抢眼。200多平方米的店内干净简洁,展示着洋县丰富多样的土特产品。这里就是陕西周大黑电子商务公司O2O体验店。

周亚刚介绍，洋县有机农产品丰富，却由于鲜、重、价低等特点，运送难度大、成本高，但他们通过网上销售的方式，有效解决了这些问题。

目前，电商体验店经营的商品主要有黑米、红米、黑米茶、有机大米、黑米巧克力等，每天都会收到大量订单。双亚集团还在淘宝企业、微信商城、一号店、我的乡情网、善融商务商城上线商铺，并入驻了美团、大众点评等多个团购线上销售平台，多个渠道做大洋县特色的"互联网+"。

"我们周大黑的有机黑米，通过电商平台发往全国30多个省市，最远还卖到了澳大利亚。每天就有200多单，做促销活动时每天最多达到4000单！"洋县双亚公司电商经理马登亮自豪地说。

由于对电商的积极运用和推广，2016年3月，周亚刚又出任了洋县电子商务协会第一届会长。

现在，无论走到哪里，周亚刚都是"周大黑"的宣传大使，他总是随身带着电饭煲和水壶，将优质的黑米和黑米茶送到客人面前。而作为洋县电子商务协会的会长，周亚刚时刻不忘推广洋县及双亚的电商平台和产品，他自豪地告诉全国各地的朋友们："我们洋县的各种特产，特别是黑米茶等系列产品，你们通过电商平台，都可以快速买到，保证美美哒。"

祝洪刚：

众人拾柴让茶油更加浓香

□ 胡增民

祝洪刚，1975年11月生于浙江省常山县青石镇，1993年毕业于衢州农校，浙江大学EMBA工商管理硕士，曾被评为"浙江省杰出农村青年""全国农村青年创业致富带头人"以及常山县第二届"十佳科技创新人才"。现任浙江省油茶产业协会会长、中国林业产业联合会木本油料分会副秘书长、浙江常发粮油食品有限公司总经理。

人物语录

◎ 成功者决不放弃，放弃者决不成功。

◎ 企业最大的资产是人。

◎ 卖产品不如卖自己。

◎ 对产品质量来说，不是100分，就是0分。

◎ 照顾好你的员工，那么市场会对你倍加照顾。

在"中国茶油之乡"浙江省常山县，常发粮油拥有专门从事山茶油研究的省级茶油科技创新中心，还有完全处于自然生态环境的油茶种植基地，更有独创的PPC精炼和质检体系。这一切，贴切地诠释了"常发"的内在——长久、永恒、发展、创新。

＊＊＊

2016年12月8日，首届全国油茶文化节在浙江省常山县启幕，来自国内各地的400多名油茶界人士齐聚一堂，共享油茶"盛宴"，小小的一棵油茶包含着生态绿色发展的大乾坤，加快市场培育已成为推进油茶产业健康发展的内在动力和重要引擎。

而推动本次油茶文化节如期举行的则是浙江省油茶产业协会会长、浙江常发粮油食品有限公司总经理祝洪刚，他可以说是集策划、导演、主演等于一身！依托公司山茶油现货交易平台，根据本县区域位置、交通条件、产业发展等优势，高端定位、精准对接、借势发力，着手打造全国油茶"四个中心"，力争经过三至五年努力，通过油茶交易平台建设和推广，发挥产业聚集和整合功能，建立以常山县为交易市场的油茶交易中心。

/港资出身/

"'常发'这个品牌是公司还属于港资性质的时候留下来的，寓意为'常常发财'，我们一直沿用至今。但今天我们赋予'常发'一个新的定义：'常'——长久、永恒，'发'——发展、创新。"2014年初夏，祝洪刚曾向笔者解释"常发"的含义。

就像公司名称一样，23年来，祝洪刚和常发粮油一直都在"恒久持续地关注消费者健康，为追求高品质生活而努力"。

1993年，祝洪刚毕业于衢州粮校。这一年，国有性质的常发公司招聘员工，祝洪刚由此从校门进了公司的门，开始从最基层的工人做起，由于勤劳肯干，后来升任车间主任。

2001年，国有企业改制的浪潮涌向了常山。血气方刚的祝洪刚向亲戚朋友东拼西借了350万元，买下浙江常发粮油有限公司，并担任总经理。

"油茶是中国特有的木本食用油，其油酸和亚油酸等不饱和脂肪酸含量占90%以上，富含较高的维生素E，含有角鲨烯、黄酮等多种有益元素。"祝洪刚对我国油茶产业充满信心。

常发公司的前身是港资企业，由香港早期电影明星王丹凤创办，当年她就是因为看中油茶的特殊功效，才在常山投资办企业的。后来因年龄大，又居住在香港，对茶油的市场开拓没有太大精力。这样经过股份转让，祝洪刚正式接手常发公司整体管理。

祝洪刚说："刚接手公司时，茶油市场的认识度很差。我们自己派出十多名市场开发人员，去杭州、上海、宁波、温州等城市，开拓市场。从粮油市场、居民小区到政府部门，甚至医院，一切能想到的渠道，我们都会家家上门推销，做得非常辛苦。"

功夫不负有心人，经过多年努力，随着国家对油茶产业的重视以及市场日趋成熟，2007年春节，祝洪刚收获了第一桶金。"几年的推广有了收获，我们全厂上下都很激动、很振奋。我清楚地记得，那年，全厂员工整整加班了一个多月。"祝洪刚回忆说。

自2001年起，常发粮油获得了多项殊荣。"常发"商标获"浙江省著名商标"，企业获得"省级骨干农业龙头企业""浙江省农业科技型企业""省级林业重点龙头企业"称号，并多年蝉联"浙江农业博览会金奖"。2011年被国家林业局评定为"国家油茶产业重点企业"，2015年被授予"国家林业龙头企业"，2016又凭借完善的产品质量保障体系入选"G20杭州峰会食材总仓供应企业"。常发山茶油产品先后取得"国家原产地标记""ISO9001认证""有机食品认证""产品出口许可证"等权威机构质量认证体系认证。

/ 科技创新乃核心动力 /

在祝洪刚看来，综观"三鹿事件"，原因之一是，受我国农村家庭联产承包责任制的影响，为企业供应原料的种植业和养殖业发展滞后，产业化规模小，规范化、标准化程度不高，其农产品质量差异大。因此，无论企业的思维意识多么超前，也不管企业的设备和生产工艺多么先进，若无法改变农产品原料的质量问题，企业必然会因为产品质量而无法克服市场风险。

"目前，我国所有的农产品都面临同一个问题——同质化严重，油茶也一样。要在市场中赢得一席之地，必须走差异化竞争之路。于是，早在2007年，常发粮油就开始建立专业的油茶种植基地，到现在已有8万亩标准化基地。"祝洪刚介绍说。

科技创新是常发的核心竞争力之一。常发粮油非常重视油茶产品深度开发利用的研究，与浙江中医学院联合开发了"纯天然山茶油在化妆品中的应用项目"，并与浙江大学签约，对"微胶囊化山茶油新产品"进行开发和研究。此外，还研发了油茶粕生物综合利用技术，形成一整套油茶粕生物利用的产业化生产技术，开发的产品有：农药助剂级茶皂素，茶皂素纯度达到60%以上；脱毒茶粕蛋白，茶皂素含量低于1%，蛋白质含量15%以上，符合饲料蛋白质量要求。公司成立以来，发表学术论文10余篇，申请专利5项。

在祝洪刚的领导下，2010年，常发粮油与浙江大学合作成立常山常发油茶科技创新服务中心，并被浙江省科技厅授予"省级区域创新服务中心"。该中心以市场为导向，创新油茶栽培繁育技术，提升油茶精深加工产品科技含量，为浙江省油茶产业提供全方位科技服务，以实现油茶综合经济效益最大化。

/ 产品过硬才能"常发" /

"常发公司20多年来一直以品质赢得市场，我们对产品质量的把控要求很严格，每批产品都要经过5次检测。正因为此，我们在浙江应该算得上油茶行业内的龙头企业。"祝洪刚自信地说。

没有规矩不成方圆。常发粮油公司内的每个岗位都制定了相应的奖惩制度，除了销售岗，内勤、仓管都有考核机制。

祝洪刚向笔者讲述了他最难忘的一件事。2009年，常发粮油参与一家大型国企的招标会，很有诚意地报出了企业的成本价，没想到竟然有企业的报价比常发低30%。

"那一年是茶油市场最混乱的一年，产品掺假现象很普遍，尤其是一些小企业，我们的销售受到很大影响。后来，我们联合质检、工商等多个监管部门加强市场监管力度，茶油市场才重新得到规范。"祝洪刚反思道，"这件事情告诫我们，政府对产品的监管力度尤其重要，失去了监管就像竞技比赛失去了规则，无法实现公平。"然而，最让祝洪刚头疼的还是人工成本高昂，导致油茶价格居高不下。"举个例子，2013年油茶籽青果收购价格是1.3～1.4元/斤，其中人工采摘成本就占30%左右，采摘完后还要晾晒、剥壳等，这些工序都需要人工。"祝洪刚无奈地说道。

"这几年我们一直在原材料采集的机械化上投资研发资金，但效果不尽如人意。油茶产业要取得长足发展，让更多消费者接受茶油，就需要千方百计降低成品价格。而降低成品价格，就必须依靠机械化。"祝洪刚说，"我最大的快乐也是我的目标，那就是建立标准化、高经济效益的油茶种植基地，让周围农户参与，让他们在油茶种植中获得满意的收益。"祝洪刚表示，油茶精深加工一直是市场的空白，目前只有茶皂素的提取具有一定的市场影响力，其他产品的开发和市场开拓几乎没有。

油茶的营养成分很高，也很多，怎么去分类提取并应用于市场一直是油茶产业发展的难题。"我们很早就开始和浙江大学、中医学院等高校合作研发，但目前还都在试验阶段，达到规模化生产还需要时间。"他认为，一个行业，如果没有实现产业化发展，就不算是真正具有潜力的行业。

常发山茶油纯手工采摘，不但生产传统的茶油，还生产药用级、化妆品级用油，追求纯天然、养生、保健等个性，倾全力打造国内油茶行业的第一品牌。公司还专门成立从事山茶油研究的"常发山茶油深度研究中心"，为山茶油衍生产品开发和严控产品质量提供保障。

常发运用现代IT技术，以987压榨法再现古法压榨工艺中对力道、节奏的控制，最大限度地保留了山茶油的营养成分与醇香浓郁。经过多年对不同家庭健康用油需求的研究，创造出了适合不同群体需求的山茶油。

到2016年，该公司已经推出乾造系列纯山茶油、天香系列纯山茶油、至淳系列纯山茶油、团购系列山茶油。

/ 呼吁行业整合 /

"中国茶油产业的发展，经过了这么多年，目前可谓已进入发展瓶颈期。"祝洪刚告诉记者，由于茶油的知名度逐渐被大众所接受，导致很多投资人进入油茶行业，造成产能过剩，品牌急剧增加。然而，市场的消费潜力增速却不大，加上国家对企事业单位"福利"的控制，导致市场萎缩。

祝洪刚呼吁，整合行业资源，突破整个产业的发展瓶颈。他建议，首先是油茶籽采摘、果仁分离工艺的机械化作业。油茶树在我国的大面积种植始于20世纪60年代，种植面积最高曾达到6000多万亩。目前，80%的产量来源于无人工维护的老林。

这些老林需要人力攀爬采摘，人工成本高昂。政府有关部门应提高对油茶机械化研发及生产的支持力度，尽快研发油茶采摘及果仁分离机械，以降低油茶生产成本。其次，国家应出台符合茶油特点的国家标准。

"此外，整个行业要优化资源，开展行业整合。"祝洪刚表示，由于油茶加工技术门槛低，我国油茶加工企业数量庞大，有集种植、研发、加工于一体的产业化企业，也有单靠几台灌装机就杀入市场的小作坊，导致油茶市场鱼龙混杂、价格混乱。

值得欣慰的是，祝洪刚4年前的建议通过媒体和相关渠道反映，已经引起相关部门的重视。2014年12月24日，国务院办公厅印发了《关于加快木本油料产业发展的意见》；2015年3月21日，中国林业产业联合会木本油料分会成立大会在北京举行，油茶产业的会员单位占据了"半壁江山"；《油茶籽油》国家标准也正在重新修订。

祝洪刚和他的常发公司就像一台永恒发动机，2014年，响应国家大力推广农产品证券化电商化政策，推广"山茶油"产品上市。当年10月，常山山茶油在浙江舟山大宗商品交易所挂牌上市，日均交易额最高达2.7亿元。

首届油茶文化节谢幕了，但祝洪刚却没"休闲"。他开始策划与木本油料分会共同发起，联合全国20家以上行业企业成立新公司，并全力推广现货交易平台，充分发挥平台资源整合、库存质押、套期保值等金融属性，解决油茶产业目前的发展瓶颈。

祝洪刚充满信心地表示，常发公司会充分发挥自身的骨干优势，致力做大做强"常山油茶"产业，把常山打造成"山茶油价格指导中心、油茶集散中心、油茶交易中心"，成为油茶行业的风向标和领跑者。

宗兆勤：

深耕在苏垦的沃土上

□ 付嘉鹏　陈亮

宗兆勤，1963年2月出生，高级会计师，江苏省农垦米业集团有限公司总经理、中国粮食行业协会大米分会副理事长，曾荣获"江苏省粮食行业协会优秀企业家"称号。

人物语录

◎ 粮食行业是一个非常稳定的行业，是一个不会没落的行业。

◎ 我在粮食行业找到了人生价值所在。

◎ 做企业，首先要做人，诚信最重要。

◎ 我们的目标是做行业内的标杆企业。

◎ 用民营企业的工作热情和态度做国企的工作。

◎ 我们要做别人想做做不到以及想做做不好的东西。

从生产原粮到精深加工，从"被分配"到升任大型米业公司总经理，宗兆勤用了30年时间。30年来，似乎一切都来得水到渠成。支撑他一路走来的除了对粮食行业的深情，更是他大胆的创新精神。如今，在宗兆勤的带领下，苏垦米业正在向着行业标杆迈进。

＊＊＊

"摄江淮之精华，润苏沪之万民"。在宗兆勤简朴的办公室内，中国粮食行业协会原会长白美清的题词挂在醒目的位置。在宗兆勤看来，这句话不仅寄托了老一辈粮食人的期望，更是一种自我鞭策。

自从2008年任职江苏省苏垦米业集团有限公司以来，宗兆勤就开始谋划一项浩大的工程——大米质量追溯体系。如今，这项工程已被打造成企业的核心竞争力。

"2014年3月27日，农业部农垦农产品质量追溯工作培训会在南京举行，与会者抽出半天时间考察了苏垦米业。《人民日报》2013年年底还在重要版面对我们的工作经验进行了报道，这充分说明我们的质量追溯体系建设得到了社会的认可。"宗兆勤说。

从生产粮食到加工粮食，从"被分配"到升任江苏省农垦米业集团有限公司总经理，宗兆勤用了30年时间。30年来，似乎一切都来得水到渠成。

"在我看来，粮食行业是一个非常稳定的行业，一个不会没落的行业。"如今的宗兆勤，已经在粮食行业完成了自己的人生规划，并脚踏实地地实现着人生价值。

/ 不知不觉"被农业" /

1963年，宗兆勤出生于江苏金湖县农村，他是家中独子，但由于父母忙于生计，并未能给予他太多的宠爱。乖巧的宗兆勤把大把的时间用来学习。"当时的学习条件非常艰苦，连一个正式任职的老师都没有，而是由上一年级的同学担任下一年级的老师。"在大批知识青年集中返乡的时期，宗兆勤凭借毅力，完成了中学学业，并最终考取江苏省扬州水利学校。1983年，从财会专业毕业的宗兆勤被分配到了江苏省宝应湖农场工作。该农场位于金湖县境内，景色优美，但远离城镇，其生活状态与宗兆勤在家乡的生活相似，清苦且单调。

然而，作为一个没有任何背景的农家子弟，宗兆勤没有选择，因为那是一个"不服从分配，就取消编制"的年代。因此，他只能眼睁睁看着别的同学进入水利系统，成为吃"商品粮"的城里人，自己却只能默默扛起背包，独自来到这个"鸟不拉屎"的地方。

"我们班里有几十个人，只有我一个人进入了农垦系统。"自此，宗兆勤开始了粮食人生。他坦言，自己也没有想到，这一待就是20多年。"所以，我总说这辈子是不知不觉'被农业'。"农场的生活单调辛苦，但宗兆勤并不以为然。"因为我出生于农村，农村的生活培养了我吃苦、自立的性格。"自从进入农垦工作之后，宗兆勤勤勉踏实地工作着。虽然一些建功立业的宏伟愿望逐步被烦琐的工作淹没，但他心里清楚，只有耐得住寂寞，用心准备，才能得到上天的眷顾。

"在农场工作的时候，虽然我的专业是财务，但做过很多工种。"这些工作经历，使得宗兆勤对于农产品的生产过程了如指掌，也在无意中为他进入稻谷加工行业做好了铺垫。

/ 最年轻的副场长 /

1989年，全国首届会计知识大赛举行。此次大赛由财政部发起，由中国会计学会等单位联合举办，受到全国各界的关注。

"我的竞赛能力比较强，因此，竞赛成绩也不错。"回忆起当时的情况，宗兆勤表示，由于个人能力突出，在金湖县县级选拔赛中，他力拔头筹。他的优异表现不仅为单位赢得了荣誉，也获得了其他单位的青睐。这些单位中，包括当地的县财政局。

"当时，金湖县财政局就想把我调过去。"本来就不甘于做农民的宗兆勤，被县财政局的诚意打动，一心要扎根农场的心激起一波涟漪。

"说实话，如果是如今的社会大背景，我可能已经过去了。我当时也权衡过，凭借我各方面的能力，加上在基层的锻炼，如果调到财政局工作，应该会很轻松，工作也会得心应手。"然而，为了留住宗兆勤，农垦系统采用了最直接也是最有效的办法，那就是冻结个人档案。"当时的人才流通渠道和现在不同，如果农场不同意调动我的档案，那我就没法调动。"宗兆勤告诉记者。

体制再次成为宗兆勤留在粮食系统的原因。不过，这并不是农场运用的唯一的"留人"手段。1992年7月，在进入农场整10个年头的时候，宗兆勤被调任江苏省宝应湖农场计财科副科长，成为农场最年轻的副科长。

此后，宗兆勤的"仕途"平顺，一路高歌。1995年10月至1997年10月任江苏省宝应湖农场副场长；1997年10月至1999年6月任江苏省宝应湖农场副场长，同时兼任财务总监；1999年6月至2004年11月任江苏省白马湖农场副场长……这并未结束。有农垦系统工作过的人都知道，一般情况下，农场场长由单位的农业科技人员升任。然而，宗兆勤再次打破传统。2004年11月，宗兆勤正式出任江苏省复兴圩农场场长、党委副书记。

"每当我的职业需要进一步发展的时候，机会总会适时降临，这应该是领导对我的信任吧。"2008年，宗兆勤再次履新，正式任职江苏省农垦米业有限公司常务副总经理。

/ 大胆的执行者 /

"2013年，苏垦米业集团核心企业实现销售收入17.78亿元，净利润3000万元。而在两年前，这两个数字还停留在7.6亿元和1200万元。"宗兆勤对数字的敏感，在集团众所周知。他能轻松回忆起自己从业以来，所在单位各个时段的财务数据。

在宗兆勤看来，财务专业的出身，使得他在数字方面的能力优于别人。不过，作为新时期的企业负责人，对于数据的敏感，也理应成为基本素质之一。

"作为企业家，一个不容忽视的能力，是能使企业盈利。因此，我觉得企业家必须要有成熟的成本概念。"宗兆勤表示。

受进口大米冲击，国内稻谷加工产业哀鸿遍野。在这段最艰难的时期，苏垦米业的销售收入和净利润却实现了翻番，宗兆勤将原因归结为公司正在推广建设的大米质量追溯体系。

2008年，任职江苏省农垦米业有限公司副总经理伊始，宗兆勤就开始筹划这项规模庞大的工程。

"国内大米产品同质化严重，产品是否优质，消费者并不会轻易相信企业的宣传。"宗兆勤说。

在食品安全问题越来越突出的大背景下，国内消费者的成熟度也越来越高，如何保持企业产品的魅力，如何保持消费者对产品的信任度，如何进一步提升企业的形象等问题，摆在了宗兆勤面前。

面对企业发展的瓶颈，宗兆勤展现出了他独特的创新管理能力。他思考着：企业是否可以建设这样一个载体——它既能让消费者感觉到自己在明明白白消费，又能让消费者直观感受到企业的产品是安全健康的。

就在此时，农业部推广"农垦农产品质量追溯系统建设项目"的消息传出。宗兆勤敏锐地意识到，这应该是苏垦米业的发展机遇，而且应该将质量追溯作为企业及产品的核心竞争力来打造。

说干就干。虽然质量追溯体系的建设投入很大，但在宗兆勤的领导下，苏垦米业的质量追溯体系如期建成。经过几年的建设，苏垦大米种植基地的追溯面积由当初的5万亩扩大到60万亩，全系统稻米生产100%全程可溯，规模居全国第一。如今，消费者通过商超终端查询器、手机短信、400电话、二维码扫描等方式，均可对苏垦米业每一款产品的产地、种植过程、生产者等详细情况进行查询。

"建立质量追溯体系只是企业创新经营的一种手段。"在宗兆勤的推动下，苏垦米业积极创新。在营销方面，企业努力架构多渠道营销模式，先后探索社区直销、电视购物、纸媒合作、体验营销、电子商务等方式；在管理方面，苏垦米业积极推广运用机械通风、低温储粮、高水分综合储粮等技术，同时，创新实现粮食收购运输"四散"工程；在新品开发方面，宗兆勤鼓励相关部门引进优质新品种29个，培育系列单品14个。

"目前，我们在探讨微信支付、会员制相结合的模式，进一步创新销售模式。"宗兆勤告诉记者。

2016年，由苏垦米业集团主导和运营的江苏农垦"苏垦尚膳"自营电子商务交易平台也正式上线，经营江苏垦区自由、全国农垦系统以内及国内外优质农产品,填补了江苏省属企业大型农产品电子商务平台的空白。

宗兆勤的努力得到了社会各界的认可。2010年,苏垦米业跻身全国大米行业10强;2013年,苏垦米业旗下产品获得"江苏省重点名牌产品"称号,成为全省70多家获此荣誉的唯一一个大米品牌,还先后获得"中国名牌农产品""中国名牌产品""中国驰名商标"等殊荣。

"我们会在做好食品安全的同时,把企业做大、做精、做强,成为行业内的龙头和标杆。"宗兆勤表示。